Klaus Junker und Sina Tauchert

HELENAS TÖCHTER

FRAUEN UND MODE IM FRÜHEN GRIECHENLAND

Zaberns Bildbände zur Archäologie

Sonderbände der ANTIKEN WELT

Klaus Junker und Sina Tauchert

HELENAS TÖCHTER

Frauen und Mode im frühen Griechenland

136 Seiten mit 66 Farb- und
28 Schwarzweißabbildungen

Umschlag vorne:
gr. Bild: Relief aus Pharsalos in Thessalien, um 470 v. Chr (Paris, Louvre; vgl. Abb. 82).

kl. Bild: Akropoliskore 682, Farbrekonstruktion von Bernhard Schmaltz (vgl. Abb. 65).

Seiten 2/3:
Die Geneleosgruppe im Heraheiligtum in Samos, Teilrekonstruktion (Foto H. Kienast; vgl. Abb. 36).

Umschlag hinten:
Frühgriechische Gewandnadeln
(Karlsruhe, Badisches Landesmuseum; vgl. Abb. 10).

Attischer Dinos des Sophilos, um 580 v. Chr.
(London, British Museum; vgl. Abb. 22).

Grabrelief der Mnesarete (München, Staatliche Antikensammlungen und Glyptothek; vgl. Abb. 87).

Weitere Publikationen finden Sie unter:
www.zabern.de

Gestaltung:
Melanie Jungels, scancomp GmbH, Wiesbaden

Herstellungsbetreuung:
Ilka Schmidt, WBG, Darmstadt

Redaktion:
Holger Kieburg, Ulrike Melzow, WBG, Darmstadt

Repros:
scancomp GmbH, Wiesbaden

Druck:
Firmengruppe APPL, aprinta druck GmbH,
Wemding

Bibliographische Information der Deutschen Nationalbibliothek

Die Deutsche Nationalbibliothek verzeichnet diese Publikation in der Deutschen Nationalbibliografie; detaillierte bibliografische Daten sind im Internet über *http://dnb.d-nb.de* abrufbar.

Der Verlag Philipp von Zabern ist ein Imprint der WBG.

Die Herausgabe des Werkes wurde durch die Vereinsmitglieder der WBG ermöglicht.

ISBN: 978-3-8053-4858-4

Gedruckt auf säurefreiem und alterungsbeständigem Papier
Printed in Germany

Besuchen Sie uns im Internet: www.wbg-wissenverbindet.de

Inhalt

Kleidung im frühen Griechenland: Wege in eine verlorene Welt

Der Raub einer schönen Frau war es bekanntlich, der zum Troianischen Krieg geführt und in der bis heute lebendigen mythischen Vorstellung ein riesiges Griechenheer mobilisiert hat, um die entführte Helena, die Frau des Griechenfürsten Menelaos, wieder zurückzuholen. Auch wenn es dabei nicht um so edle Dinge wie die Wahrung der Menschenrechte oder gar die Würde der Frau ging, sondern um verletzte Ehre der Männer, ist die prominente Rolle des schönen Opfers kulturgeschichtlich doch bemerkenswert. Und dies umso mehr, als die Helenaepisode nur eine von vielen in einer Kette von Ereignissen ist, in denen immer wieder Frauen eine herausragende Rolle spielen. Das gilt vor allem für die unmittelbare Vorgeschichte des Helenaraubes, war Paris, dem Sohn des troianischen Königs Priamos, doch die Aufgabe des Richters in einem Schönheitswettbewerb zwischen drei olympischen Göttinnen zugefallen. Er zeichnete Aphrodite, die Göttin der Liebe, aus und erhielt als Dank die Hand der Helena versprochen.

In Troia angekommen fand sich die geraubte Helena rasch in ihre neue Verbindung, und Paris kannte seine Pflichten als Partner der attraktiven Frau. Schöne Kleider musste sie haben, die ihrer Erscheinung angemessen waren. Im ältesten Werk der griechischen Literatur, der *Ilias* des Homer aus der Zeit um 700 v. Chr., wird detailliert beschrieben, wie die neue Partnerin den textilen Luxus in Troia erlebt. Auch wenn die Passage unmittelbar ein mythisches Geschehen beschreibt, verrät sie, wie dies für viele Alltagsdinge in den homerischen Epen gilt, doch viel über Wertvorstellungen im Zusammenhang mit Kleidung im frühen Griechenland (6, 288–295):

«Selbst aber stieg sie in die Kammer hinab,
die duftende,
Wo die Gewänder ihr waren, die allgemusterten,
Werke von Frauen
Sidoniens, die Alexandros selbst, der gottgleiche,
Von Sidonien hatte gebracht, als er über das
breite Meer fuhr,
Auf dem Weg, auf welchem er Helena mitgebracht, die Gutgeborene.
Von denen nahm Hekabe eines auf und brachte
es zum Geschenk der Athene,
Welches das schönste war an bunten Mustern
und das größte,
Und es leuchtete wie ein Stern; es lag zuunterst
unter den anderen.»

Es sind nicht einfarbige, sondern bunt gemusterte Gewänder, die sie erhält, und es müssen Stoffe von besonderer Güte sein, denn es wird herausgestellt, dass sie nicht aus heimischer Produktion stammen, sondern von Frauen aus Sidon hergestellt wurden, einer bedeutenden phönikischen Stadt, im heutigen Libanon gelegen[1]. Es muss also auch in dieser frühen Epoche schon – wie wir das aus der Gegenwart kennen – große Qualitätsunterschiede zwischen inländischer und besonders begehrter ausländischer Ware gegeben haben. Das schönste Stück aus dem Textilienvorrat erhält jedoch nicht die neue Schwiegertochter der Königin, sondern Hekabe gibt es der Stadtgöttin Athena als Opfergeschenk.

Was hier in lebhaften Bildern skizziert wird, ist in seinen Hauptpunkten jedoch nicht nur für die frühe griechische Welt kennzeichnend, sondern auch für die späteren Epochen. Für Homer war es eine selbstverständliche Vorstellung, dass schöne Kleidung die Attraktivität einer Frau steigert – in einer berühmten Episode der *Ilias* leiht sich Hera von Aphrodite die nötigen Requisiten, um ihren Ehemann Zeus zu verführen (14, 169–223). Die Reliefs von der Brüstung am Tempel der Athena Nike, der Göttin als Siegbringerin, auf der Akropolis von Athen, geschaffen am Ende des 5. Jhs. v. Chr., scheinen diese eigentümlich modern anmutende Sicht auf Weiblichkeit und ihre Wirksamkeit von der Seite der Bildkunst her zu bestätigen[2] (Abb. 1). Die geflügelten Nikefiguren tragen weite und offenbar äußerst feine und damit kostbare Gewänder, die den Körper mehr enthüllen, als ihn zu verdecken. Das erotische Zusammenspiel von Körper und Kleidung ist umso bemerkenswerter, als sich die

Abb. 1
Nike beim Opfer. Relief von der Brüstung am Tempel der Athena Nike auf der Akropolis von Athen, um 410 v. Chr. Athen, Akropolismuseum.

Szene keineswegs in aphrodisischer Sphäre abspielt, sondern kultische Handlungen wiedergibt. Wie die Forschung wohl zurecht vermutet, hat die Kleidung aber auch hier die Aufgabe zu verführen, in diesem Fall die athenischen Betrachter, die in den späten Jahren des schon lange andauernden Peloponnesischen Krieges ein Bild vollendeter Weiblichkeit als Kontrast zur harten Lebenswirklichkeit vor Augen gestellt bekommen.

Schöne Kleidung als Gabe den Göttern zu spenden, wie Königin Hekabe es in der mythischen Erzählung tut, muss eine in der griechischen Welt weitverbreitete religiöse Praxis gewesen sein. Alles, was für die Menschen einen besonderen Wert hat, ist geeignet, als Dank- oder Bittgeschenk an die Götter zu dienen. Einen ungewöhnlichen Einblick in solche Riten geben Inventarlisten des Artemisheiligtums von Brauron an der Ostküste Attikas[3]. Dort gab es vermutlich den Brauch, dass Frauen die Kleidung, die sie bei der Geburt getragen hatten, der Gottheit als Opfergabe überließen. Die große Zahl an Gewandnadeln, die in vielen anderen Heiligtümern gefunden wurden, zeigen aber, dass der Brauch der Kleiderweihung nicht auf solche spezifischen Situationen beschränkt war. Zugleich gibt die Sitte, kostbare Accessoires und Textilien den Göttern als Dank zu überlassen, einen kleinen Hinweis auf die Atmosphäre in griechischen Kultstätten, die sich heute den Besuchern so nüchtern-aufgeräumt darbieten: An den Festtagen müssen viele dieser Orte gerade auch durch die schöne Kleidung der Besucherinnen ein besonderes Gepräge erhalten haben.

Faszination und Ferne des Gegenstandes: Zum Realitätsgehalt der Darstellungen

Mit dem Realitätsgehalt der Darstellungen ist indirekt ein Aspekt angesprochen, der für jede Beschäftigung mit griechischer – und allgemein mit antiker – Kleidung von grundlegender Bedeutung ist. Materiell ist von den Stoffen und Kleidern, von denen im Folgenden die Rede sein wird, nur sehr wenig erhalten[4]. Einige Reste wurden an unterschiedlichsten Orten gefunden, doch verlangt ihre Auswertung für unser Thema große Vorsicht, da sie größtenteils aus späterer Zeit stammen. So bieten indirekte Quellen für fast alle hier zu thematisierenden Aspekte eine wesentlich bessere Anschauung. Was zur Erschließung griechischer Kleidung zur Verfügung steht, sind neben den schriftlichen Zeugnissen zahllose Darstellungen in der Kunst. Viele davon geben die Kleidung in so differenzierter Form wieder, dass wesentliche Eigenarten mit einiger Zuverlässigkeit abgelesen werden können. Dies gilt für Art und Drapierung der Gewänder, für die Muster und in gewissem Umfang auch für die Farben. Die Frage nach der Darstellungstreue der künstlerischen Wiedergaben wird deshalb ein konstanter Begleiter bei der Auseinandersetzung mit der Entwicklung der Mode im frühen Griechenland sein. Dieser kritische Aspekt hat gleichwohl auch seine positive Kehrseite: Ein Buch über einen Abschnitt der Mode in der Antike ist immer auch ein Buch über künstlerische Praktiken sowie über die Wahrnehmung und die kreative Auseinandersetzung der Künstler mit dem, was sie – anders als wir heute – unmittelbar vor Augen hatten.

Die Tatsache, dass die Erschließung und Erforschung der griechischen Kleidung und Mode große Umsicht verlangt, verbindet sie mit einem anderen Bereich der sinnlichen Erfahrung, der Musik. Die gute Überlieferung von Kunstwerken auf der einen Seite – Statuen, Reliefs, bemalte Vasen, Mosaiken und vieles mehr – und von Texten unterschiedlicher Genera auf der anderen Seite kann dazu verleiten, die Kunstproduktion sowie Philosophie, Dichtung und Geschichtsschreibung als die Felder der griechischen Kultur anzusehen, auf denen vor allen anderen Bereichen Großes geleistet wurde und die für die Menschen selbst von herausragender Bedeutung waren. Die Musik dagegen hat keine privilegierte Überlieferungssituation. Zwar gibt es zahlreiche schriftliche und bildliche Zeugnisse, die die Allgegenwart von Musik belegen, doch lässt es sich konkret nur sehr schwer veranschaulichen, in welch hohem Maße Musik in den unterschiedlichsten Alltags- und Festsituationen gegenwärtig war, im privaten Raum, als Teil der Erziehung, bei Begräbnissen, religiösen Festen, bei Theateraufführungen, und wieviel sinnliches Vergnügen sie geschenkt sowie in welcher Weise sie sozial integrierend gewirkt hat. Auch bei der Kleidung besteht die Gefahr, ihre große kulturelle und ästhetische Bedeutung zu unterschätzen, weil sie nicht in gleicher Weise in ihrer originalen Erscheinung greifbar ist, wie dies für eine archaische Statue oder für die Schriften des Aristoteles zutrifft. Tatsächlich aber stellen Textilien und Gewänder einen Bereich der materiellen Kultur im antiken Griechenland dar, der wie im Falle der Musik in Alltag und Fest eine bedeutende Rolle gespielt hat, von der elementaren Notwendigkeit, den Körper zu bedecken über das menschliche Schmuckbedürfnis bis zu wirtschaftlichen Aspekten im Zusammenhang mit der Textilproduktion und zur sozialen Funktion als Mittel der Distinktion von Reichen gegenüber Armen.

Forschungsgeschichte und moderne Rezeption griechischer Kleidung

Die Jahrzehnte um 1900 stellen für die wissenschaftliche Erschließung der griechischen und römischen Kleidung eine Blütezeit dar. In dieser «positivistischen» Phase der Klassischen Archäologie ging es darum, alle Sachfragen der schwierigen Materie möglichst präzise zu beantworten und durch die kombinierte Analyse der umfangreichen schriftlichen und bildlichen Quellen eine gute Vorstellung von Aussehen und Trageweise der Kleidung und den verwendeten Materialien zu gewinnen[5]. Eine wichtige methodologische Ergänzung erfuhren diese Bemühungen durch die Arbeit mit lebenden Modellen. Das Drapieren von Männern und Frauen in unterschiedlichen Posen erwies sich als gutes Hilfsmittel, um Statuen, Vasenbilder etc. kritisch zu untersuchen und einer Rekonstruktion der real getragenen Kleidung näherzukommen (Abb. 2): ein frühes und sehr instruktives Beispiel experimenteller Archäologie und der Veranschaulichung antiker Lebenswelt für einen größeren Leserkreis[6]. Viele Grundfragen wurden damals geklärt und gehören seither zum festen Wissensbestand. Bei anderen Fragen stehen sich, weil die Bild- und Schriftzeugnisse keine ausreichend breite Basis für zuverlässige Antworten bieten, gegensätzliche Positionen weiterhin unversöhnt gegenüber, z. B. bei der notorischen Auseinandersetzung darüber, ob es bei den Griechen die Kombination von zwei übereinander getragenen Kleidungsstücken – «Rock» und «Bluse» – gegeben hat.

Abb. 2
Modellfigur im Chiton klassischer Zeit. Arrangement von Margarete Bieber (1928).

Abb. 3
Die Frauen von Amphissa. Gemälde von Lawrence Alma-Tadema, 1887. Williamstown, Sterling and Francine Clark Art Institute.

Nach der Erstellung einer Systematik der Gewandstücke und ihrer Drapierungsweisen richtete sich das Interesse stärker auf die dynamische und ästhetische Seite des Phänomens griechischer Kleidung. Diese Phase der Forschung ist eng mit dem Namen Margarete Bieber verknüpft. Die deutsche Archäologin, 1933 aufgrund ihrer Abstammung zur Emigration gezwungen, hat mit ihren aufwendig ausgestatteten Büchern den Blick auf die griechische Kleidung diesseits und jenseits des Atlantiks wesentlich geprägt. Sie hat sich sowohl in der Arbeit mit Modellen engagiert als auch eine große Skizze der geschichtlichen Entwicklung der griechischen wie der römischen Kleidung vorgelegt[7]. Bieber aber ging es nicht nur um Wissensvermehrung, sondern auch um ein vertieftes Verständnis der Eigenart griechischer Kleidung. Angeregt durch die um die Jahrhundertwende äußerst lebendige Reformkleidbewegung, die sich gegen die lange geübte Praxis wandte, den Frauenkörper bis hin zur Schädigung einzuschnüren, um eine bestimmte, als schön empfundene Silhouette zu erzielen[8], richtete Bieber ihr Augenmerk auch auf die formale Erscheinung griechischer Kleidung. «Hose und Jacke, diese charakteristischsten und hässlichsten Merkmale der geschneiderten Tracht»[9] hätten die Griechen ganz vermieden. Ihr Ideal war es dagegen, mit einfachsten Mitteln ein Wechselspiel von Körper und Gewand entstehen zu lassen, indem die als Kleidung dienenden Stoffbahnen ihre schöne Wirkung allein durch Drapierung, Heftung und Gürtung erzielen – und durch die Eleganz von Wuchs und Bewegung der Trägerin.

In der letzten, aktuellen Phase stehen zwei sehr unterschiedliche Aspekte im Vordergrund. Zum ersten haben neue naturwissenschaftliche Untersuchungsmethoden die Diskussion über die Polychromie griechischer Plastik in den letzten zwanzig Jahren stark intensiviert. Dabei ergeben sich dank der erweiterten Möglichkeiten, die Farbreste an den Skulpturen zu analysieren, neue Perspektiven auch für die Erschließung der Farbigkeit und der Musterung der originalen Gewänder. Zum zweiten sind die sozialen Aspekte von Kleidung und Textilherstellung in den Fokus der Forschung gerückt. Die Herstellung von Textilien war in der griechischen Welt Sache der Frauen. Die Webstühle standen in aller Regel nicht in spezialisierten Werkstätten, sondern in jedem Wohnhaus: Produktion und Pflege der Textilien lagen in der Verantwortung der Ehefrau und gehörten zu den wesentlichen Aufgaben einer erfolgreichen Hauswirtschaft[10]. Dies muss keineswegs als Symptom einer in erster Linie dienenden Rolle der Frau in der häuslichen Gemeinschaft aufgefasst werden, sondern stellt umgekehrt ihre Bedeutung heraus. Die berühmte Geschichte von Penelope, die während der langen Abwesenheit ihres Mannes Odysseus selbst am Webstuhl sitzt und verspricht, einen anderen Mann zu heiraten, sobald ihr Gewebe fertiggestellt ist (was sie nachts jedoch wieder auflöst), gibt trotz des poetischen Gehalts etwas von den realen Lebensverhältnissen im frühen Griechenland wieder: Die Mitwirkung an der heimischen Textilproduktion war keine Frage des individuellen sozialen Standes. Die Bedeutung der Kleidung – und eben auch ihrer Herstellerinnen – kommt auch in dem in jüngerer Zeit viel behandelten Phänomen des Austauschs von Geschenken zum Ausdruck. Ein Haus, das auf sich hielt, war in der Lage, einem Gast nach einer langen Reise Kleidung zu überlassen, damit er sich in angemessener Weise in Gesellschaft begeben kann, und es war auch in der Lage, dem Gast Textilien als Geschenk mitzugeben. Solche Gaben scheinen ein wesentliches Instrument zur Regelung und Bestätigung sozialer Beziehungen gewesen zu sein.

Neben der wissenschaftlichen Auseinandersetzung mit antiker Kleidung gibt es als davon weitgehend unabhängigen und zeitlich weiter zurückreichenden Bereich die populäre Rezeption. Ab dem späteren 18. Jh. wurden in die aktuelle Mode immer wieder Anregungen aus der griechischen und römischen Tracht aufgenommen. Dabei geht es selten um eine möglichst authentische Übernahme von Gewandtypen, Drapierungen und Oberflächenformen. Stattdessen ist die Antike meist Projektionsfläche für moderne Vorstellungen und Legitimierungen. Dies gilt für die Epoche der Französischen Revolution, als die bürgerstaatliche Verfassung der römischen Republik Anstöße für die demokratischen Umwälzungen in der politisch erstarrten Gesellschaft geben konnte. Von der Reformkleidbewegung der Jahrzehnte um die Wende zum 20. Jh. war eben bereits die Rede: Hier spielten auch ästhetische Gesichtspunkte – die Bewunderung für Natürlichkeit und Schönheit des Auftretens von Frauen in der klassischen Antike – eine wesentliche Rolle.

Eine Rezeption antiker Mode findet aber nicht nur in der Kleidung selbst statt, sondern ist auch in zahllosen Ausformungen in der Bildenden und Darstellenden Kunst anzutreffen. Zwei Beispiele müssen hier genügen. Die schwelgerischen Antikenszenarien in den heute wieder sehr beliebten Gemälden des in London zu Ruhm gekommenen Holländers Lawrence Alma-Tadema (1836–1912) stellen extreme Vertreter einer detailseligen Versenkung in die Formen und Farben antiker Gewänder dar[11]. Alma-Tadema hatte, wie gerade auch das Gemälde *Die Frauen von Amphissa* (1887) demonstriert, eine sehr gute Kenntnis der antiken Sachkultur und gerade auch der Kleidung[12] (Abb. 3). Auch wenn manches Element etwas überakzentuiert ist, stimmen die Typen und im Kern wohl auch die Farben gut mit der archäologisch erschließbaren Realität überein, wie der Maler auch bei den Requisiten originale Vorbilder häufig getreu übertragen hat. Als Klassizisten kann man ihn, trotz der so nachdrücklich klassischen Oberfläche seiner Gemälde, dennoch im Grunde nicht bezeichnen, denn Alma-Tadema sah in der Antike nicht in erster Linie ein ethisches und ästhetisches Vorbild. Viele seiner Sujets beziehen sich auf Erzählungen und Ereignisse, die etwas Bedrohliches enthalten und an die Grenzen menschlicher Verhaltensweisen führen – in unserem Beispiel wird eine Gruppe von Frauen, die nach einem Irrweg auf dem Marktplatz von Amphissa erwachen, von den Einwohnerinnen vor den Männern des Ortes geschützt. Die insbesondere aufgrund der Kleidung so festlich-helle Szene hat mit der Gefahr, die den schönen Frauen droht, auch ihre dunkle Seite.

Rückt man näher an die Gegenwart heran, erscheint die Antike häufiger als eine Art exotische Fantasy-Welt, deren Requisiten frei adaptiert und dem aktuellen Zeitgeschmack angepasst werden. In dem von einem Comic angeregten, inzwischen Kultstatus genießenden Film *300* (2007; Regie: Zack Snyder) über die 300 Spartaner, die unter der Leitung des Leonidas mit ihrem vergeblichen Versuch, die Perser an den Thermopylen aufzuhalten, unsterblich wurden, haben die Gewänder der Frauen zwar einen antiken Touch, beziehen ihren besonderen ästhetischen und erotischen Reiz aber gerade aus der sehr freien – und freizügigen – Abwandlung originaler griechischer Gewandformen. Das Design befindet sich in einem geschickt gewählten Mode-Niemandsland, irgendwo zwischen der sprichwörtlichen spartanischen Simplizität und dem hippen Freizeitdress unserer Tage.

Perspektiven: Zur Konzeption des Buches

«Modegeschichte», «Entwicklung der Tracht», «Kostümkunde» – es kommt nicht von ungefähr, dass für die Beschreibung und Interpretation der verschiedenen Formen von Kleidung, wie sie im Laufe der Jahrhunderte bis heute getragen worden ist, unterschiedliche Begriffe geprägt worden sind. Denn es gibt wohl in allen Kulturen in diesem Bereich ein eigentümliches Nebeneinander von Dynamik und Statik. Dynamik deshalb, weil die Geschichte der Kleidung und insbesondere der Frauenkleidung eine Geschichte endloser Veränderungen ist. Wenn man die Situation nicht nur in einer Region betrachtet, sondern die Ausprägungen in unterschiedlichen Regionen, Ländern und Kontinenten hinzunimmt, entsteht der Eindruck einer unbegrenzten Vielfalt und Variation. Das statische Element dagegen besteht darin, dass sich Veränderungen mitunter sehr langsam vollziehen oder nur einzelne Aspekte der Kleidung betreffen, z. B. die weite oder enge Trageweise oder die Farbwahl. Ein extremes Beispiel hierfür ist die (formelle) westliche Männermode im 20. Jh. und bis heute, also der dunkle Anzug, der sich abgesehen von Details des Schnitts und wiederum der Farbvorlieben, über mehrere Jahrzehnte kaum geändert hat. Hinzu kommt, dass aber auch in Phasen rascheren Wandels, wie sie gerade für die Frauenmode typisch sind, der oder die Einzelne in aller Regel dem jeweils vorherrschenden Stil folgt, soweit die materiellen Mittel dies erlauben. Innerhalb eines gegebenen Zeithorizonts ist also die Konformität meist wesentlich höher als die Individualität der männlichen und auch der weiblichen «Modeteilnehmer».

Dieses Nebeneinander von Statik und Dynamik macht es schwierig, alle Erscheinungen unter einen einzigen Begriff zu fassen und die Geschichte der Kleidung etwa insgesamt als eine Geschichte der Mode zu bezeichnen. Nicht von ungefähr wird deshalb für die älteren historischen Epochen vorzugsweise der Begriff «Tracht» verwendet. Mit ihm verbindet sich die Vorstellung von etwas Statischem und stark Konventionsbestimmtem. Tatsächlich entwickelt sich seit dem 18. Jh. in Mitteleuropa und der angelsächsischen Welt in Sachen Kleidung eine neue Situation. Mit der Überwindung der ständisch geprägten Gesellschaft und der Entstehung eines breiten Bürgertums bildet sich eine neue Schicht heraus, die zu einem lebendigen Träger des Modegeschehens wird. Die Veränderungen in den Kleidungsstilen der Frauen vollziehen sich nun schneller als zuvor, begünstigt auch durch ein sich jetzt entfaltendes Modebewusstsein, wofür zahlreiche Zeitschriften ein Medium des Austauschs bieten. An dieser Situation hat sich grundsätzlich bis heute nichts geändert.

Dennoch wäre es problematisch, hier eine feste qualitative Unterscheidung vorzunehmen und den Begriff «Mode» den jüngeren historischen Epochen vorzubehalten. Zum einen gibt es statt einer von gesellschaftlichen Konventionen erzwungenen heute vielfach eine freiwillige Konformität, was den Kleidungsstil angeht. So sind die von der «Modeindustrie» in millionenfacher Stückzahl produzierten Jeans heute bei jungen Leuten zur Standardkleidung und damit zu einer Art Tracht geworden, wie man beim Gang über einen deutschen Universitätscampus oder im Zentrum großer Städte sehen kann. Zum anderen lassen sich auch in weit zurückliegenden Kulturen mitunter rasch aufeinander folgende Wechsel der Kleidungsformen und auch Ansätze zur Reflexion über die Wirkung von Gewändern beobachten. Inwiefern es Modephänomene auch im frühen Griechenland gab, ist denn auch eines der Themen, die in den folgenden Kapiteln immer wieder zur Diskussion stehen.

Beim Gegenstand dieses Buches haben wir uns für zwei sachliche Fokussierungen entschieden. Einmal beschränken wir uns auf die Frauenmode oder, anders ausgedrückt, auf das Geschlecht, für das allein nicht nur Kleidung und Tracht, sondern tatsächlich eine Entwicklung von Mode zu beobachten ist: Mode im Sinne eines mitunter raschen Wechsels von Vorlieben bei der Kleidung. Zwar gibt es auch bei der Männerkleidung Veränderungen. Im Vergleich zur Vielfalt der Formen bei den Frauen ist jedoch die Analogie zur Gegenwart durchaus legitim: In der griechischen Welt waren ebenso wie heute sowohl der Wandel der Kleidung wie auch der Gestaltungsspielraum bei den Frauen wesentlich ausgeprägter als bei den Männern.

Die zweite Begrenzung betrifft den zeitlichen Rahmen. Wir beginnen mit der «homerischen Zeit» des 8. Jhs. v. Chr., die in kultur- und kunstgeschichtlicher Hinsicht besonderes Interesse verdient, weil sich dort die Anfänge von Kleidungs- und Textilluxus beobachten lassen, und schließen mit der frühen Klassik, also der ersten Hälfte des 5. Jhs. v. Chr., ab. Historisch gesprochen umfasst die Darstellung damit die archaische und einen Teil der klassischen Epoche der griechischen Kultur und, von den Gesellschaftsformen her gesehen, die aristokratische Phase und den Übergang zur demokratisch organisierten Gesellschaft. In diesen gut 300 Jahren vollzieht sich in der Mode eine Reihe von grundlegenden Entwicklungen, mit denen sich der größte Teil dessen erfassen lässt, was zum Phänomen der Mode in der griechischen Antike gehört. Die zeitliche Begrenzung begründet sich darüber hinaus durch die Art der Überlieferung. Aus den frühen Epochen der griechischen Kulturgeschichte verfügen wir über eine große Zahl an Werken sowohl der Skulptur als auch der Wand- und vor allem der Vasenmalerei, die einen guten Zugang zur damals getragenen Kleidung ermöglichen. Seit dem 5. Jh. v. Chr. dagegen verschlechtert sich die Quellenlage für diesen Gegenstand erheblich, vor allem weil sich kaum noch originale Statuen, sondern fast nur noch deren römischen Nachbildungen erhalten haben. Wird griechische Kleidung aber nicht mehr von Darstellungen der zeitgenössischen griechischen Kunst, sondern von wesentlich späteren römerzeitlichen Kopien her erschlossen, ist die kulturelle Distanz zu groß, um noch verlässliche Aussagen treffen zu können.

Für die wissenschaftliche Betrachtung hat das Thema «Mode» eine besondere Faszination, weil es ermöglicht, zwei Perspektiven eng miteinander zu verschränken – die ästhetische und die soziologische. Zur ästhetischen Seite des Gegenstandes gehört als elementarer Punkt der sinnliche Genuss, der mit schöner Kleidung verbunden ist, ein Genuss, den nicht nur die Betrachter und Betrachterinnen haben, sondern auch die Trägerinnen: Sie verkörpern gleichsam den aktiven Part in der mit Kleidung geführten Kommunikation und sie wissen um die Wirkung, die Gewänder haben, auf sie selbst, wenn Frauen ihrer Erscheinung oder ihrem Stand gemäß gekleidet sind, und auf das Gegenüber. Hier ist auch das wohl zeitlose Bedürfnis nach Abwechslung zu nennen, bei dem sich ebenfalls untrennbar zwei Aspekte verbinden, der ästhetische Reiz am Neuen, noch nicht Gesehenen und das Prestige, das die Avantgarde gegenüber denen hat, die einem neuen Trend nur folgen. An dieser Stelle ist eine grundlegende Aussage, so paradox sie nach mehr als 100 Jahren wissenschaftlicher Beschäftigung mit griechischer Kleidung klingen mag, unvermeidlich: Das Modepotential der griechischen Kleidung ist bisher noch nicht gesehen worden[13]. Tatsächlich hat sich die Aufmerksamkeit bis in jüngste Zeit in erster Linie auf die Bestimmung von «Realia» konzentriert, auf Trageweise, Material, Musterung, Bezeichnungen und Herstellung von Gewandstücken, mithin auf im weitesten Sinne technische Fragen. Wir wollen hier, aufbauend auf die Forschungserträge auf diesem Feld, das Augenmerk nun vor allem auf die gestalterische Seite des Phänomens Kleidung und Mode richten und bei den auch in der griechischen Welt mitunter raschen Veränderungen immer wieder nach den antiken Designgrundsätzen und nach den Wirkungen, die sie erzielen, fragen.

Das eben genannte Stichwort «Abwechslung» spielt schon hinüber zum zweiten Punkt, dem weiten Feld der Soziologie von Kleidung und Mode. Natürlich erfüllt das, was wir tragen, zunächst einen praktischen Zweck: Es schützt vor Kälte, Hitze, Regen, Wind, und für manche beruflichen oder anderen Tätigkeiten ist eigens gefertigte Kleidung erforderlich oder nützlich. Alles aber, was über diese elementar praktischen Erfordernisse hinausgeht, ist kulturell konnotiert, angefangen beim Bedecken des Körpers. Hier hat man in der westlichen Welt viele vor wenigen Jahrzehnten noch beachtete Konventionen aufgegeben und man ist zugleich mit den strengen Regeln konfrontiert, wie sie viele Musliminnen beachten. Aber nicht nur die Scham, sondern auch viele Bedingungen und Formen des menschlichen Verhaltens finden einen Niederschlag in der Art und Weise, wie man sich kleidet, und entsprechend sendet die gewählte Kleidung umgekehrt Signale aus, die Rückschlüsse auf die Eigenart des Trägers zulassen. Es verwundert angesichts des universellen Charakters von Kleidung nicht, wenn Soziologen der Herausforderung nachgegangen sind, Gesellschaftsgeschichte oder grundlegende gesellschaftliche Strukturen anhand von Kleidungspraktiken zu analysieren. In wirkungsreichen Titeln wie *Die Sprache der Mode*[14] (Roland Barthes, 1967) oder *Menschheit auf dem Laufsteg. Die Mode im Zivilisationsprozess* (René König, 1985)[15] wird der Anspruch, Kleidung und Mode als sog. soziales Totalphänomen zu beschreiben, deutlich.

Vieles von dem, was in jüngerer Zeit im Zusammenhang mit Kleidung und Mode diskutiert wurde, findet sich auch in der griechischen Antike. Zwei Punkte verdienen dabei besondere Beachtung. Kleidung dient der Integration. Den Extremfall stellt die Uniform dar, die Soldaten, aber auch, dann weniger formell, viele andere Berufsgruppen tragen, der weiße

Kittel der Ärzte, das Monteursblau der Arbeiter. Kulturgeschichtlich interessanter ist die eben bereits angesprochene Herausbildung von uniformer Kleidung ohne einen äußeren, funktionalen Grund. Wenn, um das nächstliegende Beispiel herauszugreifen, die bürgerliche Frau in Mitteleuropa in den letzten zwei Jahrhunderten mal dieser, mal jener Mode folgte, wenn sie mal weit ausgestellte Röcke und ein eng anliegendes Oberteil, mal Kleider mit fließenden Formen trug, dann unterwarf sie sich, wie man kritisch sagen kann, einem gesellschaftlichen Zwang, weil eine markante Abweichung sie zur Außenseiterin gemacht hätte. Zugleich aber integriert sie sich, indem sie die jeweils vorherrschende Ausprägung der Kleidung akzeptiert, in die sie umgebende Gesellschaft. Am Bedürfnis nach individueller Integration hat sich aber auch in der Gegenwart trotz aller Überwindung gesellschaftlicher Konventionen offenkundig wenig geändert.

Abb. 4
Togastatue eines Unbekannten, um 50 n. Chr. Rom, Museo Torlonia.

Auf der anderen Seite bietet Kleidung dem Einzelnen oder Gruppen innerhalb der Gesellschaft vielfältige Möglichkeiten der Abgrenzung. Auch hier gibt es eine formelle Seite, wenn etwa Herrschern Kleidung in Purpur oder Amtsträgern Textilien mit darauf angebrachten Standesabzeichen vorbehalten sind. Und es gibt eine vielgestaltige informelle Seite des Phänomens: Individuen, die durch markante Abweichungen ihrer Kleidung vom aktuellen Standard Aufmerksamkeit auf sich ziehen, und Gruppen von Personen, die sich etwa durch die Wahl besonders edler Stoffe oder durch formale Variation der vertrauten Erscheinung von Kleidung von der Masse absetzen, sei es um durch solche Exklusivität soziales Prestige zu gewinnen, sei es als Ausdruck von Lebenshaltungen, die der Konvention entgegenstehen – die oben genannte Reformkleidung ist nur ein Beispiel von vielen.

Ein besonders auffälliges und dadurch wirksames Mittel, die Zugehörigkeit zu den «vornehmen Ständen» zu demonstrieren und sich damit zugleich von weniger wohlhabenden oder sozial weniger geachteten Mitgliedern der Gesellschaft abzusetzen, bestand zu unterschiedlichen Zeiten darin, nicht nur festliche und teure, sondern auch ungewöhnlich komplizierte und umständlich anzulegende Kleidung zu tragen. Bestes Beispiel aus der Neuzeit ist der in Europa in vielen Formen ausgeführte Reifrock. Wenn die Frauen um den Körper geführte oder nur an der Rückseite angebrachte Gestelle trugen, dann ergab sich damit nicht nur eine die natürliche Form des Körpers in extremer Weise entstellende Silhouette, sondern es wurde auch die Bewegungsfähigkeit der Trägerin stark eingeschränkt. Aus römischer Zeit kann man als Analogie die zu bestimmten Zeiten – und in bestimmten Segmenten der Gesellschaft – geradezu zeremoniell getragene Toga anführen[16] (Abb. 4). Wenn die Führung des extrem weiten Stoffes einem klar definierten Verlauf folgen musste, verlangte das nicht nur große Sorgfalt bei der Drapierung (und im Regelfall

Abb. 5
Zwei Frauen im Haus.
Apulische Lekythos,
um 350 v. Chr. Mainz,
Universität, Antiken-
sammlung.

die Unterstützung eines Sklaven beim Anlegen der bis etwa 5 m langen Stoffbahn), sondern nötigte dem Träger auch erhebliche Umstände auf, damit beim Gehen und beim Bewegen der Arme das Arrangement unverändert blieb. In den Quellen ist auch immer wieder davon die Rede, dass die aufgrund ihres Status dazu verpflichteten Bürger versuchten, das Tragen der Toga zu vermeiden. In der griechischen Welt wird man solchen Tendenzen nur selten begegnen; die gängige Vorstellung vom natürlichen Charakter der griechischen Kleidung scheint an dieser Stelle eine Bestätigung zu finden.

Soziale und ästhetische Dimension werden verklammert durch einen dritten Aspekt, den eminent interkulturellen Charakter der Mode. Was für die jüngere Zeit eine selbstverständliche Erfahrung ist, dass sich Modeerscheinungen von einem Land zum anderen und heute sogar global verbreiten, ist im Kern auch in der klassischen Antike gegenwärtig. Für unseren Gegenstand spielt dabei der Kontakt der Bewohner in der griechischen Welt zu ihren nicht-griechischen Nachbarn in Anatolien, Vorderasien und Ägypten eine besondere Rolle – das Interesse des Geschichtsschreibers Herodot im mittleren 5. Jh. v. Chr. für die Gebräuche und auch die Kleidung fremder Völker gibt hier ein beredtes Zeugnis[17]. Aus den genannten Regionen wurden nicht nur Stilelemente wie etwa Gewandmuster übernommen, sondern auch in der griechischen Welt bis dahin unbekannte Gewandtypen sowie Techniken der Textilherstellung und -veredelung. Die dahinter stehenden kulturellen Muster sind einmal mehr sehr vielgestaltig. Ästhetisch motivierte Neugier auf neue Formen kann ebenso eine Triebfeder sein wie die politisch motivierte Übernahme von Elementen einer militärisch besiegten ausländischen Macht, deren Mode nun als Zeichen der Überlegenheit in die eigene Kultur integriert wird, wie dies im Falle von Athen und Persien in klassischer Zeit zu beobachten ist.

Vermutlich wird die Bedeutung des Themas Kleidung und Mode in den klassischen Altertumswissenschaften bisher noch unterschätzt. Wie der einzelne Wissenschaftler heute und wohl auch vielfach die Wissenschaftlerin wenig auf Kleidung oder jedenfalls modisches Auftreten gibt, weil dies nach verbreiteter Meinung zu den Äußerlichkeiten des Lebens und nicht zu den substantiellen Punkten des Daseins gehört, so ist man wohl auch rasch geneigt, die geschichtlichen Veränderungen der Kleidung für etwas relativ Unbedeutendes zu halten – nicht nur flüchtig und häufig schwer zu fassen, da ständiger Veränderung unterworfen, sondern auch im wörtlichen wie im übertragenen Sinne oberflächlich. Tatsächlich aber hat der Wandel der Kleidung geradezu seismographische Qualitäten. Dazu am Beispiel des Bildes auf einer Lekythos (Ölfläschchen) aus der Sammlung der Universität Mainz, gegen 350 v. Chr. im griechischen Unteritalien geschaffen[18] (Abb. 5), abschließend einige Bemerkungen, mit denen die Perspektiven auf den Gegenstand präzisiert werden können. Kleidung und Mode betreffen zunächst das einzelne Individuum, denn selbst in stark von Konventionen bestimmten Kulturen wie der griechischen gab es Möglichkeiten der Variation und der persönlichen Auswahl, etwa bei den Mustern oder den Farben eines Gewandes, das die Frau in der Öffentlichkeit trug. Individuelles spricht sich auch in der Differenz der Mittel aus, die zur Verfügung standen: Die wohlhabende Frau konnte sich gegenüber der zur Sparsamkeit gezwungenen freier entfalten, aus einer größeren Garderobe wählen und eher modischen Neuerungen folgen. Auf unserer Vase lassen Frisur, Schmuck und vor allem die Kleidung die Betrachter nicht im Zweifel darüber, wer über mehr Mittel verfügt. Das spielt schon in den Bereich des Sozialen hinüber, zur Einbettung des Individuums in die Gesellschaft. Das Bild gibt eine der damals sehr beliebten Szenen der Vorbereitung zur Hochzeit wieder. Die Konvention legte dabei die Regeln weitgehend fest, darunter auch die zur Kleidung: Was trägt die Braut? Welche Textilien und Gewänder wird sie als Aussteuer erhalten? Zu dieser informellen gehört als zweite die formelle Ebene, denn immer wieder sind solche Konventionen in feste Regeln gefasst worden und greift also der Staat in die nach heutigen Maßstäben privaten Angelegenheiten ein: Reichtum sollte möglichst nichts Provozierendes und Armut nichts Demütigendes haben[19]. Wie hier alles ineinander greift, wie die verschwenderische Kleidung der Bürgerin auf dem unteritalischen Gefäß der Trägerin elementares sinnliches Vergnügen bereitet, zugleich aber auch etwas Politisches haben kann, lässt im Kleinen das Potential dieses Gegenstandes erkennen.

Homer und die Anfänge der Geschichte griechischer Kleidung

Das 8. Jh. v. Chr. ist eine große, vielleicht sogar die größte Umbruchzeit in der Geschichte der griechischen Kultur. Anders als für die Jahrhunderte zuvor existieren nun schriftliche Zeugnisse, die umfassend Auskunft über die Lebenswelt geben. Diese Veränderung der Überlieferungssituation ist jedoch weit mehr als nur ein technisches Faktum für die moderne Wissenschaft. Die Einführung von Alphabet und Schrift und die damit verbundene grundlegende Erweiterung der Kommunikation stellen nur eine Facette einer umfassenden Intensivierung der Lebensverhältnisse dar[1]. Die Schrift diente nicht wie in späteren Epochen in erster Linie der Verständigung im Alltag und der Dokumentation in Verwaltung und Wirtschaft, sondern vor allem der Schaffung dichterischer Werke, voran die mit dem Namen Homer verbundenen Großgedichte *Ilias* und *Odyssee*. Sie behandeln mit dem Troianischen Krieg und der gewundenen Heimkehr des Odysseus zwei in der Vergangenheit liegende Stoffe, thematisieren und problematisieren im Einzelnen aber viele Aspekte ihrer Gegenwart. Von den weiten Horizonten der Troiafahrer ist es nur ein kleiner Schritt zur sog. Großen griechischen Kolonisation, einer Migrationsbewegung, die ab etwa 750 v. Chr. zur Besiedlung weiter Küstenbereiche in Sizilien und Unteritalien geführt hat und Erfahrungen im Schiffsbau, der Navigation und der Organisation neuer Städte voraussetzt.

Zur Schriftlichkeit als neue Kulturtechnik kommt eine außerordentliche Belebung der materiellen Kultur: Verdichtung der Siedlungen, Entstehung überregionaler Heiligtümer, Handelsverkehr über die Grenzen des griechischen Siedlungsgebiets hinaus, Weiterentwicklung von Handwerkstechniken wie der Keramikherstellung und der Metallverarbeitung. Eine direkte Analogie zum Umgang mit der Schrift ist jedoch die Entwicklung einer Bildkultur, die anders als im Vorderen Orient oder in Ägypten bis dahin in der griechischen Welt fast völlig unbekannt war. Nun aber entstehen figürliche Darstellungen, und zwar nicht tastend über einen Zeitraum von vielen Jahrzehnten hinweg, sondern mit der zeittypischen Dynamik sehr rasch in Gestalt vielfiguriger und vielfältiger Handlungsbilder[2]. Die reichste Überlieferung liegt mit den bemalten Vasen vor, aufwendig getöpferten Gefäßen für repräsentative Zwecke, im Besonderen aus Athen, aber auch aus anderen Regionen. Bildlichen Schmuck konnten aber auch Metallobjekte tragen. Auf diesen Bildern nun wird auch etwas fassbar, was zuvor schon und auch in der Folgezeit in der griechischen Zivilisation einen bedeutenden Platz hatte – die Kleidung.

Ein ethnologischer Blick auf die frühesten Zeugnisse

Es ist gängige Praxis, den Umgang mit Kleidung im frühen Griechenland und selbst ihre Formen zunächst aus den zahlreichen Aussagen der schriftlichen Quellen, also aus den beiden homerischen Epen, zu erschließen und anschließend die bildlichen Quellen ergänzend heranzuziehen. Tatsächlich sind die Informationen, die man aus der literarischen Überlieferung erhält, sehr differenziert, die Bilder in der ältesten Phase der griechischen (Kunst-)Geschichte dagegen zunächst eigentümlich «primitiv» und erklärungsbedürftig. Wir

Abb. 6
Totenaufbahrung (sog. *próthesis*). Attischer Krater, um 760 v. Chr. Sydney, Nicholson Museum.

wollen hier dennoch den umgekehrten Weg gehen und bei der Betrachtung der bildlichen Darstellungen einen gleichsam ethnologischen Blick einnehmen, den Bildern also den Vorrang geben, auch wenn dabei immer wieder aus der schriftlichen Überlieferung gewonnenes Wissen einfließt. Die Aufmerksamkeit richtet sich dabei nicht nur auf die Formen der Kleidung, sondern auch auf soziale Aspekte, insbesondere auf die Frage, wie die Darstellung der Kleidung dazu beiträgt, die Rollen der Geschlechter zu definieren.

Ein populäres Thema in der frühesten Bildkunst Athens ist die sog. *próthesis*, die Aufbahrung des oder der Toten im Haus, bevor der Leichnam mit einem Wagen zum Grab gefahren wird[3] (Abb. 6). Die Vorliebe für den düsteren Stoff ergibt sich durch die Funktion der Vasen: Sie dienten als Grabbeigaben oder als Grabaufsätze, wurden aber wohl auch in Zeremonien vorgeführt und betrachtet, bevor sie ihre endgültige Bestimmung fanden. Was den Umgang mit Kleidung und Textilien angeht, kann man auf Darstellungen wie auf dem Krater heute in Sydney[4] interessante Beobachtungen machen, und zwar sowohl damit, was demonstrativ vorgeführt wird, als auch damit, was als inexistent behandelt wird. Das Zentrum der Darstellung wird eingenommen vom Leichnam auf der Totenbahre. In der für die Zeit typischen Art der Wiedergabe hat der Vasenmaler Menschen und Requisiten nicht in getreuer Abbildung wiedergegeben, sondern Einzelinformationen aneinandergereiht: Der Tote (falls es ein Mann war) wirkt wie auf der Seite liegend, damit sich seine körperliche Gestalt gut erfassen lässt; die fünf Figuren, die sich scheinbar unter der Liege befinden, sind in Wirklichkeit davor stehend zu denken; und über dem Toten breitet sich eine große, schachbrettartige Fläche aus, die nichts anderes darstellt als das kostbare Bahrtuch, in das der Leichnam eigentlich eingehüllt ist, das aber, nähme man das Bild wörtlich, als eine Art Wandteppich erscheint. Das Bahrtuch spielte in den Augen der Beteiligten eine Rolle, die über den praktischen Zweck der Verhüllung des Leichnams hinausging. Darüber geben nicht nur die Größe und der für diesen einfachen Malstil aufwendige Schmuck dieses Textils Auskunft, sondern auch die Tatsache, dass es festes Element der Aufbahrungsszenen ist, in der attischen Kunst wie auch auf den Vasen anderer Regionen.

Soweit die Dinge, die nachdrücklich ins Bild gesetzt sind. Die große textile Leerstelle der Darstellung ist dagegen die Bekleidung der die Aufbahrung umstehenden Figuren. Sie scheinen durchweg unbekleidet zu sein, der Lenker des Gespanns rechts, in dem aufgrund seiner Aufgabe sicher ein Mann zu sehen ist, ebenso wie die zahlreichen Gestalten «unter» und neben der Totenbahre. Die typische emphatische Trauergeste der über dem Kopf zusammengeführten Arme kann aufgrund von späteren, wesentlich differenzierteren Darstellungen zuverlässig den Frauen zugewiesen werden, und weiblich sind deshalb sicher auch die Personen auf dem hier besprochenen Bild. Beide Geschlechter erscheinen demnach in uniformer Weise als Figuren mit langen Beinen, sehr schmaler Hüfte und einem Dreieck als Oberkörper. In dieser frühesten, treffend als «geometrisch» bezeichneten Phase der griechischen Bildkunst wird eine Darstellungsweise gewählt, die, jedenfalls nach unseren Maßstäben, sowohl «geschlechtsblind» als auch «kleiderblind» ist[5]. Männer und Frauen werden als solche nicht unmittelbar durch die Art ihrer äuße-

Abb. 7
Totenaufbahrung (sog. *próthesis*). Attischer Krater, um 750 v. Chr. New York, Metropolitan Museum of Art.

ren Gestaltung identifiziert, sondern allein durch den Kontext, d. h. durch Gesten und durch den motivischen Zusammenhang, in den sie gestellt sind. Während das Bahrtuch große Aufmerksamkeit erhält, war die – in der Realität zweifellos vorhandene – Kleidung der Frauen und der Männer bei der Visualisierung der Szene offenbar ohne Bedeutung.

Die Art der Darstellung verändert sich in der Folge rasch zu einer stärker wirklichkeitsnahen Gestaltung. Die erste Veränderung betrifft jedoch nicht die Kleidung, sondern die körperliche Bildung (Abb. 7). Frauen werden als weiblich gekennzeichnet, indem dem Oberkörper, um es angemessen technisch auszudrücken, seitlich Brüste angesetzt werden, und zwar entweder zu beiden Seiten oder als kleine, übereinander angeordnete Punkte auf einer Seite, als solle mit den einfachen Mitteln der konventionalisierten Bildsprache dieser Epoche eine Ansicht von der Seite umgesetzt werden. Auf dem Krater in New York[6] ist dies bei den stehenden Klagenden mit großer Konsequenz durchgeführt, während bei der sitzenden Gestalt die Geschlechterangabe wiederum über das Motiv, das Kind auf dem Schoß, erfolgt. Auch wenn es nur ein kleines Detail ist, kann man die Figuren auf diesen Bildern des mittleren 8. Jhs. v. Chr. nicht mehr (durchweg) als geschlechtsblind bezeichnen.

Um nicht alle Zwischenschritte in diesem Prozess nachzuzeichnen, nun ein Sprung an das Ende des 8. Jhs. v. Chr. und zu einem anderen Motiv. Das Halsbild einer Hydria zeigt einen Tanz von Männern und Frauen zur Musik eines Flötenspielers[7] (Abb. 8); links hinter dem Musiker schließen sich noch zwei Frauen und ein Mann an, rechts noch eine weitere Tänzerin. Die *auloí* – der übliche Ausdruck «Doppelflöte» ist etwas irreführend – produzieren einen sehr tragfähigen, dem Klang einer Oboe ähnlichen Ton, der sich auch bei Veranstaltungen im Freien wirkungsvoll entfaltet. Die freien Flächen sind mit Ornamenten gefüllt, in die sich die von den Tänzern gehaltenen Zweige fast völlig integrieren. Während sich an der

Abb. 8
Reigentanz. Attische Hydria, um 720 v. Chr. Bochum, Kunstsammlungen der Ruhr-Universität, Antikenmuseum.

Abb. 9
Glockenidol, Böotien, um 700 v. Chr. Paris, Louvre.

Darstellung der Männer nichts Grundlegendes verändert hat, tragen die Frauen – bei wiederum wörtlicher Betrachtung – nun einen Rock. Er wird zunächst nur durch die Kontur und das Verdecken der Beine angegeben, in unserem Beispiel auch durch die Schraffur der Fläche, die eine Musterung des Stoffes suggeriert. Mit der Einführung der Praxis, Frauen bekleidet wiederzugeben, wird zugleich auf die Angabe der Brüste verzichtet. Bildsprachlich sind die Geschlechter jetzt klar differenziert: Die Männer erscheinen in «idealer Nacktheit», die also nicht ein unbekleidetes Auftreten in der Öffentlichkeit meint, sondern ein Verfahren darstellt, situationsunabhängig die Wohlgeratenheit ihrer jungen, edlen Körper anzugeben. Die Frauen erscheinen dagegen in schöner Kleidung. Was sie tragen, ist aber nicht ein Rock, sondern ein auch den Oberkörper umhüllendes Gewand, das auf wenig später datierten Bildern deutlich als solches zu erkennen ist (vgl. Abb. 11. 12).

Nur wenige Zeugnisse der Plastik sind in dieser frühen Zeit geeignet, etwas zur Kleidung auszusagen. Zu diesen gehören die sog. Glockenidole, bis etwa 40 cm hohe Figuren aus Terrakotta[8] (Abb. 9). In ihrem weiten, unten offenen Rumpf waren bewegliche Beine montiert. Die sich daran knüpfende Vermutung, es handele sich um Spielzeug, bleibt jedoch sehr unsicher. Zwei kleine konische Erhebungen auf der Brust weisen die Figuren als weiblich aus. Die meisten und die künstlerisch anspruchsvollsten Stücke stammen aus Böotien, der Landschaft nordwestlich von Athen, und können in die Jahrzehnte um 700 v. Chr. datiert werden. Der wie ein weiter Umhang wirkende Rumpf wurde bei unserem Beispiel ebenfalls mit einer Tanzszene versehen, doch haben sich hier allein Frauen zusammengefunden. Statt als schraffierter «Rock», wie eben gesehen, ist das Gewand der Tänzerinnen in der einfachsten Form als schwarz ausgefüllte Fläche angegeben, wenn auch teilweise mit der Andeutung eines ausschwingenden Saumes. Die Dekoration des Glockenidols als getreue Abbildung eines besonders aufwendig geschmückten Kleides zu nehmen, wäre problematisch – zu sehr entspricht die Motivik dieser Stücke jener auf den gleichzeitig entstandenen Vasen. Mit gemusterten Stoffen ist, wie gleich deutlich werden wird, in dieser Zeit allerdings zu rechnen.

Abb. 10
Frühgriechische Gewandnadeln, 8./7. Jh. v. Chr. Karlsruhe, Badisches Landesmuseum.

Über einen wesentlichen Punkt können die Darstellungen aus den ersten beiden Generationen der griechischen Bildkunst bis in das späte 8. Jh. v. Chr. nur sehr wenig aussagen: die konkreten Formen der Kleidung. Zu erkennen sind die Länge der weiblichen Gewänder sowie eine Andeutung ihrer Musterung, alles Weitere muss aufgrund des geringen Realitätsgehalts der Bilder zunächst offen bleiben. Eine Möglichkeit aber immerhin gibt es, originale Objekte zu studieren, die in der homerischen Zeit getragen wurden. In großer Zahl und Vielfalt hat sich Schmuck in Heiligtümern und in Gräbern erhalten. Ein großer Teil davon diente der Befestigung und Zierde von Gewändern, und bei den als Preziosen deponierten Stücken fällt das eine meist mit dem anderen zusammen. Fibeln, die Gewandbahnen aneinander fixierten, können aus Edelmetall bestehen oder der Bügel kann zu einer aufwendig verzierten Platte ausgestaltet sein[9]. Bronzene Gewand- und Haarnadeln haben mitunter eine beeindruckende Länge und weisen dazu einen elegant geformten Abschluss auf[10] (Abb. 10). Manche Exemplare sind sogar so groß, dass sie nicht mehr einen praktischen Zweck erfüllt haben können, sondern einen repräsentativen Charakter hatten. Was man an den spröden Darstellungen der geometrischen Epoche nur erahnen kann, tritt hier konkret vor Augen: Der edle Schmuck ist der unmittelbar greifbare Teil eines frühen Kleiderluxus, ein Phänomen, das im übrigen bereits in dieser frühen Zeit einen geradezu internationalen Charakter gehabt haben muss, denn die in den großen Heiligtümern wie Olympia gefundenen Nadeln und Fibeln stammen aus sehr unterschiedlichen Regionen innerhalb und auch außerhalb der griechischen Welt.

Text und Bild

Ungleich reicher als in den frühen bildlichen Zeugnissen stellen sich Kleidung und Textilien in den frühen literarischen Werken, den epischen Dichtungen von Homer und Hesiod, dar. Sowohl zur sozialen als auch zur ästhetischen Seite dieser Welt erhält man anschauliche Einblicke. Zwar muss wie bei den Bildern der Realitätsgehalt kritisch gewürdigt werden, handelt es sich doch um dichterische, nicht um dokumentarische Texte. Dass aber die Passagen zur praktischen Lebenswelt im Kern die tatsächlichen Alltagsverhältnisse beschreiben, ist in der Forschung zu recht unstrittig.

Ein erster Punkt ist die auch in der Kleidung sich aussprechende starke soziale Differenzierung. Die einen müssen, wie Hesiod ausführt, darauf sehen, genügend warme Kleidung zu haben, um für den Winter gegen die Kälte gerüstet zu sein. In den Häusern der Reichen dagegen sieht man darauf, genügend Kleidung zu haben, um sie während des Tages wechseln und um Gastfreunde mit Wäsche ausstatten zu können[11]. Der Besitz und das Verschenken von Textilien dienen dazu, den eigenen hohen Stand sichtbar zu machen und soziale Beziehungen zu bestätigen, innerhalb der Familie und gegenüber Freunden[12]. Beide Bezugspunkte sind gegenwärtig, wenn in der *Odyssee* Telemachos, der in Sparta bei Menelaos und der aus Troia zurückgekehrten Helena Auskünfte über den Verbleib seines Vaters Odysseus einholen möchte, zum Abschied von der Hausherrin das schönste Gewand des Haushaltes als Geschenk für seine künftige Ehefrau erhält[13]: «Als Gabe gebe ich dir dieses, liebes Kind! Ein Andenken aus den Händen der Helena, für die Zeit der vielersehnten Vermählung, dass es deine Gattin trage» (15, 125–127).

Wie stark Textilien und ihre Herstellung im Alltag, aber auch im Denken der Menschen in homerischer Zeit verankert waren, geht in exemplarischer Weise aus einer berühmten Passage der *Odyssee* hervor. Penelope, die Ehefrau des vor zwanzig Jahren in den Krieg gezogenen Odysseus, Herrscher über Ithaka, wird von den Vornehmen der Insel bedrängt, sich wieder zu verheiraten[14]. Doch sie fordert die ungeduldigen Männer auf (2, 93–105 = 24, 128–140):

«Wartet, so sehr ihr drängt auf meine Hochzeit,
Bis ich das Tuch vollendet habe (…)
Als Bahrtuch für den Helden Laërtes, wenn ihn
Das Schicksal des stark schmerzenden Tods ergreift;
Dass keine von den Achaierfrauen in dem Volk schelte,
Wenn er ohne Bahrtuch liegt, der viel besessen!»

Die Hausherrin selbst ist mit dem Weben des Stoffes beschäftigt, statt dass sie es herstellen lässt oder fertig erwirbt. Diese Aufgabe zu übernehmen, wird, wie die Stelle klar ausspricht, von der Gesellschaft erwartet, gleich wie hoch der Stand der Frau ist. Sie webt das Tuch für den – noch lebenden – Vater des Odysseus. Sein Reichtum soll später in der Pracht dieses Requisits sichtbar werden. Die Aussage der Penelope ist zugleich eine perfekte Interpretationsanleitung für das demonstrative Ausbreiten des Leichentuchs auf den Vasenbildern (vgl. Abb. 6. 7). Wie sehr Menschen durch ihre Kleidung definiert werden, beweist Penelope auch von der Gegenseite her, denn beim ersten Wiedersehen der beiden Ehegatten heißt es von ihr, «Sie konnte ihn dann wieder nicht erkennen, da er schlechte Kleider am Leib hatte» (23, 94, 95).

Penelope hat ihr Einverständnis zur Wiederheirat bekanntlich vorgetäuscht. In der Nacht löste sie das am Tag Gewebte wieder auf, bis eine der eigenen Dienerinnen das Geheimnis verrät: Der Trick am Webstuhl dient als wesentlicher Faktor für den Spannungsbogen in der Erzählung von der erfolgreichen Heimkehr des Helden. Diese wie auch andere Textstellen geben einen Hinweis darauf, dass man im Weben nicht nur das praktische Handwerk, sondern auch etwas Metaphorisches gesehen hat, ein Punkt, den die jüngere Forschung lebhaft aufgegriffen hat: Wie die – am Webstuhl wohl meist singenden – Frauen den textilen, webt der seine Texte singende Dichter den erzählerischen Stoff[15]. Dass sich die Dichter im frühen Griechenland gerne einer Art textiler Symbolsprache bedienten, sieht man bereits am Namen der Penelope, der wörtlich «Fadenlöserin» bedeutet. Und bei Homer ist auch schon die durch die gesamte klassische Antike hindurch populäre Vorstellung vom Lebensfaden präsent, den die Moiren als Schicksalsgöttinnen spinnen – oder zertrennen[16]. Denken kann man auch an den legendären Ariadnefaden, der dem Theseus ermöglicht, nach der Tötung des Minotauros wieder aus dem Labyrinth zurückzukehren: die Frau als unverzichtbare Geleiterin des Mannes. Und wer mag, kann solche Gedanken weiterspinnen bis zum World Wide Web, in dessen Fäden sich heute viele gefangen fühlen.

Zu den Funktionen der – weiblichen – Kleidung gehört neben dem elementaren Zweck, den Körper zu bedecken und zu wärmen, und der Vermittlung sozialer Distinktion schon in homerischer Zeit ausdrücklich auch das Potential, ästhetische Wirkung zu erzeugen. Bei großen Liebespaaren der mythischen Welt, Zeus und Hera, Paris und Helena, wird Schönheit der Kleidung als Mittel genannt, um den Partner zu verführen oder an sich zu binden. Näher an die Erfahrungswelt der Menschen heran führt die in den homerischen Epen wiederkehrende Qualifizierung von Textilien als «glänzend» und als «duftend», wobei der Autor eine ganze Reihe von Adjektiven verwendet, um die verschiedenen Facetten der äußeren Erscheinung und die Wirkung der Gewänder zu umschreiben[17]. Auch die Weite eines Gewandes und seine Weichheit werden als etwas Auszeichnendes genannt. Da die Variation der Gewandarten und -drapierungsformen vermutlich noch sehr gering war, kam der Eigenart der Stoffe umso mehr Bedeutung zu. Das Spiel des Lichts auf der fein gewebten Oberfläche oder der Zusatz von duftenden Substanzen stellten Qualitäten dar, die der Trägerin gerade durch den sinnlichen Reiz, den sie erzeugten, auch soziales Prestige geben konnten.

Kleidung in homerischer Zeit

Es wirkt zunächst paradox, aber auch in der Zusammenschau von schriftlichen und bildlichen Belegen stellen gerade die elementarsten Fragen die größte Herausforderung dar: Wie sah die Kleidung in homerischer Zeit im Einzelnen aus? Welche Bezeichnungen hatten die Kleidungsstücke? Aus welchem Material bestanden sie? Zu groß sind die Differenzen zwischen schriftlicher und bildlicher Überlieferung, als dass sich ohne weiteres ein zusammenhängendes Bild erstellen ließe. In den Epentexten werden konkrete Bezeichnungen, Verwendungsformen und Materialien genannt, die Bilder aus demselben Zeithorizont dagegen sind, wie gesehen, lange Zeit wenig differenziert. Gelehrte des späten 19. Jhs. haben sich mit dieser Thematik intensiv auseinander gesetzt und schienen die wesentlichen Punkte geklärt zu haben, bis in jüngerer Zeit mit guten Gründen wieder manche Zweifel formuliert wurden. Die Unsicherheiten in der Sache verbinden sich dabei, wie eingangs angedeutet, eng mit Grundfragen der Methodik: Soll man vom Text ausgehen und die Bilder fallweise zur Bestätigung und Kontrolle der Textaussagen heranziehen? Oder sollten Beobachtungen an den visuellen Zeugnissen den Ausgangspunkt der Betrachtung darstellen, die mittels der schriftlichen Belege vertieft wird?[18]

Nach einer verbreiteten, vor allem von den Texten gestützten Position trugen die Männer als Hauptgewand den *chiton*, ein genähtes, tunikaartiges Gewand aus Leinen, die Frauen dagegen vornehmlich den *peplos*, ein aus Wolle gefertigtes Vierecktuch, das an den Schultern befestigt und wohl auch seitlich geschlossen wurde. Männer wie Frauen ergänzten ihre Kleidung mit einem wiederum tuchartigen Mantel oder Umhang, variabel in der Größe und aus unterschiedlichen Materialien gefertigt. Hinzu kommen, insbesondere bei den Frauen, Accessoires wie ein Gürtel oder ein Schleiertuch. Diese knappe Synthese der Aussagen in den homerischen Epen reicht allein für sich nicht aus, eine konkrete Vorstellung vom Erscheinungsbild der Gewänder zu gewinnen. Wo die Texte jedoch spezifischere Aussagen machen, besteht häufig ein großer Spielraum für die Interpretation. Wenn (ein einziges Mal) von «schleppenden» Gewändern die Rede ist[19], wird man das zuverlässig mit lang herabfallenden Stoffen verbinden können, zumal die Bilder das offenbar auch wiederzugeben scheinen: Der untere Saum ist mitunter mit einem einfachen Strich nach hinten verlängert (vgl. Abb. 8). Anderes aber spricht sich nicht so klar aus. So gebraucht Homer in Verbindung mit dem Peplos wiederholt das Adjektiv *bathýzonos*, wörtlich «tiefgegürtet». Ist das Wort im Sinne von «tief am Körper sitzende Gürtung» gemeint, oder im Sinne von «tief in den Körper einschneidend», wie es die Darstellungskonvention der Zeit suggerieren könnte (vgl. Abb. 8. 9. 12), oder will der Begriff einen weit herabhängenden Gürtel angeben, wofür sich ebenfalls bildliche Indizien beibringen lassen[20]? Eine seriöse Antwort auf diese Frage, deren Klärung eine bessere Vorstellung von der Silhouette oder der Drapierungsform der weiblichen Kleidung geben könnte, scheint sich jedoch kaum begründen zu lassen.

Auch andere Überlegungen warnen davor, Homerpassagen allzu optimistisch zu interpretieren und am Ende ein gelehrtes Spiel um Namen und Sachen zu betreiben. Die Wahl des Materials für das Unterkleid wird schwerlich allein geschlechterspezifisch, sondern auch vom Wärmebedarf in unterschiedlichen Jahreszeiten abhängig gewesen sein. Auch die strittige Frage, ob griechische Kleidung jemals in nennenswertem Umfang genäht war, relativiert sich etwas durch die Tatsache, dass die Breite der Stoffbahnen, wie sie aus dem Webstuhl kamen, wohl nicht für alle Gewandtypen ausreichend und das Zusammennähen von einzelnen Bahnen deshalb unverzichtbar war. Schließlich ist mit starken Veränderungen in der Zeit zu rechnen: Schon wenige Generationen nach der Abfassung von *Ilias* und *Odyssee* können sich die Kleidergewohnheiten geändert haben, so dass sich dann auch die bildlichen Darstellungen von der Welt Homers entfernen und nicht direkt auf die Texte bezogen werden dürfen.

Ein anderes Detail erlaubt, diese Thematik noch etwas zu vertiefen und eine grundsätzliche Frage aufzuwerfen. Im dritten Buch der *Ilias* wird beschrieben wie Helena, während die Männer diplomatisch um ein baldiges Ende des Krieges ringen, im Inneren des Palasts sitzt und dabei ist, ein großes Stück Stoff herzustellen und zu verzieren (3, 125–128):

> «… sie webte an einem großen Gewebe,
> Einem doppelten, purpurnen, und wirkte viele Kämpfe hinein
> Der Troer, der pferdebändigenden, und der erzgewandeten Achaier,
> Die sie um ihretwillen ertrugen unter des Ares Händen.»

Helena hat sich als Partnerin des Entführers Paris längst in den neuen Haushalt integriert und geht wie Penelope der häuslichen Frauenarbeit par excellence nach, dem Herstellen von Textilien. Die besondere Qualität ihres Gewebes passt allerdings zum Rang der schönen Frau, um deren Besitz ein inzwischen zehn Jahre währender Krieg geführt wird. Das Tuch ist nicht nur groß und mit kostbarer Purpurfarbe gefärbt, sondern es sind auch noch szenische Darstellungen eingewebt, Kämpfe zwischen Troern und Griechen, als ob Helena mit den ihr zu Gebote stehenden Mitteln den Konflikt verarbeiten würde, in dem sie selbst eine zentrale Rolle spielt.

Aber kann man wirklich glauben, dass in der «homerischen Epoche», also im Zeithorizont bis etwa zum frühen 7. Jh. v. Chr., bereits so elaborierte Stoffe entstanden sind? Diese Frage erinnert nachdrücklich an die Tatsache, dass es durchweg Kunstwerke sind, auf die sich die Erschließung der griechischen Kleidung stützen muss, Werke der Sprachkunst und solche der Bildkunst. Die Übertreibung bei der Beschreibung der Lebenswelt und der Schritt zum Phantastischen hin gehören in dieser Epoche zu den dichterischen Mitteln, die häufig in *Ilias* und *Odyssee* anzutreffen sind. Da gibt es Häuser mit metallenen Wänden[21]; auf dem berühmten Schild des Achilleus, den der göttliche Schmied Hephaistos gefertigt hat, sind mehrere vielfigurige Handlungsbilder wiedergegeben, und auf einem davon kann man nicht nur etwas sehen, sondern auch einen Gesang hören[22]; ganz zu schweigen von den Wunderdingen, die Odysseus auf seinen «Abenteuern» erfährt. Auch wenn Helenas Tuch also aus der Alltagswelt zu kommen scheint, kann der Dichter eine Steigerung gegenüber dem vorgenommen haben, was in seiner Zeit tatsächlich praktiziert wurde, und aus einfachen Figuren ganze Szenen gemacht haben, die in Wirklichkeit nur in der Vorstellung von Autor und Zuhörern existiert haben.

Es lohnt sich, dieser Thematik noch etwas weiter nachzugehen. Zwei instruktive Zeugnisse der attischen Vasenmalerei können unsere Aussagemöglichkeiten veranschaulichen. Ein kegelartiges Objekt aus dem späten 8. Jh. v. Chr. diente als Untersatz für einen weiten Kessel[23] (Abb. 11). Von den drei Szenen zeigt die hier abgebildete einen Kampf zwischen zwei Männern – die Waffen sind gut zu erkennen – und hinter ihnen jeweils eine Frau. Gegenüber dem bisher Gesehenen sind zwei Veränderungen zu verzeichnen: Zum einen ist das Dreieck des Oberkörpers nun als bekleidet kenntlich gemacht, zum anderen hat das Gewand anstelle einer durchgehenden Schraffur eine Binnenstruktur, bestehend aus horizontalen Linien, zwischen die Felder mit einfachen geometrischen Motiven eingefügt sind. Dass «Rock» und «Oberteil» aus ein und demselben Tuch bestehen, wird durch die weitgehende Identität der Musterung kenntlich gemacht. Man darf es wohl als den von Homer sog. Peplos bezeichnen. Zugleich gibt es eine gerade angesichts der bescheidenen Qualität der Ausführung auffallende Differenzierung. Wenn die Linien oben

Abb. 11
Darstellung eines Kampfes.
Untersatz eines Kessels,
Athen, um 720 v. Chr.
München, Staatliche
Antikensammlungen und
Glyptothek.

horizontal, unten dagegen ansteigend verlaufen, soll offenbar, wie das in späterer Zeit noch ausgeprägter auftritt, etwas vom Wechselspiel zwischen Körper und Gewand vermittelt werden: Oberhalb der Gürtung fällt der Stoff gerade herunter, unterhalb davon wird durch Bewegung und Drapierung eine Verschiebung des Stoffes aus der Senkrechten verursacht.

Das zweite Gefäß, eine Amphora, stammt bereits aus dem frühen 7. Jh. v. Chr.[24] (Abb. 12). Es wurde, wie aus stilkritischen Untersuchungen hervorgeht, von demselben Künstler geschaffen, der auch die Hydria (vgl. Abb. 8) bemalt hat. Deshalb muss es auch nicht verwundern, wenn das Motiv bis in die Requisiten hinein identisch mit der zuvor betrachteten Tanzszene ist. Der modern sog. Analatosmaler gehört zu den besten Vasenmalern seiner Zeit[25]. Auf seinen späteren Werken hat er, wie ein Blick auf die Proportionen der Figuren lehrt, die bisher bestimmende geometrische Auffassung der menschlichen Gestalt weitgehend hinter sich gelassen. Die Musterung ist auf der Amphora ebenso simpel wie auf der Hydria, den Stoff des Peplos überziehen jedoch Punkte anstelle einer Schraffur. Doch nun ist das Gewand erstmals im eigentlichen Sinne als ein solches wiedergegeben. Der stoffreiche obere Teil fällt beidseitig über den gut sichtbaren Gürtel herab, und die Konturen des unteren Teils korrespondieren ansatzweise mit den Rundungen des Körpers und den leichten Bewegungen beim Tanz.

Wenn man die bisher skizzierte Überlieferung, bildlich wie textlich, in den Blick nimmt, tritt zunächst ein Punkt hervor, der in erster Linie mit den Eigenarten des Mediums Bild zu tun hat. Die Entwicklung, die wir auf der Ebene der Bilder beobachten können, ist eine der Kunst, nicht eine der Kleidung oder Mode. Die Sequenz reicht von den völlig wirklichkeitsfernen geschlechts- und kleiderblinden Darstellungen der ersten Hälfte des 8. Jhs. v. Chr. (vgl. Abb. 6) bis zu der etwa hundert Jahre später entstandenen Tanzszene. Das späteste Bild ist zugleich das erste in der Reihe, das umfassend etwas vom Charakter der Frauenkleidung wiedergibt: Wir sehen zuverlässig ein einziges Gewandstück als Bekleidung, erkennen dessen Länge und den Fall und andeutend auch die Konsistenz des Stoffes. Diese Reihe dokumentiert die wachsende Differenzierung in der Bildenden Kunst. Erst im frühen 7. Jh. v. Chr. ist in diesem Prozess ein Grad erreicht, dass Gewänder vollständig und auch mit wesentlichen Elementen ihrer äußeren Erscheinung wiedergegeben werden. Damit hat auch die Überlieferungssituation für die wissenschaftliche Erschließung eine eigene Qualität gewonnen. Während für die ältere, «homerische» Zeit keine Aussagen über einen Wandel der Kleidung möglich sind, sind nun, wie im folgenden Kapitel deutlich werden wird, erstmals die Voraussetzungen gegeben, Veränderungen in der Kleidungspraxis festzustellen und, je später, desto feiner, Umrisse einer Geschichte von Kleidung und Mode im frühen Griechenland zu schreiben.

Um am Ende des Kapitels noch einmal zu Helena und der im Zusammenhang mit ihren Textilarbeiten aufgeworfenen Frage zurückzukehren: Sind schon im 8. Jh. v. Chr., im Zeithorizont der homerischen Schriften, Stoffe geschaffen worden, die nicht gefärbt und gemustert, sondern auch mit figürlichen und gar szenischen Darstellungen versehen waren? Das Glockenidol (vgl. Abb. 9) würde, wenn man das weite Volumen der Figur als wörtliche Wiedergabe eines Gewandes nimmt, ein klares Ja als Antwort auf diese Frage geben. Doch der formelhafte Charakter der Kunst dieser Zeit spricht gegen eine so direkte, unkritische Lesung. Auf den Vasenbildern finden sich immerhin Andeutungen, wenn etwa bei den Frauen auf dem Kesseluntersatz «Bildstreifen» zwischen horizontalen Begrenzungslinien ausgespart sind (vgl. Abb. 11). Zwei Generationen später sind dann auch Bilder vorhanden, die jedenfalls einzelne, großflächige Figuren auf den Gewändern der Frauen zeigen (vgl. Abb. 21). Wie bei vielen anderen Detailfragen zur frühen griechischen Kleidung stehen sich am Ende ein optimistischer Standpunkt und ein ebenso berechtigter skeptischer gegenüber. Der skeptische Betrachter, der sich an das materiell Nachgewiesene hält, wird geneigt sein, Helenas Wiedergaben von Kämpfen vor Troia der Phantasie des Dichters zuzuschreiben. Aber man kann die bildhaft-konkrete Aussage Homers auch durch die Darstellungen in der Kunst bestätigt sehen, die allein aufgrund der noch begrenzten gestalterischen Möglichkeiten das Gemeinte eher andeuten als ausführen.

Ein grundlegender Punkt aber steht außer Zweifel: Im 8. Jh. v. Chr. müssen Textil- und Bildkunst zwei Bereiche künstlerischer Tätigkeit gewesen sein, von denen der erste sicher schon eine lange Tradition hatte, der andere dagegen, wie gerade auch unsere Beispiele vorgeführt haben, erst entstanden ist und sich dann rasch entwickelt hat. Schon die ältere Forschung hat sich angesichts der dichten Überdeckung der Vasenoberflächen mit kleinteiligen, stets

Abb. 12
Reigentanz. Attische Amphora, um 680 v. Chr. Paris, Louvre.

in Zonen gegliederten Ornamenten und den ebenfalls kleinformatigen Figuren gefragt, ob nicht die Webkunst in diesem Prozess eine Vorreiterrolle besaß[26]. An Gefäßen wie dem attischen Krater in New York (vgl. Abb. 7) wird unmittelbar ersichtlich, wie die Idee eines solchen Formentransfers entstanden ist. Mäander, Zick-Zack-Muster und Flechtband, aus denen die Ornamentstreifen bestehen, sind alle gut vorstellbar als Verzierungen und besonders als Bordüren von Stoffen, die als Kleidungsstücke verwendet werden und die aus späterer Zeit zum Teil von Darstellungen aufwendiger Gewänder bekannt sind (vgl. Abb. 21). Die jüngere Forschung hat die Diskussion über diese Thematik um einen sozialgeschichtlichen Aspekt bereichert. Die Herstellung von Textilien war, wie alle Zeugnisse von der frühesten Zeit bis in die Klassik bezeugen, Frauenarbeit[27]; die Zeugnisse über Männer in der Textilarbeit sind dagegen spärlich und unsicher[28]. Den Frauen wäre es dann, wenn man den eben formulierten Gedanken mit Bestimmtheit fortführt, zuzuschreiben, dass die Bildkunst – auf permanenten Medien wie den gebrannten Vasen – entscheidende Anstöße für ihre Entwicklung erhielt[29]. Und sollten schon in homerischer Zeit, wie der Dichter es von Helena sagt, szenische Darstellungen auf den Stoffen realisiert worden sein, dann wären es nicht Töpfer, Vasenmaler und andere männliche Handwerker gewesen, die in der griechischen Welt die Praxis der Schaffung figürlicher Darstellungen etabliert haben, sondern es wären die Schöpferinnen kostbarer Stoffe gewesen, von denen wesentliche Anstöße kamen.

Kleiderkultur in früharchaischer Zeit

Voraussetzungen: Materieller Reichtum und technisches Können

Schöne Kleidung und eine besondere Wertschätzung ihrer Wirkung sind Kennzeichen der griechischen Kultur von ihren Anfängen an, auch wenn gerade die bildlichen Zeugnisse hierüber zunächst nur andeutend Auskunft geben. Der Stil der Darstellungen auf den frühen Gefäßen mit ihren silhouettenartigen Figurenreihungen ist unaufwendig und macht, wie im vorigen Kapitel gesehen, den Eindruck einer fast «primitiven» künstlerischen Praxis. Für die Bildträger wäre eine solche Einschätzung dagegen ganz unangemessen. Die attischen Kratere sind bis über 1 m, die Amphoren sogar bis etwa 1,80 m hoch (vgl. Abb. 7). Diese kolossalen, dazu mit feiner Wandung und regelmäßigen Konturen ausgeführten Gefäße setzen eine aufwendige und hochvirtuose Töpfertechnik voraus. Sie werfen ein bezeichnendes Licht auf die materielle Kultur der Zeit und den Umgang mit Luxusgütern, zu denen auch kostbare Kleidung gehört.

Anders als die Prachtgefäße vielleicht erwarten lassen, findet sich in der Bauweise der Wohnhäuser dieser Zeit kein verschwenderischer Aufwand. Die archäologischen Zeugnisse lassen keinen Zweifel daran, dass die Häuser nichts aufweisen, was über elementare Zweckmäßigkeit hinausgeht. Fläche, Zahl der Räume und Ausstattung orientieren sich am funktional Notwendigen; auch ist an ihnen kaum etwas abzulesen von den großen sozialen Unterschieden der Bewohner[1]. Die Differenz zur Welt Homers, in der manche der Helden in wahren Palästen wohnen, großräumig und mit glanzvoller Ausstattung, könnte kaum größer sein. Frühgriechische Häuser boten, denkbar verschieden auch von der bürgerlichen Praxis der Neuzeit, keinen Raum oder gar eine Bühne für ein Auftreten der Frauen in schönen Gewändern.

Tatsächlich müssen die sozialen Unterschiede und damit der ungleiche Zugang zu materiellen Gütern im frühen Griechenland beträchtlich gewesen sein. An dem einen Ende des Spektrums steht ein aus landwirtschaftlich genutztem Grundbesitz oder aus Handel gespeister Reichtum, am anderen Ende Armut, die in manchen Regionen zur Auswanderung zwang; Hesiods Epos *Tage und Werke* gibt eine plastische Vorstellung von den Schwierigkeiten der Versorgung von Haus und Familie. Materieller Überfluss schlug sich aber nicht im privaten Bereich der Ausstattung des eigenen Hauses nieder, sondern im öffentlichen Raum. Die eingangs genannten Gefäße dienten als Grabbeigaben, eher aber noch als Grabaufsätze bei Bestattungen begüterter Bürger in Athen, Männer wie Frauen. Im gleichen Zeithorizont entwickelt sich auch die Praxis, kostbare Weihgeschenke in Heiligtümern aufzustellen, zunächst Metallobjekte wie etwa große Kessel, ab dem späteren 7. Jh. v. Chr. dann Statuen aus Stein. Alle diese Dinge haben eine gleichsam offizielle Funktion: Die einen sind Requisiten des Grabkultes und der Totenehrung, die anderen Zeugnisse von Frömmigkeit und Dankbarkeit gegenüber den Göttern. Doch steht außer Frage, dass die in der Öffentlichkeit aufgestellten und präsentierten Objekte immer auch eine eminent soziale Funktion erfüllten. Nekropolen wie auch dann die gesamte griechische Geschichte hindurch die Heiligtümer sind Foren der Kommunikation, wo diejenigen, die über die entsprechenden Mittel verfügten, ihren Reichtum und den damit verbundenen sozialen Stand und – im Falle der Männer – ihren politisch-gesellschaftlichen Führungsanspruch vertreten konnten. Vielfalt und Pracht der Weihgeschenke in griechischen Heiligtümern sind nur vor diesem Hintergrund zu verstehen.

Hier kommt auch wieder die schöne Kleidung ins Spiel. Sie ist in den Heiligtümern in doppelter Weise präsent. Einmal gab es den – bereits angesprochenen – Brauch, Textilien und Gewandrequisiten wie die metallenen Nadeln als Weihgaben zu spenden. Zum anderen trugen schöne Gewänder wesentlich zu der Wirkung bei, die Prozessionen und Tänze, wie sie zu religiösen Festen gehörten, auf die Teilnehmer hatten. Bereits die Bilder auf den Vasen des 8. Jhs. v. Chr. geben von dieser lange fortlebenden Tradition eine gute Vorstellung (vgl. Abb. 8. 12). Frauen und Männer halten sich an den Händen, bilden Formationen und bewegen sich zum Klang der Musik. Schon die Tatsache an sich, dass ein wiederkehrendes Ereignis wie ein Reigen in einer Zeit bildwürdig war, als nur wenige Motive aus dem Alltagsleben visualisiert wurden, spricht für die große Bedeutung solcher Darbietungen für das Selbstverständnis der Menschen. Sicher nicht von ungefähr hat der Vasenmaler – beide abgebildeten Stücke stammen wohl von demselben Künstler – Wert darauf gelegt, den Stoff als gemustert und auf dem etwas späteren Stück auch die Drapierung anzugeben. Ästhetischer Genuss der Zuschauer, das soziale Erlebnis der Einbindung in das Kollektiv und eine intensive religiöse Empfindung müssen bei solchen festlichen Ereignissen gemeinsam wirksam geworden sein.

Zu den materiellen und ideellen Voraussetzungen für die Entstehung einer Kleiderkultur und später einer veritablen Mode kommen die technischen Bedingungen[2]. Von den Aussagen der schriftlichen Quellen, die auch große Figuren des Mythos wie Helena und insbesondere Penelope als fleißige und kundige Weberinnen vor Augen stellen, war bereits die Rede. Eine glückliche bildliche Überlieferung erweitert diese poetischen Bilder durch konkrete Anschauung. Ein herausragendes Zeugnis stellt der Bildfries auf einer Lekythos (Ölbehälter) des mittleren 6. Jhs. v. Chr. aus Athen dar[3] (Abb. 13). Das aufwendig bemalte Gefäß diente sicher nicht als Haushaltsgegenstand für den Alltag, sondern hatte eine repräsentative Funktion; eventuell ist es als Grabrequisit – für eine Frau? – geschaffen worden. Um den Körper der nur 17 cm hohen Lekythos zieht sich ein Friesband, das in fünf Szenen und mit insgesamt elf Frauenfiguren alle wichtigen Arbeitsschritte der Textilherstellung zeigt. Die kleinmeisterliche Sorgfalt der Ausführung

Abb. 13
Arbeitsschritte der Textilherstellung. Attische Lekythos (Umzeichnung), um 540 v. Chr. New York, Metropolitan Museum of Art.

Abb. 14
Webstuhl. Zyprischer Teller, um 700 v. Chr. Bonn, Akademisches Kunstmuseum.

gibt der Sequenz einen geradezu dokumentarischen Charakter, ein Eindruck, der durch die vom Arbeitsprozess abweichende Reihenfolge allerdings wieder relativiert wird. Die auf der Rückseite der Lekythos beginnende Umzeichnung gibt zunächst die Herstellung des Vorgarns wieder, dann das Zusammenfalten fertiger Stoffe, darauf zwei Frauen beim Spinnen des Fadens und wiederum bei der Arbeit mit dem Vorgarn, anschließend einen Webstuhl mit zahlreichen Einzelbestandteilen und am Ende das Wiegen von Wollknäueln. Ob die Position des Webstuhls auf der Vorderachse des Gefäßes diesen Arbeitsschritt in besonderer Weise herausheben soll, ist schwer zu entscheiden; die geringere Körpergröße der beiden Frauen spricht nicht dagegen, sondern erfolgte sicher aus Gründen der Bildkomposition. Noch in einem weiteren Punkt darf die Darstellung nicht wörtlich genommen werden. Was hier als Nebeneinander erscheint, als ob eine große Zahl von Frauen simultan und hochgradig arbeitsteilig mit der Wollbereitung und dem Weben beschäftigt wäre, ist wohl eher als ein Nacheinander zu verstehen, denn lange nicht alle Haushalte werden über soviel Mitwirkende, d. h. Familienangehörige und Sklavinnen, verfügt haben.

Ein nicht minder erstaunliches Bildzeugnis hat sich auf einem Tonteller in Bonn erhalten, der gegen 700 v. Chr. auf Zypern geschaffen wurde, einer Region mit intensivem Austausch mit der griechischen Welt[4] (Abb. 14). Abgesehen von wenigen ergänzenden Motiven links und oben wird die Bildfläche von einer komplexen Struktur eingenommen, die als Webstuhl identifiziert werden kann. Die Konstruktion und Funktionsweise solcher Webstühle hat sich durch die Antike hindurch und auch bis weit in die nachantike Zeit nur wenig verändert. Das technisch sehr einfache Grundprinzip besteht darin, Fäden oben an einem Webrahmen zu fixieren («Kettfäden»), ihnen Spannung durch Gewichte zu geben und in diese vertikale Fadenreihe horizontal nacheinander Fäden «einzuschießen» («Schussfäden»), so dass sich ein Gewebe ergibt. Um das Durchführen der Schussfäden zu ermöglichen, müssen die Kettfäden geteilt und mittels eines Querholzes jeweils die eine und dann die andere Hälfte nach vorne gezogen werden. Auf der Lekythos lassen sich die parallelen Kettfäden, in die die beiden Frauen mit Spindeln Fäden einziehen, gut erkennen, während auf dem Teller das fertige Gewebe diesen Bereich vollständig ausfüllt. Übereinstimmend wird auf beiden Darstellungen eine gewisse Zahl von Kettfäden zusammengenommen und mit einem Webgewicht beschwert.

Das Gewebe auf dem zyprischen Teller erstaunt durch die differenzierte Musterung. Dreiecke, Zick-Zack-Linien, Rhomben mit schachbrettartiger Binnengliederung bilden zusammen eine aufwendige Komposition – und als Schmuck eines Gewandes einen prachtvollen Anblick. Dies berührt eine grundlegende technik- und zugleich modegeschichtliche Frage, die im vorigen Kapitel bereits angesprochen wurde: Waren die Griechen schon in dieser frühen Zeit in der Lage, mit einem Gewichtswebstuhl auch Muster zu weben? Oder handelt es sich, wenn in der Bildkunst Frauen schön gemusterte Gewänder tragen, um Stickereien, die unabhängig vom Webvorgang dem Textilstück hinzugefügt wurden? Nicht nur der erst 1996 bekannt gewordene Teller, sondern auch vergleichende Betrachtungen von neuzeitlichen Webstühlen in unterschiedlichen Kulturen sowie Ergebnisse der experimentellen Archäologie haben inzwischen zahlreiche Argumente dafür gebracht, diese Fähigkeit mit Bestimmtheit anzunehmen. Im Rahmen eines vor wenigen Jahren von Ellen Harlizius-Klück in München durchgeführten Ausstellungsprojekts wurde von Andreas Willmy ein antiker Webstuhl nachgebaut[5] (Abb. 15). Unter den technischen Bedingungen der Antike wurde dabei eine figürliche Darstellung geschaffen, die sich an einem Musterstreifen auf einem berühmten klassischen Vasenbild mit der webenden Penelope orientiert (im Hintergrund als Projektion zu sehen).

Mit der Klärung der technischen Möglichkeiten sind weitere, in jüngerer Zeit intensiv diskutierte Fragen verknüpft, auf die hier nur hingewiesen werden kann. So konkret und anschaulich die figürlichen Darstellungen und die Muster auf den Geweben sind, so viel Abstraktion verlangten sie doch von den Ausführenden. Diese mussten jedes Motiv, z. B. ein Schachbrettmuster wie auf dem zyprischen Teller, in eine Art Datensatz übertragen und die Anlage der zusätzlichen «Musterschüsse» insgesamt gedanklich vorwegnehmen, damit das gewünschte Ergebnis nach Fertigstellung des jeweiligen Stoffbandes auch erzielt wurde. Gefordert war also ein im Grunde mathematisches Herangehen an die Aufgabe. Hinzu kommt ein sozialgeschichtlicher Aspekt. Die Herstellung von Textilien war, wie alle Zeugnisse von der frühesten Zeit bis in die Klassik belegen, Frauenarbeit[6]. Wenn die Webmuster hohe konzeptionelle

Anforderungen stellen und wenn die figürliche griechische Bildkunst, wie im vorigen Kapitel angesprochen, eventuell wesentliche Anstöße aus der Textilherstellung erhielt, sind es dann nicht die Männer, sondern die Frauen gewesen, die am Beginn der griechischen Kunstgeschichte die größten Innovationen geliefert haben?

Die frühen Bewohner der griechischen Welt haben nicht über den Anteil der Geschlechter an kreativen Prozessen gestritten, und dies schon allein deshalb

Abb. 15
Nachbau eines antiken Webstuhls (Andreas Willmy – Ellen Harlizius-Klück).

Abb. 16
Webgewicht mit Darstellung einer spinnenden Eule, Wappentier der Athena.

nicht, weil in ihrem Weltverständnis große Dinge und gerade auch Neuerungen meist eine Gabe der Götter oder jedenfalls mit ihrer Unterstützung entstanden sind. Als man in archaischer Zeit daran ging, viele bedeutende Innovationen einzelnen Göttern zuzuschreiben, galt Athena, Göttin der Künste, auch als Erfinderin des Webstuhls[7]. Einen Reflex der Vorstellung, dass die Götter über gutes Gelingen wachen und Inspiration verleihen, stellen in Serie hergestellte Webgewichte dar, die mit einer spinnenden Eule verziert sind[8] (Abb. 16). Das Wappentier der Athena hat hier menschliche Hände erhalten und ist, wie die Frauen auf dem Bildfries der Lekythos (vgl. Abb. 13) damit beschäftigt, Wolle für die Textilverarbeitung vorzubereiten.

Gewebe und Drapierungsformen

Mithilfe des Webstuhls werden rechteckige Stoffbahnen hergestellt, wie heute auch, allerdings mit effizienteren Maschinen und in sehr langen Bahnen. Was heute aber Ausgangsmaterial für die Textilindustrie oder in kleiner Menge für den privaten Haushalt ist, um durch Schneidern daraus erst Kleidung herzustellen, war in der Antike im Wesentlichen die Kleidung selbst. Mit wenigen Ausnahmen dienten rechteckige Tücher als «Gewänder». Dies gilt sowohl für das Grundgewand, das direkt auf dem Körper getragen wurde, wie auch für ein darüber gelegtes Tuch («Mantel») oder einen über den Kopf gezogenen Schleier. Gegenüber den grenzenlosen gestalterischen Möglichkeiten, die die neuzeitliche Kleidung aufgrund des Zuschnitts der Stoffe bietet, erscheint die griechische Kleidung zunächst sehr begrenzt. Tatsächlich aber sind Variation und Wirkung auf andere Weise erreicht worden, durch Musterung, durch die Qualität der Stoffe, durch die Drapierungsformen und durch Körperhaltung und Bewegungsweise.

Abb. 17
Peplos: Schematische Darstellung und Wiedergabe auf einem Vasenbild.

Während sich Textur und Konsistenz der Stoffe meist nur erahnen lassen, sind die Drapierungsformen dank der reichen bildlichen Überlieferung gut fassbar[9]. Für das auf dem Körper getragene Grundgewand wird, wie im Zusammenhang mit der Kleidung in homerischer Zeit bereits kurz erläutert, die grundlegende Unterscheidung getroffen zwischen dem Peplos als einem Wollgewand mit Nadeln zum Fixieren auf der Schulter (Abb. 17) und dem Chiton als einem in der Regel geschlossenen Leinengewand mit breiterer Knöpfung und den daraus resultierenden kurzen Ärmeln (Abb. 18). In beiden Fällen war der lose Fall des Gewandes in der Regel durch einen – häufig verborgenen – Gürtel eingeschränkt. Daneben gab es, insbesondere für den Peplos, weitere Variablen, was Anlage und Gestaltung betrifft. Das um den Körper gelegte Tuch konnte auch an der zweiten

Seite geschlossen werden oder offen bleiben. Statt den Körper mit einer einfachen Bahn Stoff zu bedecken, konnte zum einen ein Überschlag gebildet werden, der von der Schulter über den Oberkörper hing, zum anderen der Stoff von unten durch die Gürtung gezogen werden, so dass sich ein Bausch bildete. Beides, Überschlag und Bausch, verlangten nach einem «längeren» Gewand. Ebenso konnte natürlich auch bei der Breite des Gewebes variiert werden, so dass sich ein enger anliegendes oder ein volumenreicheres Gewand ergab.

Der moderne Wunsch nach wissenschaftlicher Klassifizierung hat dazu geführt, die beiden Grundtypen und ihre einzelnen Ausformungen als ein relativ festes System von Formen der Frauenkleidung zu verstehen, mit Untergliederungen wie ein Dorischer Peplos für das seitlich geschlossene Gewand. Das Ergebnis entspricht, zumindest im Ansatz, der modernen Praxis einer Aufteilung in Typen wie langer Rock, Bleistiftrock, langes Kleid, Kleines Schwarzes etc. Eine solche Systematik ist prinzipiell berechtigt und in der archäologischen Praxis unverzichtbar, weil sich mit den einzelnen Begriffen Gewandtypen bequem bezeichnen lassen. Aus zwei Gründen haben sie aber auch ihre Grenzen. Einmal kennen wir für viele Einzelformen die authentischen griechischen Bezeichnungen nicht, so dass sie – z. B. *epíblema* für ein Schultertuch, *apóptygma* für den Überschlag – nichts anderes als moderne Verständigungsbegriffe sind. Wichtiger aber ist ein anderer Punkt. Der Versuch, die Gewandformen präzise zu benennen und sie insgesamt möglichst genau zu klassifizieren, fördert die Vorstellung, die griechische Frauenkleidung in ihrer historischen Entwicklung sei etwas relativ Statisches gewesen, wo zwar etwa Chiton und Peplos als bevorzugtes Gewand abgewechselt haben, aber doch immer nur die Wahl zwischen klar voneinander abgegrenzten Gewandtypen bestand. Tatsächlich ist aber mit einer großen Vielfalt der Erscheinungen zu rechnen, nicht nur im zeitlichen Nacheinander, sondern auch in demselben Zeithorizont. Aus diesem Grund ist es eine der Leitfragen dieses Buches, die Kleidungskultur auch nach dem Maß der Variationen zu untersuchen und gleichsam das Modepotential in den verschiedenen Perioden zu erschließen.

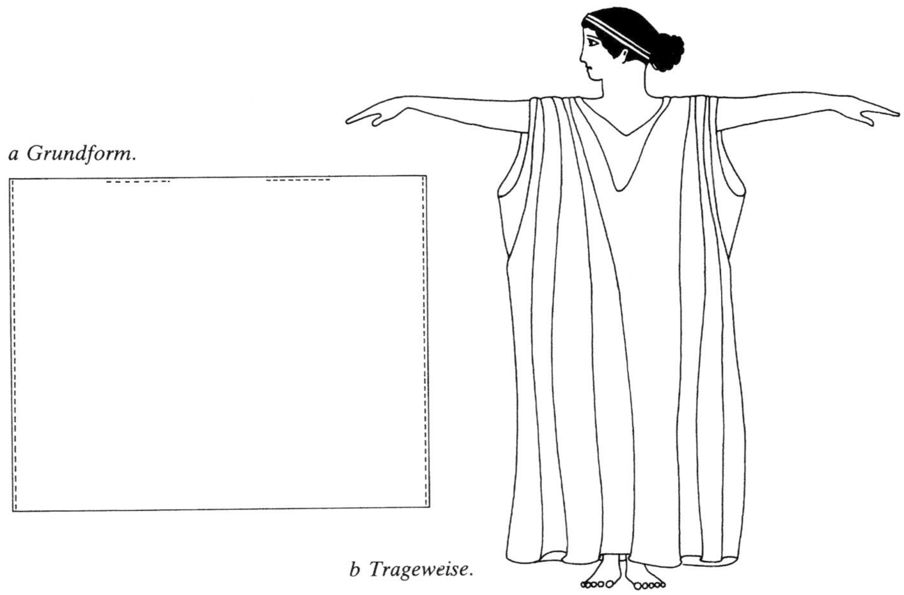

Abb. 18
Chiton: Schematische Darstellung von Ausgangstuch und Anlage.

Frühharchaische Kleidung auf Vasenbildern

In der «homerischen» Epoche, vom frühen 8. bis zum frühen 7. Jh. v. Chr., sind, wie im vorigen Kapitel beschrieben, zwei konvergierende Linien zu beobachten. Die schriftlichen Zeugnisse zeichnen von Anfang an das Bild einer entwickelten Kleiderkultur, zu der nicht nur der materielle Befund kostbarer Stoffe gehört, sondern auch ihr Charakter als statusanzeigender persönlicher Besitz. Auf der Ebene der Bildkunst dagegen treten die Gewänder erst am Ende des genannten Zeitraums in einer Weise hervor, dass Text und Bild miteinander in Bezug gesetzt werden können (vgl. Abb. 6–12). Ab dieser Zeit werden zahlreiche differenzierte, detailfreudige Darstellungen geschaffen, erst in der Vasenmalerei, die hier zunächst betrachtet werden soll, dann auch in der statuarischen Plastik. Die methodologische Herausforderung, zwischen realistischen Elementen von dokumentarischem Charakter und aus künstlerischer Konvention entstandenen zu unterscheiden, bleibt allerdings unverändert bestehen.

Abb. 19
Heroenduell und Ankunft des Apollon. Amphora aus Melos, um 650. Athen, Nationalmuseum.

Abb. 20
Umzeichnung des Halsbildes (Nadja Koch).

Ein 95 cm hohes Prachtgefäß von der Kykladeninsel Melos, das vermutlich auf der Nachbarinsel Paros gefertigt wurde, gibt gleich eine ganze Reihe von reich gewandeten Frauenfiguren wieder[10] (Abb. 19). Die für einen sepulkralen Zweck geschaffene Amphora aus der Zeit um 650 v. Chr. ist auf der Vorderseite mit mythologischen Bildern versehen. Auf dem Körper sieht man den Gott Apollon mit zwei Begleiterinnen, wohl Musen, auf einem von Flügelpferden gezogenen Gespann, empfangen rechts von seiner Schwester Artemis. Auf dem Hals stehen sich zwei Männer im Duell gegenüber, auf die sich, etwas abgesondert durch ein Trennelement, jeweils eine Frau zubewegt. Diese Figurenkonstellation ist am ehesten als heroischer Zweikampf zu identifizieren, wie etwa zwischen Achill und Memnon während des Troianischen Krieges, bei dem auch die – göttlichen – Mütter in lebhafter Sorge anwesend sind. Die Kleidung der Frauen in den beiden Registern stimmen weitgehend überein; die Aquarell-Umzeichnung des Halsbildes gibt die Details präzise wieder (Abb. 20).

Die beiden Frauen im oberen Register tragen eine fast identische Gewandkombination: ein Untergewand mit einem Schachbrettmuster oder einer einfachen Schraffur und einem mit einer Punktborte verzierten Saum. Aufgrund der Schrittstellung ist erkennbar, dass es sich um ein weites Gewand handelt. Darüber liegt ein Obergewand, wiederum mit abgesetztem Saum, der diagonal über den Körper läuft. Bei der Frau links ist der für die Luxuskeramik dieser Epoche typische Farbeinsatz genutzt worden, um einen rotbraunen Ton anzugeben. Nur diese Figur hat zudem ein Tuch über den Kopf geschlagen, dessen lange Enden am Rücken und über die Arme herabhängen. Die dominierende schwarze «Farbe» darf nicht als realistischer Farbwert verstanden werden; sie resultiert aus der Herstellungstechnik. Der zur Anlage der Figuren verwendete feine Tonschlicker wird beim Brennen der Gefäße schwarz (sog. schwarzfigurige Technik).

Auch bei den Frauen des Hauptbildes findet sich dieselbe Gewandung, bei den Musen mit nur geringer Variation gegenüber dem Halsbild, bei Artemis in einer elaborierteren Ausführung mit einem Schuppenmuster auf dem Oberkörper. Bezieht man weitere Darstellungen in die Betrachtung ein, sowohl auf Gefäßen der parischen Werkstatt wie auch solchen anderer Regionen, treten zwei Punkte klar hervor. Die Kleidung der Frauen kann in dem Sinne, dass es eine weitgehende Standardisierung der Grundformen gab, als eine «Tracht» bezeichnet werden zugleich aber die Möglichkeit der Variation mancher Einzelheiten – wie dies auch bei vielen Regionaltrachten unserer Tage der Fall ist. Da die Kunst dieser frühen Epoche jedoch nicht an penibler Realientreue interessiert ist, muss immer damit gerechnet werden, dass die Bilder, um allgemeine ästhetische Werte wie Reichtum oder einen besonderen Rang anzugeben, über die Wiedergabe der tatsächlich getragenen Kleidung hinausgehen. Wenn etwa das Schuppenmuster auf der Kleidung der Artemis auffällig übereingeht mit einer Partie am Ansatz der Flügel von Apollons Wunderpferden, so kann der Wunsch, den besonderen Status der Göttin zu veranschaulichen, den Anstoß für diese Art der Gestaltung gegeben haben. Die kräftigen Muster auf diesen wie auf einigen der gleich im Anschluss zu besprechenden Darstellungen gehen, wie mit guten Gründen vermutet worden ist, zum Teil wohl auf Anregungen aus Kleinasien, vor allem aus Phrygien[11], zurück.

Eine Sequenz von Frauen in reichen Gewändern schmückt einen in Athen um 650 v. Chr. geschaffenen Becher (Abb. 21), der aufgrund des fragmentierten Zustandes hier in einer Umzeichnung wiedergegeben wird[12]. Die erneut sepulkrale Funktion des Gefäßes wird durch die Herkunft aus der Kerameikos-Nekropole und durch die Motivik gesichert: Die Szene gibt die Totenklage um einen Verstorbenen wieder, dessen bärtiger Kopf auf dem Fragment links der Bildmitte neben der Frau mit dem schwarzen Gewandoberteil zu erkennen ist. Die Frauen führen in konventioneller Gestik die Arme nach oben; dasselbe Motiv erscheint auch auf dem unteren Gewandteil einer der Figuren. Die Erscheinung der klagenden Gestalten ist, was die Grundformen der Kleidung betrifft, wiederum sehr einheitlich. Sie tragen einen gegürteten, den Körper relativ eng umschließenden Peplos, der oben übergeschlagen ist und in zwei Enden über die Brust herabfällt; der hintere Teil des Überschlags wird, wo das Erhaltene ein Urteil erlaubt, in einer schmalen Bahn an der Seite sichtbar (s. vor allem die zweite Figur von rechts). Doch so konform die Grundform, so variabel ist die Ausführung im Einzelnen. Man findet Punktrosetten und horizontale Musterbänder, ein langes Flechtband und dreimal ein großangelegtes figürliches Motiv. Die Tatsache, dass sich Rosetten und Flechtband auf demselben Vasenbild auch als Füllornamente zwischen den Figuren finden und dass eines der Motive, die schon genannte Klagende, das Grundthema des gesamten Bildfrieses wiederholt, macht auch hier wahrscheinlich, dass sich die reale Kleidungswiedergabe mit der freien künstlerischen Motivwahl des Vasenmalers verbindet.

Ein Rätsel gibt auch ein anderes Detail auf. Mehrfach ist das Gewand unterhalb und oberhalb der Gürtung unterschiedlich gemustert, z. B. Figürliches unten, ein Schuppenmuster oben – und dazu ein kleinteiligeres Schuppenmuster auf dem Überschlag. Bei wörtlicher Lesung muss man entweder einen abrupten Wechsel der Musterung im Gewebe oder die Existenz von zwei getrennten Gewandstücken, Rock und Bluse, annehmen. Die erste Alternative wäre, wenn man sich

Abb. 21
Totenklage. Attischer Becher (Umzeichnung), um 650 v. Chr. Athen, Kerameikosmuseum.

etwa am Wechsel der Muster auf der Webstuhlwiedergabe des zyprischen Tellers (vgl. Abb. 14) orientiert, prinzipiell denkbar. Einen Rock aber hat es ausweislich sowohl der schriftlichen wie der umfangreichen bildlichen Belege nicht gegeben. Diese Frage geistert dennoch als Streitpunkt durch die Forschung zur frühgriechischen Kleidung (und wird uns im Folgenden auch noch beschäftigen). Mit einem etwas sperrigen Fachausdruck kann man sagen, griechische Kleidung ist stets «horizontal», nie «vertikal agglutinierend»[13]. Das will sagen: Die einzelnen Textilien werden im Sinne einer Schichtung übereinander getragen, fast immer an der Schulter fixiert, aber natürlich mit unterschiedlicher Länge. Sie werden dagegen nicht vertikal kombiniert, im Sinne von Rock und Bluse oder Hose und Hemd, wie in der modernen Kleidung praktiziert, aber für Männer z. B. auch im Alten Orient geläufig. Dieses technische und ästhetische Grundprinzip ist wohl tatsächlich für die Bedeckung des Körpers fester Standard in der griechischen Welt gewesen. Dass mitunter ein kleines Mäntelchen *zusätzlich* über die Schultern oder später ein Tuch um die Hüfte gelegt wurde, ändert daran nichts. Auch in unserem Beispiel hat der Vasenmaler wohl aus einem Repertoire an zeitgenössischen Motiven ausgewählt. Dabei kann es sich durchaus sämtlich um textile Muster handeln, die allerdings schwerlich in der hier konkret realisierten Kombination vorgekommen sind.

Wenn Vasenbilder, die zwei oder drei Generationen später entstanden sind, schlichtere Frauengewänder wiedergeben, so hat dies dann auch nicht notwendig mit einer Entwicklung hin zu weniger aufwendigen Gestaltungen zu tun, sondern eher mit einer stärkeren Kongruenz zwischen Darstellung und real getragener Kleidung. Dazu zwei Beispiele aus demselben Produktionszusammenhang, attische Prachtgefäße aus den Jahren um 580 v. Chr. mit vielfigurigen mythologischen Szenen. Im einen wie im anderen Fall ist die Hochzeit von Peleus und Thetis wiedergegeben, eine zunächst erzwungene Verbindung zwischen einem Sterblichen und einer Göttin, die dann aber als großes Fest gefeiert wird, zu dem eine große Gesellschaft von Olympiern und anderen Gestalten der Götter- und Heroenwelt erscheint. Wo wir heute auch den Aspekt der mit Zwang arrangierten Heirat sehen, hatten die Zeitgenossen ohne Frage eine Art Traumhochzeit vor Augen und damit zugleich ein mythisches Idealbild für vornehme Brautleute der Gegenwart.

Auf einem hohen Weinkessel des Vasenmalers Sophilos hat sich die Spitze des Zuges erhalten[14] (Abb. 22). Vor einem palastartigen Gebäude, zwischen dessen Säulen die Künstlersignatur eingeschrieben ist, empfängt Peleus die Gäste, an der Spitze die Götterbotin Iris, der eine Vierergruppe von Frauen – die Göttinnen Hestia, Demeter, Chariklo und Leto – sowie Dionysos und Hebe folgen. Alle fünf Frauen tragen ein den Körper umschließendes Gewand, offenbar ohne einen Überschlag oder einen aus dem Gürtel herausgezogenen Bausch. Die Musterung ist lebhaft und wie auf dem eben betrachteten Bild innerhalb eines gewissen Gestaltungsrahmens variabel: Vom Hals bis zu dem leicht ausgestellten unteren Saum wechseln sich horizontal gegliederte Steifen mit Figurenfriesen und mit geometrischen Mustern ab. Zu erkennen sind etwa Greifen, äsende Tiere, Zungenbänder und Lotos-Palmetten-Friese. Mit diesem etuiartigen Untergewand kombinieren die Frauen der Vierergruppe in einheitlicher Manier ein als Mantel um den Oberkörper gelegtes einfaches Tuch, das auf die Arme herabfällt und mit einem gemusterten Saum versehen ist.

Das zweite Beispiel befindet sich auf dem sog. François-Krater, einem außerordentlich reich mit Darstellungen mythischer Sujets geschmückten Volutenkrater, signiert sowohl vom Maler Kleitias als auch vom Töpfer Ergotimos[15]. Wie zuvor im Fall des Sophilos spricht sich darin ein gewisser Künstlerstolz aus: Maler und Töpfer wussten, dass sie in ihrem Handwerk Außerordentliches leisteten. Dieses prächtigste der erhaltenen attischen Gefäße dieser Epoche dürfte auf einen speziellen, allerdings nicht näher zu bestimmenden Auftrag hin gefertigt worden sein. Innerhalb der verschiedenen Bildfriese hat die Szene mit der Hochzeit von Peleus und Thetis insofern eine Sonderstellung, als sie als einzige um das gesamte Gefäß herumläuft. Der Bildausschnitt zeigt vor dem Gespann mit Hermes und seiner Mutter Maia wiederum eine Vierergruppe von Frauen (Abb. 23). Durch eine Beischrift werden sie als *Moirai*, als Schicksalsgöttinnen bezeichnet, die im Zusammenhang des Sagengeschehens als Glücksgarantinnen für die Eheleute an dem Fest teilnehmen[16]. Ihr Charakter als Götterverein wird durch das Auftreten wie in einer geordneten Formation unterstrichen. Das aber ist sicher nicht der Grund für ihre sehr einheitliche Kleidung; diese entspricht weitgehend den auch sonst auf dem Krater zu findenden Formen.

Das Gewand gibt sich mit aller wünschenswerten Klarheit als Peplos zu erkennen: Auf der Schulter der Moira ganz links hält eine große Nadel von der seit

Abb. 22
Hochzeit von Peleus und Thetis (Ausschnitt). Attischer Dinos des Malers Sophilos, um 580 v. Chr. London, British Museum.

Abb. 23
Hochzeit von Peleus und Thetis (Ausschnitt). Attischer Volutenkrater des Maler Kleitias, sog. François-Krater, um 670 v. Chr. Florenz, Museo Archeologico.

frühgriechischer Zeit bekannten Form (vgl. Abb. 10) die Stoffbahnen zusammen; ein runder Stoffzipfel, wie er auch bei den anderen Frauen zu erkennen ist, wurde dafür vom Rücken nach vorne gezogen. Typisch für den Peplos ist ferner der Überschlag, der kurz über dem Gürtel endet. In seiner Gesamterscheinung erinnert der Peplos der Moiren an ein modernes enges Kleid mit einer sehr kurzen Jacke, die die Silhouette etwas belebt, sich aufgrund identischer Farbe aber wenig abhebt. Die Analogie ist jedoch nur bedingt berechtigt. Als Übereinstimmungen kann man die Absicht ansehen, den Körper relativ eng zu umschließen und dabei die weiblichen Formen nicht überdeutlich, aber doch mit klaren Akzenten hervortreten zu lassen. Die elegante Länge der Moiren des Kleitias verdankt sich dagegen in erster Linie einer zeittypischen Stileigenheit, der Längung der Beine gegenüber einem im Verhältnis sehr kurzen Oberkörper. In der Konsequenz erscheint der Überschlag auch kürzer, als es bei der realen getragenen Kleidung der Fall war.

Wenn auch hier das gestalterische Spiel von festem Typus und vielfältiger Variation im Detail zu beobachten ist, kann dies im Rückblick als festes Kennzeichen der weiblichen Kleidung in der gesamten Epoche angesehen werden[17]. In den Umrissen des Peplos entsprechen sich die Frauen – in der Vierergruppe wie auch sonst auf dem Krater – fast wie ein Ei dem anderen. Bei der Musterung dagegen könnte man auf die Idee verfallen, Übereinstimmung mit dem Gewand einer anderen Frau – und Festteilnehmerin – hätte unbedingt vermieden werden müssen. Von links nach rechts sehen wir auf dem unteren Gewandteil vertikale Streifen mit einem Spiralband in der Mitte, eine unregelmäßige horizontale Gliederung, eine Frau mit einer ungeschmückten Stoffbahn, die jedoch als einzige eine dazu sehr auffällige Halskette trägt, sowie nochmals einen vertikal gegliederten Stoff, jetzt mit einem Wellenband im Zentrum. Man kann also mit guten Gründen von einer Tracht sprechen, die die Frauen in der Zeit vom frühen 7. bis zum frühen 6. Jh. v. Chr. getragen haben, muss jedoch unmittelbar hinzufügen, dass das Bedürfnis nach Variation in dem von der Tracht gesetzten Rahmen weite Möglichkeiten der Entfaltung hatte – und die Trägerinnen sowie die weiblichen und männlichen Beobachter bei festlichen Anlässen vermutlich sehr beschäftigt hat.

Was wir auf der Grundlage der Bildzeugnisse beschreiben können, sind in den meisten Fällen nur Silhouette, Drapierung und Musterung. Weitere Gestaltungsmittel waren die Eigenart der Stoffe mit jeweils unterschiedlichem Fall und wechselnden Oberflächenqualitäten und – sicher nicht weniger wesentlich – die Farbe. Farbige Gewänder werden schon bei Homer genannt. In der *Ilias* heißt es, Helena webe «bunte Muster», und ein besonders kostbares Gewebe von ihrer Hand wird als «purpurn» bezeichnet. Aber obwohl Textilluxus und prachtvolle Kleidung in der homerischen Welt eine große Rolle spielen, werden keine weiteren Farben genannt. Dies führt auf ein eigentümliches, schon im 19. Jh. kontrovers diskutiertes Phänomen[18]. Denn in *Ilias* und *Odyssee* gibt es generell fast keine nüchtern deskriptiven Farbbezeichnungen. Das Meer ist nicht blau oder grün, sondern weinfarben, das Wort *chlorós*, das später in dem uns vertrauten Sinn die grüne Farbe bezeichnet, wird für allerlei Gegenstände verwendet, die wir als braun, grau oder rötlich bezeichnen würden, z. B. Holz und Honig. Wie ist dieser Umgang mit der Nennung von Farben zu erklären? Extrempositionen wie die Annahme, der Dichter sei farbenblind gewesen, werden lange nicht mehr vertreten. Stattdessen hat sich die Überzeugung durchgesetzt, dass die Menschen der griechischen Frühzeit, formelhaft gesprochen, zwar dasselbe wie wir gesehen, es aber anders wahrgenommen haben. Sie stellen Eindrücke und Assoziationen in den Vordergrund, sprechen von «gleißend», wenn sie «weiß» meinen, und erfassen damit vor allem den Kontrast, den etwa ein regelmäßig weißer Stoff gegenüber Tuchen aus gedeckten Farben erzeugt.

Diese eigene Art der Wahrnehmung hatte auch Auswirkungen auf die Darstellungsweise in der Bildkunst der Zeit. Wo Farben eingesetzt werden, begegnet man wie bei den schriftlichen Zeugnissen einer Trias von hell (weiß, elfenbeinfarben), dunkel (schwarz, blau) und rot; allein Letzteres kann als wirklicher Schritt in die Welt der Farben gelten. Bei der Keramik erklärt sich die sehr beschränkte Palette partiell durch die begrenzten technischen Möglichkeiten: Die durch das Brennverfahren bestimmte Grund-«Farbe» Schwarz lässt sich nur bedingt durch mineralische Substanzen ergänzen oder ersetzen. Nur Rot ist in dieser Kunstgattung über längere Zeit und häufig verwendet worden (vgl. Abb. 22). Doch da auf den erhaltenen Resten von Wandmalerei das Spektrum nicht wesentlich größer ist, kann diese farbliche Beschränkung als feste gestalterische Konvention der Epoche verstanden werden.

Nur einen kleinen Schritt weg von der Vasenmalerei führt eine Serie von Holztafeln aus Pitsà west-

⇧ Abb. 24
Tontafel aus Pitsà bei Korinth, um 550 v. Chr. Athen, Nationalmuseum. Aquarell-Rekonstruktion (Nadja Koch).

Abb. 25
Tontafel aus Pitsà, um 550 v. Chr. Fragment in Athen, Nationalmuseum.

lich von Korinth, die weiß stuckiert und dann bemalt wurden[19]. Die gute Erhaltung der etwa 15 x 30 cm großen, gegen die Mitte des 6. Jhs. v. Chr. entstandenen Platten verdankt sich der Deponierung in einer Höhle, die kultischen Zwecken gedient hatte und bei der Entdeckung noch eine große Zahl weiterer Gegenstände enthielt. Die besterhaltene Tafel, hier in einer Rekonstruktion wiedergegeben, war nach Aussage der Inschriften den Nymphen geweiht und wurde von einem Mann aus Korinth geschaffen (Abb. 24). Die Darstellung bezieht sich auf den Funktionszusammenhang des Objekts selbst. Zu sehen ist eine zu einem Altar führende Prozession. Die Teilnehmer bringen ein Opferschaf heran und sind mit verschiedenen Requisiten ausgestattet, darunter eine Lyra und das Blasinstrument der *auloí*, das vom Musiker mit Wangenbinde gespielt wird. Die Kleidung der drei Frauen (die vierte ganz links lässt sich schwer beurteilen) besteht aus einem Peplos mit dem eben gesehenen – scheinbar – kurzen Überschlag und einem über Schultern und Arme gelegten Manteltuch. Die typische Variation im Detail findet sich an den Borten des Peplostuchs, wo sich einfache Streifen, ein Strichmuster und ein Zick-Zack-Muster abwechseln. Der klare Gegensatz eines undifferenzierten Blau- und eines Rottons darf nach dem eben Gesagten nicht als direkte Abschilderung der farblichen Präferenzen bei der archaischen

Frauenkleidung genommen werden. Was man an der Tafel ablesen kann, ist jedoch die generelle Freude an der Verwendung farbiger Stoffe und im Besonderen auch der Rottöne. Ein Fragment von demselben Fundort bestätigt die malerische Praxis[20] (Abb. 25). Ganz schwach zeichnen sich unten drei Fußpaare ab. Gut erkennbar aber sind die blau-rot-blau gestaffelten Bahnen der Peploi, die hier mit sorgfältig ausgeführten Borten versehen sind. Die sich im Bogen darüber legende Bahn gehört zu einem Mantel, der die drei Frauen als eine eng verbundene Gruppe erscheinen lässt. Parallelen zu diesem eigentümlichen Motiv gibt es auf zeitgenössischen Vasenbildern[21]. Die Frage, was damit vermittelt werden soll, die Weihung eines Mantels oder ein besonderer Zusammenhang der Schreitenden in einem festlichen Kontext, hat sich noch nicht zuverlässig beantworten lassen.

Das Zeugnis der Statuen

Wie in der Flächenkunst gibt es im 8. Jh. v. Chr. auch in der Plastik kaum Darstellungen, die für eine Geschichte der Kleidung etwas aussagen. Die Art der Wiedergabe folgt denselben «primitiven» Prinzipien, und die ohnehin nicht sehr zahlreich erhaltenen weiblichen Figuren sind wiederum häufig «kleidungsblind», geben also die Gestalt nackt wieder. Im 7. Jh. v. Chr. vollziehen sich dann zwei grundlegende Änderungen. Zum einen gibt es nun auch in der Plastik differenzierte Darstellungen von bekleideten Frauen, zum anderen setzt die Herstellung großformatiger, d. h. lebensgroßer und im Einzelfall überlebensgroßer Figuren aus Stein ein. Zuvor wurden nur weit unterlebensgroße Figuren aus gebranntem Ton und aus Bronze geschaffen. Zentren der Herstellung und Verwendung von Statuen aus Stein, zunächst Kalkstein, dann Marmor, sind anfangs Kreta, bald danach die Kykladen mit ihren reichen Marmorvorkommen, die östliche Ägäis, insbesondere mit Samos und den kleinasiatischen Küstenstädten, und schließlich einige Festlandsregionen, vor allem Attika und die nördliche Peloponnes. Für die Erschließung von Kleidung und Mode hat die Plastik zwei evidente große Vorzüge. Die dritte Dimension eröffnet gegenüber der Wiedergabe in der Fläche weit größere Möglichkeiten, Fall und Schichtung von Gewändern anzugeben und das Wechselspiel von Körper und textiler Hülle zumindest anzudeuten. Und das große Format erlaubt gegenüber den häufig nur wenige Zentimeter großen Bildfriesen auf den Vasen eine auch ins Detail gehende Wiedergabe von Mustern. Eine Herausforderung aber bleibt: Wir haben es durchweg mit künstlerischen Darstellungen zu tun, letztlich mit Interpretationen der Erscheinung griechischer Kleidung. Auch wenn die Kunstform in den wesentlichen Punkten der real getragenen Kleidung folgt, besteht doch immer ein Spannungsverhältnis zwischen diesen beiden Ebenen der Wirklichkeit.

Aus der Mitte des 7. Jhs. v. Chr. stammt die sog. Dame d'Auxerre, eine 65 cm hohe Statuette, die 1907 im Museum von Auxerre südlich von Paris «entdeckt» wurde und sich heute im Louvre befindet[22] (Abb. 26). Sie vertritt den als «Kore» bezeichneten Statuentypus, der bis zum frühen 5. Jh. v. Chr. die vorherrschende Darstellungsform für weibliche Figuren ist: Stehend, die Arme am Körper angelegt oder vorgestreckt, bekleidet, mit aufwendiger Frisur und häufig auch mit Schmuck versehen. Verwendet wurden Koren als Weihestatuen in Heiligtümern oder – seltener, dann aber mitunter in herausragender künstlerischer Ausführung – als Grabdenkmäler. Wen sie darstellen, lässt sich kaum präzisieren. Es ist keine ausweichende Antwort, sie als «weibliche Idealfiguren» zu bezeichnen. Mit ihrer Schönheit verkörpern sie das, was den Menschen und was auch den Göttern gefällt. Im Einzelfall erfolgte durch die Hinzufügung von Attributen eine Konkretisierung, so dass aus der «Kore» eine bestimmte Gottheit oder eine opfernde Heiligtumsbesucherin wird. Gerade dieser letzte Punkt ist für die Bestimmung des Realitätsgehalts der Kleidung der Korenstatuen von großer Bedeutung. Nicht anders als bei der Betrachtung der Vasenbilder und mit gleichem Recht wie dort können wir sagen, dass sie Spiegelbilder der tatsächlich getragenen Kleidung in den verschiedenen Zeithorizonten sind, ein Spiegel aller-

Abb. 26
Frauenstatue, sog. Dame d'Auxerre, Kreta, um 650 v. Chr. Paris, Louvre.

dings, der ein insgesamt verlässliches Abbild liefert, wenn auch aufgrund der künstlerischen Gestaltungskonventionen manches Detail den kontrollierenden Blick der kunsthistorischen Analyse verlangt.

Die sog. Kore von Auxerre steht im zeittypischen langen Gewand vor den Betrachtern, und zeittypisch ist auch, wie eben auf einigen Vasenbildern gesehen, die Proportionierung mit dem gestreckten Unter- und dem gestauchten Oberkörper sowie dem gelängten, dreiecksförmigen Gesicht. Das enganliegende, offenbar rundum geschlossene Gewand erhält starke Akzente, einmal durch den breiten, mit Ornamenten versehenen Gürtel, zum anderen durch die Musterung des oberen wie des unteren Gewandteils. Eine Rekonstruktionszeichnung lässt das System der Polychromie erkennen[23] (Abb. 27) – der Bemalung archaischer Statuen und ihrem Aussagewert für die Farbigkeit der Kleidung ist ein eigenes Kapitel gewidmet. Auf dem unteren Teil waren sowohl der untere Abschluss als auch die Mitte (nur auf der Vorderseite) durch einen breiten Musterstreifen herausgehoben. Fransen scheinen den Abschluss am unteren Saum zu bilden. In schönem Kontrast zu den rechtwinkligen Formen steht das Schuppenmuster auf dem oberen Gewandteil. Wenn dasselbe Muster auch auf Vasenbildern zu finden ist (vgl. Abb. 19. 21), liefert dies einen Beleg dafür, dass es sich tatsächlich um ein Textilmuster handelt. Und wie dort muss man der Versuchung widerstehen, von heutigen Kleidungs- und Sehgewohnheiten ausgehend die Existenz von zwei getrennten Gewandteilen anzunehmen.

Ein zweites Gewand scheint es tatsächlich zu geben, ein mit einem Mäandermotiv gesäumtes Tuch, das um den Hals gelegt ist, über den Schultern liegt und an den Oberarmen herunterläuft. Auf der Rückseite ist es nicht ausgeführt; diese «Unstimmigkeit» in der Wiedergabe hat auch zu der – wenig wahrscheinlichen – Annahme geführt, das Tuch sei ein vom Rücken nach vorne geführter Überschlag des Grundgewandes. Unter dem Aspekt des Modedesigns betrachtet, ist dieses Element – die verbreitete Bezeichnung *epíblema* ist ohne Grundlage – doppelt interessant. Sein Zweck ist sicher weniger der einer wärmenden zweiten Stoffschicht, sondern es hat vorrangig den Charakter eines Accessoires. Sein gestalterischer Wert besteht im Kontrast zwischen der vor allem von vertikalen Linien bestimmten kompakten Erscheinung des vom Hauptgewand eingefassten Körpers und dem leichten Tuch mit seiner schrägen Führung der Säume. Die Verwendung überschüssiger oder diffizil zu tragender Kleidungsstücke ist ein verbreiteter Zug festlicher Kleidung weit über die griechische Welt hinaus bis in die Moderne, da solche Zusätze über ihre schmückende Funktion hinaus auch einen Anspruch auf soziale Distinktion vermitteln können.

Im Heraheiligtum auf Samos, der großen Insel unmittelbar vor der kleinasiatischen Küste, kam eine

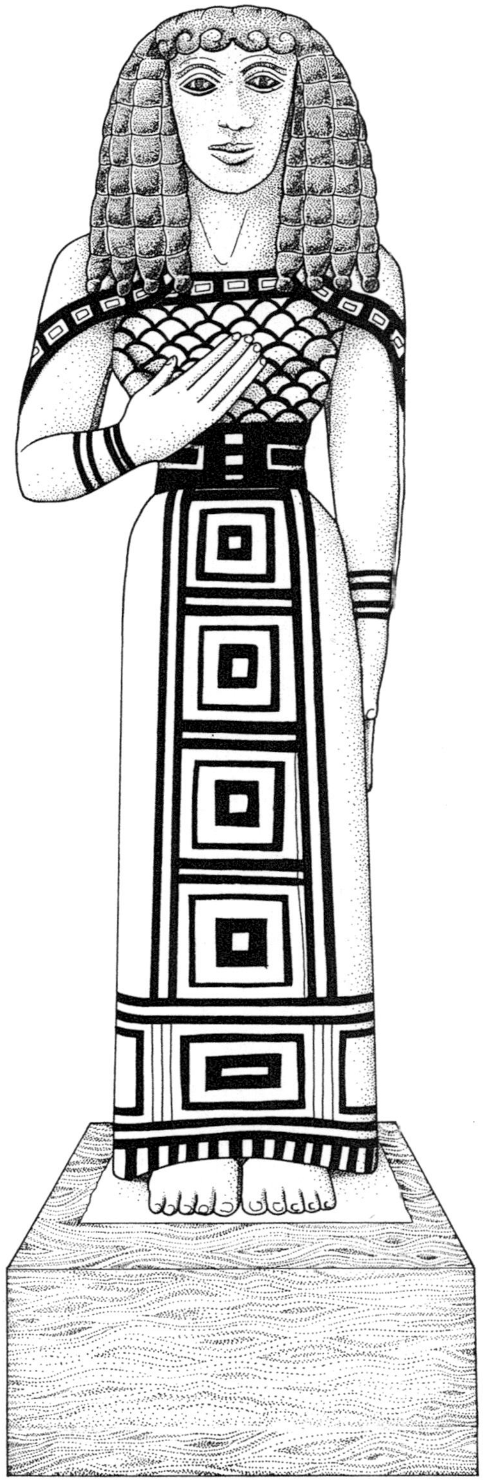

Abb. 27
Schema der farbigen Fassung (Isabelle Bradfer).

Abb. 28 (links)
Holzstatuette der «Hera»,
Samos, um 650 v. Chr.
Samos, Museum.

Abb. 29 (rechts)
Rekonstruktionszeichnung der Holzstatuette
der «Hera».

Holzstatuette aus demselben Zeithorizont zu Tage, die der sog. Kore von Auxerre in der Anlage der Kleidung weitgehend gleicht[24] (Abb. 28). Die 27 cm hohe Figur war an ihrer Unterseite mittels eines Zapfens auf einer Unterlage, wohl einem Steinblock, fixiert. Die auffallend hohe, als Polos bezeichnete Kopfbedeckung hat an eine Identifizierung als nachgebildete Kultstatue denken lassen; das Motiv der horizontal nach vorne gerichteten Unterarme, die an der Figur getrennt eingesetzt waren, ist jedoch typisch für Gabenbringerinnen. Die Rekonstruktionszeichnung macht die gestaltete Form gut anschaulich (und korrigiert die auf der Fotografie zum Teil etwas gegeneinander verschobenen Fragmente; Abb. 29). Die Anlage der Kleidung ist mit jener der sog. Kore von Auxerre praktisch identisch, trotz der Unterschiede in Format und Material: die Kombination von Grundgewand und Schultertuch, die vom langgestreckten Unterteil beherrschte Erscheinung der Frau, die gliedernde Funktion der Musterung. Die Einzelheiten variieren und geben mitunter technische Fragen auf. Auch hier ist der Verlauf des Schultertuchs auf der Rückseite nicht angegeben; ferner ist nicht sicher zu erkennen, ob das Tuch unter dem Hals mit einer Schließe zusammengehalten wird oder ob dieses Element an einer Kette hängt, ohne mit dem Stoff verbunden zu sein.

Ob die kleine Figur auf Samos selbst gefertigt oder wie viele andere Objekte von einem anderen Ort auf die Insel gelangt ist, lässt sich nicht zuverlässig entscheiden. In einem wie im anderen Fall ergeben sich interessante kultur- und modegeschichtliche Perspektiven. Ist die mit größter Sorgfalt ausgeführte Holzstatuette auf Samos entstanden, liefert sie einen schönen Beleg für die geographische Verbreitung einer bestimmten Tracht in der griechischen Welt in dieser Epoche. Als Importstück bezeugt sie neben vielen anderen sicher aus dem Fernhandel stammenden Objekten, wie sich Kleidungsideen und ästhetische Vorlieben rasch über weite Strecken verbreiten konnten.

In eine andere Region und in eine etwas spätere Zeit, das frühe 6. Jh. v. Chr., führt die sog. Berliner Göttin[25] (vgl. Abb. 53 a.b). Die 1,93 m hohe und damit nicht nur nach antiken Maßstäben leicht überlebensgroße Marmorstatue kam im Umland von Athen zutage und wurde sicher in einer bedeutenden Werkstatt in der Stadt selbst hergestellt. Aus dem Fundkontext ergibt sich die Funktion als Grabstatue; diese Art der Totenehrung war trotz ausgeprägt patriarchalischer Strukturen der archaischen Gesellschaft keineswegs auf die Männer beschränkt. Aus Gesten und Attributen der Figur ist nur bedingt etwas über die Bedeutung der Statue zu gewinnen. Der in der Rechten gehaltene Granatapfel kann als Lebenssymbol gelten und einen vagen Hinweis auf den frühen Tod der Geehrten geben. Die vor die Brust geführte linke Hand wiederholt ein Motiv der sog. Kore von Auxerre (vgl. Abb. 26), wandelt es allerdings in einer fast geziert erscheinenden Weise ab, wie um die Wirkung ihrer feierlichen Kleidung noch zu steigern.

Aufgrund ihrer großen, schweren Formen und des langgestreckten Gesichts mit seinen markanten Inskriptionen wirkt die Statue beinahe kolossal. Zuverlässig zeichnen sich zwei Gewänder ab, die sich durch die Bemalung einst wesentlich besser voneinander abgesetzt haben; Reste von Rot (Untergewand) und Gelb (Mantel) sind am Original noch zu erkennen. Das Untergewand ist in bandartige, regelmäßig um die gesamte Figur aufgefächerte Falten gelegt. Was den Charakter der stoffreichen weiblichen Gewänder schon in älterer Zeit wesentlich mitbestimmt haben muss, ist hier nun auch in der künstlerischen Form erfasst. Der mittlere Streifen tritt durch ein in schwachen Spuren noch erkennbares Mäandermuster hervor. Über dem Untergewand, dessen oberer Saum sich am Hals abzeichnet, liegt ein aufgrund seiner Ausdehnung jetzt als Manteltuch zu bezeichnendes, frei drapiertes Gewandstück. Während seine Falten auf der Brust und in dem regelmäßigen Bogen auf dem Rücken an ein schweres Material denken lassen, suggeriert der mit kleinen Quasten versehene Abschluss mit seinen Zick-Zack-Falten ein feines Gewebe, wie es nach Aussage der schriftlichen Quellen für eine Frau dieses Standes auch zu erwarten ist. Zierlich-elegant sind auch die schmückenden Zusätze. Zu ihnen gehören ein Arm- und ein Halsband sowie die aufwendig gestaltete, von Bändern in Form gehaltene Frisur.

Abschließend ein Beispiel ganz vom südlichen Punkt der griechischen Welt. Die Stadt Kyrene im heutigen Libyen wurde um 630 v. Chr. durch Siedler von den Kykladen gegründet und ist bald zu einigem Wohlstand gelangt. Ein Schlaglicht auf die materiellen Ressourcen und auch auf die fortdauernde enge Verbindung mit dem Ursprungsgebiet der Bewohner werfen zwei archaische Frauenstatuen, die 1966 aufgedeckt wurden[26] (Abb. 30). Nach Nordafrika müssen sie, wohl gegen 570 v. Chr., als Importe von einer der Marmorinseln der Kykladen, Paros und Naxos, gelangt sein, wo schon drei Generationen zuvor die Bearbeitung des Steins für Architektur und Skulpturen einen hohen Stand erreicht hatte und von wo eine ganze Reihe – schlechter erhaltener – Koren bekannt ist, deren Gestaltung den Werken aus Kyrene sehr stark ähnelt. Verglichen mit den drei zuvor betrachteten Statuen und Statuetten ist die Anlage der Kleidung vereinfacht. Beide Figuren tragen nur ein Gewand, einen stoffreichen Chiton, der auf den Schultern und die Oberarme hinunter geknöpft ist, so dass sich Scheinärmel bilden. Über den Gürtel ist rechts und links der Mitte der Stoff als Bausch etwas herausgezogen. Trotz der zeitlichen Differenz von mehr als hundert Jahren und dem Unterschied des Bildmediums entspricht dieses Gestaltungsmuster ganz dem, was im frühen 7. Jh. v. Chr. in der Vasenmalerei zu beobachten ist (vgl. Abb. 12).

Abb. 30
Kore aus Kyrene, Kykladen, um 570 v. Chr. Kyrene, Museum.

Traditionell kann man die beiden Frauenfiguren zudem auch insofern nennen, als der markante vertikale Musterstreifen, der den unteren Gewandteil von oben bis unten in der Mitte durchzieht, ein verbreitetes Element der Frauenkleidung dieser Epoche darstellt, das alle bisher vorgestellten Beispiele aufweisen. Was die Koren von den Kykladen gegenüber den älteren Werken jedoch auszeichnet, ist ein vielfältiges Spiel von Kontrasten: zwischen kleinteiligen, engschrittigen Linien und Mustern wie dem Mäandermotiv oder den parallelen Falten und andererseits den flächigen Partien des Gewandes; zwischen der strengen Vertikalität des breiten, die Mittelachse der Figur betonenden Musterstreifens und den feinen Einziehungen sowohl der äußeren Konturen als auch des sanft gerundeten Bauschs; und schließlich zwischen der Strenge der Körperhaltung – wiederum ein ganz traditionelles Motiv (vgl. Abb. 26) – und der andeutenden Wiedergabe der Körperformen unter dem Gewand, sowohl in der Vorder- als auch in der Seitenansicht, wo sich Schenkel, Gesäß und Rücken in der Umrisslinie des Gewandes abzeichnen. Auch wenn Grundform und Drapierung des Gewandes gegenüber den früheren Statuen im Wesentlichen unverändert geblieben sind, tritt mit dem Wechselspiel von Körperformen und Gewandhülle doch ein qualitativ neuer Zug hervor, der eine große Zukunft haben sollte.

Man könnte einwenden, die genannten Charakteristika hingen weniger mit Modeveränderungen als mit der allgemeinen Stilentwicklung in archaischer Zeit zusammen, ist doch zur Klassik hin auf allen Ebenen – Darstellung von Körpern, Gesichtern, Bewegungen und eben auch Kleidung – eine Veränderung hin zu immer größerer Nachahmungstreue zu beobachten. Tatsächlich ist das eine vom anderen nicht zu trennen, allerdings nicht in der Weise, dass die Künstler erst jetzt «fähig» gewesen wären, die Erscheinung eleganter Kleidung in angemessen differenzierter Weise wiederzugeben. Stattdessen sind der ausgeprägtere Realismus in der bildlichen Darstellung und die stärkere Ausschöpfung der Möglichkeiten im Bereich der weiblichen Kleidung zwei Aspekte desselben Prozesses: es vollzieht sich eine Intensivierung der Wahrnehmung von Mensch und Umwelt, die einhergeht mit einem großen Interesse an Neuerungen auf unterschiedlichen Feldern der Lebenswelt. Zwei Punkte seien, ohne hier auf die sozio-politischen Hintergründe des Vorgangs näher eingehen zu können, kurz genannt. Seit dem mittleren 6. Jh. v. Chr. gibt es in der griechischen Welt eine lebhafte Entwicklung der Festkultur, im privaten Bereich mit dem Symposion der Männer, im öffentlichen mit der Ausgestaltung zahlreicher religiöser Feste zu überregional beachteten «Ereignissen». An letzteren nehmen in der Regel auch Frauen teil oder haben sogar eine tragende, von großer Aufmerksamkeit der Kultteilnehmer begleitete Rolle. Nach der Jahrhundertmitte wird in Athen aus traditionellen Chorgesängen heraus die Theaterpraxis entwickelt. Zu deren wesentlichen Elementen gehören der Dialog zwischen den Akteuren und damit die Möglichkeit, soziale, ethische und politische Fragen vor dem Publikum zu diskutieren, gehören aber auch die Kostüme des Chors, die für die im Rahmen von Wettbewerben aufgeführten Dramen jeweils neu entworfen wurden und den Charakter der Stücke wesentlich prägten.

In einer Atmosphäre permanenter Veränderung kann nicht verwundern, dass sich auch im Bereich von Kleidung und Mode Impulse entwickeln, das lange Zeit Vertraute zu verlassen. Blickt man noch einmal zurück auf die Zeugnisse der Vasenmalerei und der Plastik vom frühen 7. bis zum frühen 6. Jh. v. Chr., so ist für diesen langen Zeitraum eher das Gegenteil charakteristisch. Das lang herabfallende, meist eng am Körper anliegende und mit Musterstreifen versehene Grundgewand, Peplos oder Chiton, ist in weiten Bereichen der griechischen Welt anzutreffen. Zu den festen Zügen dieser Tracht, von der wir auf den Bildern vorzugsweise die festliche Ausführung finden, neben der es auch einfache Gestaltungen gegeben hat, gehört die Veränderlichkeit im Kleinen, also in der Auswahl der Muster und, in geringerem Maß, dem Ort ihrer Anbringung sowie in der Option, ein Mäntelchen hinzuzufügen. So bestand, unter sozialen Gesichtspunkten betrachtet, Konformität, wie sie für die archaische Gesellschaft ohne Frage bestimmend war, und zugleich ein gewisser Spielraum für die individuelle Note innerhalb des homogenen Umfelds.

Kreative Impulse: Samos im mittleren 6. Jahrhundert v. Chr.

Wohl in keinem der griechischen Stadtstaaten bestimmte im frühen und mittleren 6. Jh. v. Chr. der Grundzustand tiefgreifender Veränderung, von dem eben die Rede war, die Lebenswelt in solchem Maß wie in Samos. Die am östlichen Rand der Ägäis gelegene Insel besitzt eine Fläche von gerade einmal etwa 480 km²; die heutige Einwohnerzahl von gut 30 000 Personen mag einen groben Hinweis auf die Bevölkerungszahl auch in der Antike geben. Ihre wirtschaftliche und kulturelle Bedeutung aber ging während der Blütezeit über den Stand der meisten griechischen Regionen weit hinaus[1]. In der Überlieferung zur Geschichte ragt Polykrates heraus, der von etwa 538 bis 522 v. Chr. als *týrannos* an der Spitze der Polis Samos stand und dessen Erfolg als Herrscher ebenso legendär war wie seine brutale Vernichtung. Über die uns interessierende Zeit in den Jahrzehnten davor geben die Quellen nur ein bruchstückhaftes Bild; sicher ist aber, dass Samos auch schon im früheren 6. Jh. v. Chr. große wirtschaftliche und politische Potenz besaß und dass mehrfach einzelne Männer aus der Führungsschicht, wie dies in vielen anderen griechischen Regionen der Fall war, die Rolle von Tyrannen einnahmen, eine Position, die noch nicht die negative Bedeutung wie in späterer Zeit hatte und vielfach bedeutete, dass in einer aristokratisch strukturierten Gesellschaft ein besonders angesehener oder durchsetzungsfähiger Mann zum ausdrücklichen ersten Mann im Staat wurde.

Aussagekräftiger, um eine Vorstellung von Wohlstand und metropolitanem Charakter des archaischen Samos zu erhalten, sind die archäologischen Zeugnisse, insbesondere aus dem zentralen Heiligtum der Hera[2]. Zahlreiche Funde von Objekten aus dem Vorderen Orient und aus Ägypten belegen weitgespannte Handelsbeziehungen. Sie müssen vielen Bewohnern der Insel großen Reichtum eingebracht, ihnen zugleich aber auch einen weiten interkulturellen Horizont ermöglicht haben. Der nachdrücklichste Beleg hierfür stammt aus dem Bereich der Architektur. Gegen 570 v. Chr. machten sich die Samier daran, im Hera-Heiligtum einen Tempel von bisher ungekannten Dimensionen zu errichten, mehr als 100 m lang und seiner Baumasse nach ein Vielfaches der bisher realisierten Tempelbauten umfassend. Die Kenntnis ägyptischer Tempel dürfte einen wesentlichen Anstoß für das Vorhaben gegeben haben, das zunächst jedoch spektakulär missglückte: Der Ehrgeiz der Bauherren war ihrem technischen Know-How vorausgeeilt und so kam es wegen unzureichender Fundamentierung zu Setzungen, die einen Abbruch des schon fortgeschrittenen Kolossalbaus erzwangen[3]. Beides kann als charakteristisch gelten für die Atmosphäre in der ambitionierten Polis: Der Anspruch, etwas zu schaffen, was die Betrachter durch Größe und Neuartigkeit überwältigt und womit man den eigenen Führungsanspruch sichtbar macht, und zum Zweiten die intensive Verarbeitung von Anregungen, die sich aus dem Kulturkontakt ergeben. Ein solches Umfeld lieferte ideale Bedingungen für Innovationen auch auf anderen Feldern der materiellen Kultur, darunter der Kleidung.

Cheramyes, der Stifter

Zwei herausragende Werke sind es, die Samos einen besonderen Platz in der Geschichte der griechischen Kleidung archaischer Zeit sichern. Beide stammen aus dem eben genannten Heiligtum der Göttin Hera, das nicht nur die bedeutendste Kultstätte der Insel war, sondern mit seinen Bauten und Weihgeschenken auch ein Forum der Selbstdarstellung der Bewohner und auswärtigen Besucher. Von einem Mann namens Cheramyes wurden um 560 v. Chr. mehrere Statuen in das Heiligtum gestiftet; drei weibliche Figuren, eine davon deutlich kleiner als die anderen zwei, tragen eine Inschrift mit seinem Namen, eine Männerstatue gehört eventuell ebenfalls zu seinen Dedikationen[4]. Der Name des Bildhauers ist nicht bekannt. Gute Indizien sprechen dafür, dass jedenfalls die Frauen auf einer gemeinsamen Basis postiert waren und Mitglieder einer Familie darstellten, wie dies für Samos durch ein anderes, gleich näher zu betrachtendes Monument nachgewiesen ist. Der Stifter Cheramyes, dessen Name nur von diesem Monument bekannt ist, muss zur aristokratischen Elite von Samos gehört haben. Höchstwahrscheinlich korrespondierte seine machtvolle Präsenz im Heiligtum mit seiner Stellung im gesellschaftlichen und politischen Leben.

Von den drei Frauenstatuen sind zwei fast annähernd gleich groß und mit einer rekonstruierten Gesamthöhe von etwa 2,20 m beinahe kolossal zu nennen (Abb. 31. 32). Die eine gelangte bereits 1881 in den Louvre nach Paris, die andere kam 1984 bei regulären Ausgrabungen glücklich zutage und wird im Museum auf Samos ausgestellt. Angesichts der insgesamt sehr guten Erhaltung beider Figuren schmerzt der Verlust der Köpfe umso mehr. Indem die Marmorfiguren die Lebensgröße um etwa ein Drittel übertreffen, verstärkt sich der visuelle Eindruck auf die Betrachter beträchtlich, ohne dass dieses Maß, wie man am Original überprüfen kann, als riesenhaft wahrgenommen würde und damit einen verfremdenden Effekt hätte. Der Aufbau der Figuren entspricht vollkommen dem Muster, das bei der ein volles Jahrhundert älteren Kore von Auxerre (vgl. Abb. 26) beschrieben wurde: Der eine Arm ist gerade an der Seite des Körpers herabgeführt, der andere angewinkelt, so dass die Hand, die einen Gegenstand trug, vielleicht eine Blüte oder einen Granatapfel, auf der Brust liegt. Umso stärker treten die Unterschiede bei der Kleidung hervor!

Abb. 31
Von Cheramyes gestiftete Korenstatue. Samos, um 560 v. Chr. Paris, Louvre.

Drei Gewänder sind auf höchst kunstvolle Art zu einem Ensemble verbunden. Ein gegürteter Chiton stellt die unterste Schicht dar; er ist im unteren Teil in feine, streng vertikale Falten aufgefächert, im oberen Teil deuten einige von der linken Schulter herabziehende Linien die Knöpfung des Stoffs an. Am Gürtel ist ein dünnes Tuch befestigt, das gleich einer Schürze die Hälfte der Vorderseite bedeckt, um dann die Rückseite der Kore in doppelter Lage fast vollständig zu bedecken und auch noch als Schleiertuch über den Kopf gezogen zu werden. Schließlich trägt die Figur ein offenkundig aus deutlich schwererem Stoff bestehendes Manteltuch. Die rechteckige Ausgangsform wird durch die asymmetrische Art der Drapierung scheinbar ganz aufgehoben. Der Mantel liegt breit über Schulter und Oberarm und ist unter der linken Achsel hindurchgezogen, so dass sich auf der Vorderseite ein markanter Bogen mit unterschiedlich langen Enden ergibt. Auf dem rechten Arm sind – in vergrößertem Maßstab gegenüber demselben Motiv am Chiton – die Faltenbündel zu erkennen, die zu der unter dem Schleiertuch liegenden Knöpfung führen. Die farbige Fassung der Statue hat einst das Neben- und Übereinander der verschiedenen Gewandbahnen sehr viel deutlicher sichtbar gemacht, als es jetzt allein anhand der bildhauerischen Form ablesbar ist[5].

Eine solche technische Beschreibung von Anzahl und Verlauf der Gewänder ist nötig, um die «Konstruktion» zu verstehen, sie kann jedoch nichts von der gestalterischen Raffinesse der Kleidung erfassen. So fremdartig die Figur zunächst aufgrund ihrer im unteren Teil hart geometrischen Anlage erscheinen mag, so modern kann man die Konzeption nennen, wenn man das Zusammenwirken aller Details in den Blick nimmt. Alles scheint hier auf Kontraste hin gedacht zu sein. Die säulenartige Gestaltung des unteren Teils kontrastiert mit dem Oberkörper mit seinen ausgeprägt weiblichen Formen. Die an Kanneluren erinnernde streng parallele Führung der Falten des Chitons – es sind nicht weniger als 107 bei der Statue in Paris, 91 bei jener in Samos – ist der planen Fläche des Schleiertuchs entgegengesetzt. Dem Parallelismus der Chitonfalten antworten zum einen die schräg laufenden und wesentlich breiteren Falten des Mantels, die zugleich den Effekt haben, die Wölbungen von Brust und Armen herauszumodellieren, und zum anderen der in zwei ungleichen Bögen geschwungene Saum dieses Gewandteils. All dies aber ist in eine bemerkenswerte Balance gebracht und macht so die große Kleidungseleganz der Samierin aus. Man beachte etwa, wie sich der kürzere Zipfel des Schrägmantels in den Bogen des vom Gürtel herabziehenden Schleiertuchs legt oder wie die Falten des oberen Chitonteils im rechten Winkel in die des Mantels hineinlaufen. Zum Sinn für das entwerferische Detail gehört auch die Platzierung der Stifterinschriften. Sie laufen jeweils am Rand des Schleiertuchs senkrecht nach unten, so dass das lange Buchstabenband, einst durch Farbeinsatz sicher besser hervortretend als heute, wie ein Musterstreifen die Mittelachse der Figur noch einmal akzentuiert.

In der Einleitung war davon die Rede, dass die römische Männerkleidung mit der Togatracht mitunter einen ausgeprägten Zug ins Zeremonielle aufweist, wie dies aus der Neuzeit aus zahlreichen kulturellen Kontexten geläufig ist, dass man dieser Eigenheit in der griechischen Welt dagegen kaum je begegnet. Das eigentümliche Schleiertuch gehört wohl aber zu diesen relativ seltenen Momenten. Die Art der Anbringung am Gürtel auf der Vorderseite hat etwas ausgesprochen Geziertes. Ferner hatte die Trägerin aufgrund der leichten Beschaffenheit des Materials beim Gehen wohl stets darauf zu achten, die Position des Tuchs zu bewahren und es nicht vom Kopf gleiten zu lassen. Im sachten Griff an den Längssaum deutet sich diese diffizile Anforderung an, die vielleicht auch der Grund dafür ist, dass diese Art der Drapierung eines zusätzlichen Tuchs keine große Nachfolge hatte.

Die außerordentliche Differenziertheit und Sorgfalt der Ausführung erlaubt auch, an einigen Punkten eine Unterscheidung zwischen realer Drapierung und künstlerischer Gestaltung zu treffen. Natürlich fällt der Stoff des unteren Chitonteils nicht mit der kalligraphischen Regelmäßigkeit, wie die Stege in den Marmor gemeißelt wurden; diese vermitteln aber auf wirkungsvolle Weise eine feine Konsistenz des Tuches, das gleichsam das Potential zu einer flirrenden Umhüllung des Körpers hat. Ebenso wenig kann der in diesem Bereich fast perfekt runde Querschnitt der Figur ganz wörtlich genommen werden, doch gehörte die Entgegensetzung des glatt herabfallenden Stoffs unten und des eng anliegenden Mantels sicher zum Design des Gewandes. Nur an der Statue in Paris (vgl. Abb. 31) hat der Bildhauer am Saum des Mantels in der Körpermitte zwei einander widerstrebende Darstellungsabsichten auszuführen versucht. Ergebnis ist, dass sich diagonale Falten, die den Verlauf des gespannten Stoffes visualisieren, mit vertikalen Falten kreuzen, die den durch das Gewicht bedingten natürlichen Fall des Stoffes nach unten angeben sollen.

Auch wenn die Bildhauerarbeit den Zugang zur real getragenen Kleidung bei einzelnen Details erschwert, so hat der Künstler umgekehrt an anderen Stellen seine Möglichkeiten zur Veranschaulichung genutzt. Die Finger der rechten Hand sind, wie es der Praxis bei männlichen wie bei weiblichen Figuren entspricht, angewinkelt. Dieses an sich konventionelle Darstellungsmotiv wurde hier jedoch ‹aktualisiert›, indem die Kante des – ehemals farbigen und also gut sichtbaren – Schleiertuchs über den Arm und dann durch die Finger hindurchläuft (vgl. Abb. 32). Gleich, ob die Frau das feine Tuch dadurch in seiner Position hält oder sie einfach damit spielt, in jedem Fall wird damit das Wechselspiel von Körper und Gewand, das hier durch die Art der Drapierung schon sehr weit geführt ist, noch ein Stück fortgesetzt, wie um den Betrachtern zu vermitteln, dass sich die Trägerin der diffizilen Anlage ihrer Kleidung und der Notwendigkeit, jedes Detail an seinem Platz zu halten, sehr wohl bewusst war.

Nicht alles an dieser Konzeption ist neu, und natürlich ist nicht auszuschließen, dass Innovationen, die wir erstmals hier beim «Cheramyes-Meister» in entwickelter Form greifen können, von anderen vorgeprägt wurden. Unter den ägyptischen Importen auf der Insel ist auch eine Bronzestatuette der Göttin Neit, die mit ihrem den Körper umspielenden Gewand und den feinen Linien ein Schlaglicht darauf wirft, wie vielfältig die auf Samos verfügbaren externen Anregungen waren[6]. Für das Schleiertuch ist auf Parallelen auf Werken aus dem Bereich der nicht-griechischen Nachbarkultur der Karer auf dem nahen Festland hingewiesen worden. Einen karischen Namen trägt auch der Stifter selbst; seine Vorfahren sind also offenbar aus Anatolien eingewandert[7]. Ein Streit darüber, ob das Schleiertuch aus Karien in den griechischen Bereich übernommen wurde oder der Weg andersherum ging, ist in unserem Zusammenhang jedoch müßig. Entscheidend ist, wie bei jeder der zahllosen Übernahmen fremder Elemente in die Mode einer anderen Kultur, dass das Element dort aufgenommen und verarbeitet wurde, weil es den ästhetischen Vorlieben diente. Der für die Erscheinung der Frauenfiguren zentrale Gedanke, den senkrechten Fall des Grundgewandes mit diagonal verlaufenden Säumen eines lose um den Körper geschlungenen Obergewandes zu kombinieren, wurde schon lange zuvor innerhalb der griechischen Welt realisiert. Die weiblichen Figuren auf der Prachtamphore aus Melos (vgl. Abb. 19. 20) oder die Kore von Auxerre (vgl. Abb. 26) sind charakteristische Beispiele hierfür. Letztlich ergibt sich der diagonale Verlauf durch das Drapieren über Schultern und Oberarme ebenso natürlich wie die vertikale Anlage von Chiton und Peplos. Etwas qualitativ Neues ist jedoch dadurch entstanden, dass mit dem Schrägmantel ein Element mit einem stark dynamisierenden Potential geschaffen wurde: durch die asymmetrische Drapierung, das Liniensystem der Oberfläche und die Möglichkeiten der spannungsvollen Kombination mit dem Chiton[8]. Dieses Konzept sollte im archaischen Griechenland noch eine große Zukunft haben.

Abb. 32
Weitere von Cheramyes gestiftete Korenstatue. Samos, um 560 v. Chr. Samos, Museum.

Fortuny, der Designer: Ein Exkurs zu den kongenialen *Delphos*-Kleidern

Wirkung hat die Kreation des samischen Bildhauers aber auch in jüngerer Zeit entfaltet. Ein Exkurs führt nach Venedig und in die ersten Jahre des 20. Jhs.[9]. Nach Kinder- und Jugendjahren in Paris hatte sich der in Granada geborene Mariano Fortuny y Madrazo 1889 in der Lagunenstadt niedergelassen[10]. Fortuny entstammte einer wohlhabenden spanischen Künstlerfamilie, war selbst als Maler ausgebildet, aber auch auf vielen anderen Feldern kreativ tätig bis hin zu technischen Fragen; ein neues Verfahren zur Bühnenbeleuchtung in Theatern geht auf ihn zurück. Seine größte Wirkung aber entfaltete Fortuny, den schon Zeitgenossen aufgrund seiner Vielseitigkeit mit einem Renaissancekünstler verglichen, als Entwerfer von Textilien und Mode. Seit 1906 entstanden die sog. *Knossos*-Schals, die ihren Namen von Motiven der minoischen und mykenischen Bildkunst des 3. und 2. Jts. v. Chr. erhielten. In Modekreisen weltberühmt macht ihn dann ein bald danach kreiertes Kleid, das, wieder mit gutem Sinn für Marketing, die Bezeichnung *Delphos* erhielt (Abb. 33). Schauspielerinnen und Tänzerinnen trugen bald dieses Kleid, das auch heute noch, wenn einmal auf Auktionen ein Exemplar zu ersteigern ist, ein begehrtes Objekt darstellt.

Das Konzept ist einfach und höchst wirkungsvoll zugleich. Im gut antiken Sinn besteht das Kleid im Wesentlichen aus einer rechteckigen Stoffbahn, die seitlich ganz geschlossen wird sowie auch an der Oberseite, wo drei Öffnungen für Kopf und Arme ausgespart werden. Ein Gürtel kann als formendes Element des stets bodenlangen Kleides verwendet werden. Ferner gehört zu vielen Delphos-Kleidern ein fest fixierter Überschlag, der etwa bis zur Hüfte herunterfällt. Dieses Grundmuster hat Fortuny über Jahrzehnte in zahllosen Variationen ausgeführt. Die Bezeichnung «Modeschöpfer» würde deshalb seinem Selbstverständnis nicht entsprechen. Ihm ging es nicht um Mitwirkung im «Modekarusell», nicht darum, das Bedürfnis der Konsumentinnen nach Abwechslung zu befriedigen und den eigenen Erfindungsreichtum durch die Vorlage immer neuer Entwürfe zu beweisen. Stattdessen hat er seine individuelle Idee von Kleidung und von der Erscheinung der Frau in dieser Schöpfung umgesetzt. Dabei spielten neben der Grundform drei weitere Faktoren eine wesentliche Rolle, das Material Seide, die Plissierung und die Farbe. Die Seide als besonders feiner und leichter Stoff – trotz der Stofffülle wiegt eine Delphos-Robe nur etwa 150 g[11] – stellt die erste Voraussetzung dafür dar, dass das Gewand am Körper herunterströmen kann und die Bewegungen der Trägerin in keiner Weise eingeschränkt werden. Die Plissierung bringt insofern einen ganz eigenen Zug hinein, als sie die glatte Oberfläche des Ausgangsmaterials in eine unregelmäßige Textur aus Myriaden von kleinsten Licht- und Schatteneffekten verwandelt. Hier zeigt sich wieder der Techniker Fortuny, der hierfür ein eigenes Verfahren entwickelte. Dies gilt auch für Färbung, die wie die Plisseefalten sehr haltbar war und die dem Entwerfer durch das Spektrum der verwendeten Farbtöne ermöglichte, die Vielfalt der Delphos-Kleider noch einmal wesentlich zu steigern.

Nicht nur technische Neuerungen ließ Fortuny patentieren, sondern, als kreative Leistung, auch den Entwurf des Delphos-Kleides selbst. Eine Zeichnung, die der 1909 in Paris eingereichten Patentschrift beigegeben wurde (Abb. 34), könnte man auch als erläuternde Skizze zur Drapierung des archaisch-griechischen Chitons verwenden[12] (vgl. Abb. 18). Einzig der Zug von der Schulter zu den Achseln (Punkt e zu g) zur Straffung des Stoffs entspricht nicht antikem Gebrauch. Das führt auf die Frage nach den Vorbildern und dem Maß der Angleichung an diese. Die Bezeichnung *Delphos* soll auf die berühmte frühklassische Statue des Wagenlenkers von Delphi zurückgehen, die einige Jahre zuvor von französischen Archäologen ausgegraben worden war. Deren Gewand unterscheidet sich nach Stofflichkeit und Faltenbildung jedoch erheblich, so dass es wohl eher die kulturelle Wertigkeit des Heiligtums von Delphi und der Wohlklang des Wortes waren, die zur Namensgebung führten. Dass zu den Quellen der Inspiration archaische Frauenstatuen und insbesondere die Kore des Cheramyes gehörten, steht außer Frage. Fortunys Interesse an europäischer und außereuropäischer Kunst und Kultur ist gut bezeugt und lässt sich auch an den Beständen seiner Bibliothek ablesen, in der sich auch Bände zur griechischen Plastik befanden[13]. Die Statue

Abb. 33
Mariano Fortuny y Madrazo, Delphos-Kleid um 1910 (Kunsthandel).

Abb. 34
Mariano Fortuny y Madrazo, Skizze zur Anmeldung des Patents für das Delphos-Kleid, 1909.

aus Samos im Louvre kann und wird er höchstwahrscheinlich im Original gesehen haben, während er in Paris lebte und zum Maler ausgebildet wurde.

Quellen der Anregung zu benennen, sagt jedoch noch wenig aus über die Impulse und das ästhetische Credo von Fortuny, der an den vielfältigen künstlerischen und gesellschaftlichen Strömungen der Zeit um die Jahrhundertwende regen Anteil nahm. Vieles davon hängt zusammen mit dem Bestreben, den im 19. Jh. gebildeten Konventionen und Zwängen der bürgerlichen Welt entgegenzuarbeiten. Dies geschah auf dem Feld der Bildenden Kunst etwa durch Maler, die mit ihren Werken fremde Sehnsuchtswelten evozierten, sei es der Orient, seien es vergangene Epochen wie das Mittelalter im Fall der Präraphaeliten in England oder eben die griechische und römische Antike, hier mit dem gegenüber Fortuny etwa eine Generation älteren Lawrence Alma-Tadema als dem bekanntesten Exponenten (vgl. Abb. 3). Der Begriff «Zwänge» ist ganz wörtlich zu nehmen im Zusammenhang mit der in der Einleitung bereits angesprochenen Reformkleidbewegung, die sich zum Ziel setzte, die Frauen von einschnürender Kleidung zu befreien, wie sie für das spätere 19. Jh. typisch ist, und damit auch einen Beitrag zur gesellschaftlichen Befreiung der Frauen zu leisten.

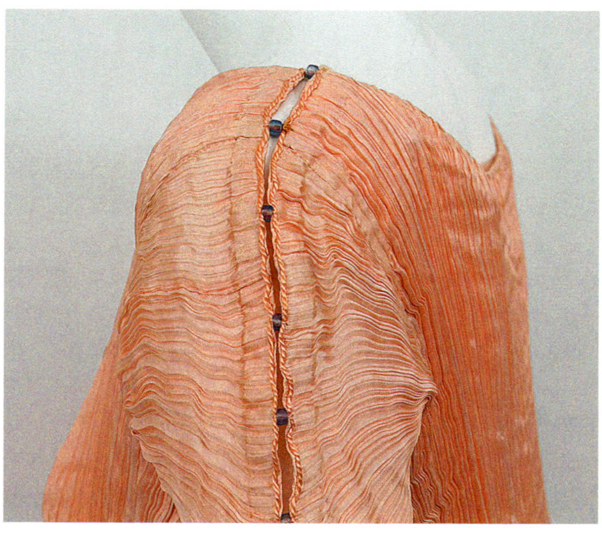

Abb. 35
Mariano Fortuny y Madrazo, Delphos-Kleid, um 1920, Detail. Kunsthandel.

All dies ist zu den Voraussetzungen zu rechnen, die Fortuny dahin brachten, mit seinen künstlerischen Talenten und als Virtuose im Umgang mit den textilen Materialien ein Gewand zu schaffen, das die Schönheit und Freiheit der griechischen Kleidung mit den Ideen seiner Gegenwart verband. Wie stark die Inspiration von Werken wie der Kore des Cheramyes tatsächlich war, kann man bei einem Blick auf die Details abschätzen. Besondere Aufmerksamkeit hat Fortuny der für Chitone typischen Knöpfung an Schultern und Armen geschenkt, die das Gewand schließt und zugleich doch auch etwas von seinem Charakter als zusammengeschlagenes großes Tuch ahnen lässt. Diese Verbindungslinie akzentuierte er gerne mit Knöpfen aus Muranoglas und machte sie damit zugleich als Trennlinie sichtbar (Abb. 35).

Die Delphos-Kleider stellen ein besonders interessantes und gut dokumentiertes Zeugnis der Rezeption griechischer Kleidung in der Moderne dar. Zu ihrem legendären Ruf hat auch Marcel Proust beigetragen, der sie in *Die Suche nach der verlorenen Zeit* als «fidèlement antiques et puissement originales» bezeichnet hat[14], als eng an der Antike orientiert und doch von ausgesprochener künstlerischer Eigenart. Aber kann man, indem man gleichsam Fortunys Augen und Händen bei seiner Neuinterpretation folgt, auch etwas für das Verständnis der antiken Kleidung gewinnen? Einige Punkte lassen sich wohl tatsächlich benennen, bei aller Vorsicht, die bei Vergleichen über einen weiten zeitlichen und kulturellen Abstand hinweg stets geboten ist. Offenkundige Übereinstimmungen sind die Grundform, die den Körper bis auf die Unterarme völlig verhüllt und ihm durch die Leichtigkeit und die Weite des Stoffs zugleich alle Freiheiten der Bewegung lässt, von seinem Wuchs und der Körperhaltung andererseits aber auch nichts kaschiert. Das Faltenbild der Kleidung, wie es an den archaischen Statuen überliefert ist, hat Fortuny dagegen auf eigene Weise gestaltet. Denn die dicht aneinander gereihten, wie plissiert *erscheinenden* Falten der Kore des Cheramyes und anderer Werke meinen keine künstliche Faltenbildung, sondern sind das bildhauerische Mittel, um sehr feinen Stoff anzugeben, der sich aufgrund des natürlichen Falls in vertikale Falten legt. Die aufwendige Plissierung der Delphos-Kleider zielt dagegen auf einen anderen Effekt, lässt sie doch den Stoff durch die dichte Staffelung seiner Oberfläche wieder undurchsichtig werden. In der griechischen Antike dürften manche feinen Stoffe, worauf Vasenbilder und einzelne Textzeugnisse deuten, tatsächlich einen gewissen Grad an Transparenz gehabt haben. In nacharchaischer Zeit wurden die *coae vestes*, seidenartige Tuche von der Ägäisinsel Kos, aufgrund ihrer durchscheinenden Qualität sogar zu einer Art Markenartikel[15].

Dies führt auf einen letzten Punkt. Fortunys Sorgfalt und Qualitätsanspruch bei Auswahl und Verarbeitung des Materials gehörten zu den Voraussetzungen des Erfolgs der Delphos-Kleider. Ohne diese Voraussetzungen wäre es nicht möglich gewesen, die Brillanz und Originalität zu erreichen, die sie auszeichnet. Mit geringerwertigen Stoffen hätte kein Modedesigner dasselbe Ergebnis erzielen können. Solche Differenzen – des Materials und der daraus resultierenden Wirkung – sind, wie eben bereits angedeutet, auch für die griechische Welt anzunehmen. Der von Cheramyes beauftragte Bildhauer wird die besten Stoffe seiner Zeit vor Augen gehabt und mit seinen Mitteln in gestaltete Form umgesetzt haben, um mit den Statuen den Rang des Stifters sichtbar zu machen. Um an die eingangs zitierte Passage aus der *Ilias* zu erinnern, in der Paris Helena mit Gewändern beschenkt, die von Frauen aus dem fernen Sidon hergestellt wurden: Was in homerischer Zeit als selbstverständlicher Anspruch einer Figur des Mythos berichtet wird, gehörte ohne Frage auch im archaischen Samos zum Selbstverständnis der Angehörigen der gesellschaftlichen Elite.

Geneleos, der Bildhauer

Von Venedig zurück nach Samos und zu den Innovationen im archaischen Griechenland! Der damals sicher namhafte, für uns aber anonyme Schöpfer der Frauenstatuen des Stifters Cheramyes war nicht die einzige herausragende Künstlerpersönlichkeit, die im mittleren 6. Jh. v. Chr. auf Samos Bedeutendes geleistet hat. Ein weiteres Monument, vielleicht zehn Jahre später entstanden, hat sich glücklich in noch etwas besserem Zustand erhalten. Die unvollständige Inschrift überliefert in diesem Fall nicht den Namen des Stifters, aber den des Künstlers, Genéleos – den wir jedoch auch nur von diesem einem Monument her kennen[16]. Das nach ihm modern als Geneleosgruppe bezeichnete Weihgeschenk bestand aus sechs leicht überlebensgroßen Marmorfiguren, die nebeneinander auf einer linearen, mehrstufigen Basis aufgestellt waren (Abb. 36). Wiedergegeben ist offenbar eine Familie: links auf vornehmen Sitz die Mutter, rechts liegend der Vater, in der Mitte die Kinder. Gut erhalten, wenn auch durchweg ohne Kopf, sind neben dem Vater die Statuen von zwei Töchtern, denen die Namen *Ornithe* und *Philippe* beigeschrieben sind (Abb. 37). Neben ihnen stand, anhand der Einlassung in der Basis erschließbar, ein weiteres Mädchen und neben der Mutter schließlich wohl ein Knabe. Wie Cheramyes muss auch dieser Stifter, der hier eine bemerkenswerte Form von Selbstdarstellung betreibt, über erhebliche materielle Mittel verfügt und zur Spitze der samischen Gesellschaft gehört haben.

Ornithe und Philippe erscheinen nach Statur und Kleidung fast zwillingshaft gleich im familiären Nebeneinander der Statuengruppe. Verschieden sind bei den beiden jungen Frauen nur die Frisuren: Einmal fällt das in feine Stränge gegliederte Haar vollständig auf den Rücken, Ornithe dagegen hat vier Haarstränge auf jeder Seite nach vorne geführt. Nach der komplexen Feierlichkeit der Koren des Cheramyes wirkt die Kleidung der zwei Figuren einfach und schlicht. Sie tragen einen Chiton in seiner typischen Gestaltung, stoffreich, so dass das geknöpfte Tuch von den Schultern bis fast zu den Ellenbogen fällt, mit einem Gürtel sowie mit Bäuschen, die rechts und links der Mitte aus dem Gürtel herausgezogen sind. Nicht Kontraste und Asymmetrien sind hier leitendes Entwurfsprinzip, sondern eine durch Spiegelsymmetrie und flächige Anlage erreichte Klarheit und Übersichtlichkeit. Offenkundig wird hier die im vorigen Kapitel beschriebene Tradition fortgeführt und tragen die Mädchen die in der griechischen Welt seit dem frühen 7. Jh. v. Chr. fassbare Tracht. Möglicherweise spielte dabei das Alter der Dargestellten eine Rolle, die gegenüber ihren «Vorgängerinnen» eine mädchenhafte körperliche Erscheinung aufweisen und vielleicht auch in der Kleidung zurückhaltender auftreten.

Doch gibt es nicht nur Zurückhaltung und Schlichtheit in der für die Präsentation im Heiligtum vorgeführten Kleidung. Die Mädchen tragen nicht einfach einen Chiton, sie setzen ihn – und damit sich selbst – auch in Szene. Erstmals in der großformatigen Plastik wird das Raffen des Gewandes dargestellt. Dies geht einher mit einer weiteren Modifikation des etablierten Schemas: Das rechte Bein ist leicht vorgestellt. Das leichte Anheben des Gewandes und die Bewegung des Beines auf derselben Körperseite verwandeln die Figur von einer schön drapierten stehenden Frau zu einer, die ihre Erscheinung aktiv gestaltet. Das wie beiläufig ausgeführte, aber doch entschiedene Hineingreifen in den Stoff des Gewandes macht die an sich einfache Kleidung mit einem Mal «interessant». Eine ganz eigene Form der Asymmetrie bestimmt den unteren Teil des Chitons, und zudem führt das Raffen zu einer Auffächerung der Faltenlinien von der dichten Staffelung oberhalb der Hand zu einem weiten Abstand unterhalb dieser Zone. Den bildhauerischen Konventionen der Zeit ist dagegen zuzurechnen, dass die Fältelung zur linken Körperseite hin, wo die Spannung durch das Raffen nachlässt, ohne jeden Übergang in eine plane Oberfläche übergeht.

In der Forschung ist strittig, wie dieses Motiv, das in der unmittelbaren Folgezeit eine außerordentlich starke Resonanz haben sollte, konkret zu erklären ist. Der wohl beste Vorschlag lautet, die Darstellung

Abb. 36
Die Geneleosgruppe im Heraheiligtum in Samos, Teilrekonstruktion mit Abgüssen am Ort.

deute an, dass die Mädchen an einem kultischen Tanz teilnehmen[17]. Das Motiv hätte dann eine situative Bedeutung und würde zugleich den Status der Familie herausstellen, denn die Teilnahme an solchen vor den Heiligtumsbesuchern aufgeführten Tänzen war mit sozialem Prestige verbunden. Die Gleichartigkeit der Bewegung bei beiden (oder allen drei) Mädchen der Figurengruppe wäre dann ein bildlicher Reflex des Tanzens in Formation. Andere Forscher lehnen die Verbindung mit einer spezifischen Aktion ab und begründen die Neuerung allein mit der Absicht, die ästhetische Wirkung zu steigern. Unabhängig aber von der Antwort auf diese Frage kann man, mit Blick auf die Geschichte von Kleidung und Mode, eines mit Bestimmtheit sagen. Der Kunst-Griff, wie man das Raffen des Gewandes im doppelten Sinne des Wortes nennen kann, hat den Effekt, den Betrachtern die Qualität des feinen Stoffes und dazu auch die Fähigkeit der Trägerinnen zur eleganten Bewegung vorzuführen. Einen ersten Schritt in diese Richtung konnten wir schon bei den Frauenstatuen des Cheramyes feststellen, die das Schleiertuch durch die rechte Hand führen und so an seiner Stelle halten (vgl. Abb. 32). Bei der Geneleosgruppe prägt sich dieser innovative Zug erstmals voll aus und macht die Frauen zu aktiven Gestalterinnen ihrer äußeren Erscheinung. Die Schlichtheit des Ausgangsmaterials – nichts als ein konventionell drapierter Chiton – steht damit in schönstem Gegensatz zur Raffinesse des Umgangs mit diesem Tuch. Wir können, anders ausgedrückt, die Figuren des Geneleos nicht nur mit dem nüchternen-wissenschaftlichen Blick von außen betrachten und analysieren, sondern auch erschließen, wie sich die Frauen in diesen Gewändern bewegt und welchen Gebrauch sie davon gemacht haben.

Die Verschleierung mittels eines feinen Tuchs blieb auf den bildlichen Darstellungen der Epoche weitgehend ein regionales Phänomen, anders als das Raffen des Gewandes. Ein schönes Beispiel dafür, wie neue Ideen, wenn sie den Modenerv der Zeit treffen, sich verbreiten, liefert ein Weihrelief aus der Metropole Milet, die Samos auf dem kleinasiatischen Festland fast unmittelbar gegenüber liegt[18] (Abb. 38). In der architektonischen Rahmung des etwa 60 cm hohen Reliefs steht mittig und frontal ausgerichtet, als ob sie sich den Betrachtern präsentieren wolle, eine vollständig erhaltene weibliche Figur. Sie gibt nun auch eine Vorstellung davon, wie ein Schleiertuch über dem Kopf liegt, auch wenn es nicht so weit herunterfällt wie bei den großformatigen Frauenstatuen

Abb. 37
Statue der Ornithe aus der Geneleosgruppe.
Samos, um 550 v.Chr.
Berlin, Antikensammlung.

des Cheramyes; im unteren Teil entspricht es dagegen weitgehend dem großen Vorbild und bedeckt, am Gürtel fixiert, den Chiton seitlich als glatte Fläche. Die kleine, handwerklich aber dennoch differenziert gearbeitete Figur verbindet die beiden eben betrachteten Innovationen. Der Schrägmantel ist gut an der Führung über der Brust und am langen Tuchzipfel (in der Ansicht) links zu erkennen, das Raffen am energischen Herüberführen des Stoffes, so dass sich ein etwas mechanisch gekurvter Verlauf von Mittelbahn und anschließenden Faltenlinien ergibt. Auch hier sind bildhauerische Formen, die bei wörtlicher Lesung als Widersprüche gelten müssten, als Reflex der Freude an komplexen Oberflächenstrukturen der Kleidung zu verstehen: Die Falten des Schrägmantels laufen auf Brust und Rumpf scheinbar ungeordnet in verschiedene Richtungen, wollen tatsächlich aber den schrägen Verlauf und zugleich den Zug der Stoffbahn nach unten angeben, und die gerundeten, konzentrischen Chitonfalten auf dem linken Oberarm sollen etwas vom spielerischen Umgang mit den unterschiedlichen Stoffen andeuten. Auch wenn die Darstellungen nie als unmittelbare Abbildungen genommen werden dürfen: Wie die weitere Geschichte der Frauenkleidung zeigen wird, sind diese signifikanten Formen nicht gestalterische Eigentümlichkeiten des Bildhauers, sondern Reflexe einer sich rasch verbreitenden Modeströmung.

Abb. 38
Weihrelief aus Milet, um 550 v. Chr. Milet, Museum.

Wir sprechen hier wie im Folgenden immer wieder von der Wirkung, die Frauen mit ihrer Kleidung entfalteten. Man könnte einwenden, das sei zu modern gedacht, als hätte es die Bewegungsfreiheit, die beide Geschlechter in modernen westlichen Gesellschaften besitzen, auch im archaischen und klassischen Griechenland gegeben. Das aber war sicher nicht der Fall, und insbesondere die Frage, ob die Frauen die meiste Zeit «weggeschlossen» im Haus verbringen mussten oder ob sie nicht umgekehrt viele alltägliche und festliche Gelegenheiten hatten, sich untereinander und auch mit Männern auszutauschen, wird seit Jahrzehnten intensiv diskutiert, ohne dass sich ein Konsens abzeichnet[19]. An dieser Stelle sei nur ein spezieller Punkt aus dieser Debatte herausgegriffen, die Verschleierung. Die Frauenfiguren des Weihgeschenks von Cheramyes (vgl. Abb. 31. 32), aber auch eine der Frauen auf dem Halsfries der Amphora aus Melos (vgl. Abb. 19. 20), haben ein Tuch über den Kopf gezogen. Der konventionell gebrauchte Begriff «Schleier» für dieses Textilstück und generell für die Praxis, einen Teil des Gewandes über den Kopf zu ziehen, kann als Anstoß für weiterführende sozialgeschichtliche Überlegungen genommen werden. Eine vor einigen Jahren geäußerte Extremposition lautet, in der griechischen Welt seien die Frauen üblicherweise verschleiert gewesen, sofern sie sich außerhalb des Hauses aufhielten – und nur unsere Idealisierung einer «freien» griechischen Antike und die Skepsis gegenüber den Bekleidungsregeln in der heutigen islamischen Welt würden von dieser Einsicht abhalten[20]. Wann eine Verschleierung im frühen Griechenland praktiziert wurde und welchen Zwecken sie dann diente, dem Verbergen oder dem Verstärken weiblicher Reize, kann nicht seriös beantwortet werden. Die bildlichen Zeugnisse, die Statuen ebenso wie die thematisch sehr vielfältigen Vasenbilder, sprechen jedenfalls entschieden gegen die Annahme, die Verschleierung und generell der Verzicht auf exponiertes Auftreten in der Öffentlichkeit seien ein weithin geübter Brauch gewesen. Dies gilt gerade auch für die beiden spektakulären Weihungen im archaischen Samos: die Frauenfiguren der einen wie den anderen Statuengruppen wären für die zeitgenössischen Betrachter unverständlich gewesen, wenn die Kleidung und die gesamte Erscheinung nicht im Wesentlichen mit dem tatsächlichen Auftreten von Frauen zusammengingen. Um zum eingangs genannten Einwand zurückzukehren: Was wir mit den Mitteln der archäologischen und einer Reihe unterstützender schriftlicher Zeugnisse zuverlässig beschreiben können, ist das Gestaltungs- und Wirkungs*potential*, das die weibliche Kleidung in dem hier betrachteten Zeitraum hatte. Das bedeutet aber auch, dass sehr wahrscheinlich nur wenige Frauen – wie wir das heute auch kennen – in der Lage waren, alles auszuschöpfen, was der «Markt» an Möglichkeiten bot.

Im langen Zeitraum von etwa 700 bis ins frühe 6. Jh. v. Chr. ändert sich, wie im vorigen Kapitel erläutert, die Kleidung nur relativ wenig, weshalb es angemessen scheint, von einer Tracht zu sprechen, auch wenn sich in der konkreten Ausführung viele Variationen des Grundmusters feststellen lassen. Am Ende der genannten Periode aber, in einer Zeit, die generell durch starke Umwälzungen im Bereich der materiellen Kultur geprägt ist, entwickeln sich neue Tendenzen. Die Frauenfiguren aus Kyrene (vgl. Abb. 30), die bereits *nach* den Statuen des Cheramyes und des Geneleos entstanden sind, können dies anschaulich machen. Auf Samos nun ist ein schlaglichtartiger Einblick in ein künstlerisch außerordentlich dynamisches Ambiente dieses Zeithorizonts möglich. Die Beobachtungen an der Kleidung sind dabei nur ein Aspekt unter vielen; so gehört etwa auch die Erfindung der Familienweihung zu den markanten Neuerungen. Wie stark sich die Situation gewandelt hat, lässt sich aus der Tatsache ersehen, dass weder die Kleidung der Cheramyes- noch die der Geneleos-Koren eine Tracht in dem zuvor beschriebenen Sinne vertreten. Das heißt, weder das komplexe Gefüge der Tücher im ersten Fall noch die schlichte Kleidung im anderen Fall sind prägend geworden für die Folgezeit. Was jedoch in der gesamten griechischen Welt bald begegnet, ist einmal der Schrägmantel, zum anderen das Motiv des Gewandraffens mit seinen besonderen Möglichkeiten, und danach auch beides in Verbindung miteinander. Die Jahre um 550 v. Chr. markieren eine Schwelle zu einer sehr beweglich gewordenen Zeit, was Kleidung und textiles Design angeht. Seine volle Entfaltung wird diese Tendenz dann in Athen in den Jahrzehnten um 500 v. Chr. erleben – wie im übernächsten Kapitel dargestellt.

Gewand und Farbe

Farbigkeit antiker Plastik: Entdeckung und erste Annäherung

Die Assoziationen, die mit antiken Steindenkmälern am häufigsten verbundenen werden, sind Begriffe wie rein, streng oder klassisch. Diese Vorstellung ist zu einem guten Teil einem wesentlichen Merkmal geschuldet, das bis heute aufs engste mit der Antike verknüpft wird: der Farbe Weiß. Gleißend weiße Marmorarchitektur griechischer Tempelbauten gehört ebenso zu diesem Bild vom klassischen Altertum wie makellos weiße Kleidung. Reflexe dieser weißen Welt vermitteln sich zahlreich im gegenwärtigen Alltag. In aktuellen Historienfilmen beispielsweise tragen neben der bereits erwähnten spartanischen Königin des Leonidas auch die schöne Helena in dem Film *Troja* des deutschen Regisseurs Wolfgang Petersen (2004) oder Alexanders Mutter Olympias aus dem Leinwandwerk von Oliver Stone (2004) vornehmlich weiße Kleider. Möchte man sich als Frau an Fastnacht als Griechin oder Römerin verkleiden, so stehen auch hier in erster Linie weiße Kostüme zur Auswahl. Diese eintönige Perspektive auf die Antike kommt nicht von ungefähr, denn sie repräsentiert den Eindruck eines Museumsbesuchers, der sich in den Antikensammlungen hauptsächlich den blanken Marmor- oder Gipsoberflächen der Skulpturen gegenübersieht.

Doch was sich hier vermittelt, ist nicht das antike Original, denn sowohl die Bauwerke als auch die Bildwerke der alten Griechen waren polychrom, also vielfarbig gefasst[1]. Gerade die uns so vertraut wirkende weiße Statue ist das Konstrukt einer Ästhetik der Renaissance und des Klassizismus, die eine Verbindung von bildhauerischer Form und farbiger Fassung konsequent ablehnte[2]. Zahlreiche Kunstgelehrte und Philosophen jener Zeit, unter ihnen Herder, Lessing, Schopenhauer und auch Goethe, befürworteten diese strikte Trennung der Gattungen Skulptur und Malerei, denn sie vertraten die Ansicht, dass sich die Skulptur allein über die Form definiere und nur sie in der Lage sei, die eigentliche Idee des Kunstwerks zu formulieren. Farbe galt als ein emotionales Werkzeug irrationaler sinnlicher Verführung, die von der Wahrnehmung der männlich-rationalen Form ablenkt. Selbst der Gründungsvater der wissenschaftlichen Archäologie, Johann Joachim Winckelmann, war der festen Überzeugung, dass sich die Wohlgestalt eines Körpers um so mehr entfalte, je weißer er sei, was er der höheren Anzahl an Lichtstrahlen zuschrieb, die eine weiße Oberfläche ins Auge zurückwirft[3]. Dieser Versuch einer physikalisch-naturwissenschaftlich begründeten Zurückweisung farbiger Fassung zeigt das Dilemma, in welches Winckelmann als überzeugter Marmorweißästhetiker seiner Zeit und Archäologe geraten war, denn er selbst erwähnt in seiner großen kunsthistorischen Abhandlung von 1764, der *Geschichte der Kunst des Altertums*, auch immer wieder Farbreste an Haaren und Kleidung von Skulpturen[4].

In der Folgezeit entbrannte unter den Gelehrten eine lebhafte Diskussion über das Thema Farbe. Trotz der eindeutigen Beweise für eine farbige Fassung der Kunstwerke hielten die strikten Polychromiegegner beharrlich an ihrem ästhetischen Leitbild fest. Sie versuchten, das Offensichtliche mit Behauptungen wie, die Farbe sei ein Überbleibsel früherer primitiver Entwicklungsstufen, die mit fortschreitender Herausbildung der vollendeten griechischen Kunst nicht mehr ausgeübt worden sei, wegzuwischen. Außerdem wiesen sie die meisten gegenwärtig bekannten plastischen Werke mit deutlichen Farbresten dem etruskischen Kunstkreis in Italien zu und siedelten damit die Polychromie weit entfernt vom griechisch kulturellen Kernland an. Doch gab es in dieser Auseinandersetzung auch andere Gruppen, die entweder eine partielle Farbfassung der Bildwerke akzeptierten oder sogar leidenschaftlich für die These einer vollständigen Bemalung der Statuen eintraten. Diese

Abb. 39
Akropoliskore 682, Aquarell der Gewandverzierung (Louis E. Gilliéron).

Farbbefürworter erhielten am Beginn des 19. Jhs. gleich in doppelter Hinsicht Bestätigung.

Als erster widmete sich der französische Kunsttheoretiker und Schriftsteller Antoine Chrysostôme Quatremère de Quincy ganz unvoreingenommen einer Analyse der antiken Schriftquellen zur Bemalung antiker Skulptur[5]. Dabei gelang es ihm, zahlreiche Textstellen mit Begriffen zusammenzutragen, die eindeutige Hinweise auf die Bemalung von Bildwerken lieferten und deren Sinngehalt zuvor durch (absichtlich) fehlinterpretierte Terminologie verschleiert worden war.

Fast zeitgleich mit Quatremère de Quincys 1815 vorgelegten Ergebnissen, die der Polychromiediskussion neuen Zündstoff lieferten, wurden bei Grabungen im Jahre 1811 auf der nahe Athen gelegenen Insel Ägina die Architektur eines griechischen Tempels, welcher der Göttin Aphaia geweiht war, sowie dessen Skulpturenschmuck aus den beiden Giebeln entdeckt[6]. Die Oberflächen des Bauwerks und des Bauschmucks wiesen eindeutig eine Vielzahl von Farbresten auf[7]. Der damalige Kronprinz und spätere König Ludwig I. von Bayern, ein leidenschaftlicher Verehrer antiker Kunst, zeigte sich dem Thema der Polychromie gegenüber sehr interessiert. Er beauftragte seinen Kunstagenten Martin von Wagner, einen angesehenen Maler und Bildhauer, die Äginaskulpturen für die Glyptothek in München zu erwerben, die er von dem Architekten Leo von Klenze ganz nach antikem Stil in prachtvoll buntem Marmor, Stuck und mit überreicher Vergoldung erbauen ließ. Nach dem Ankauf der Skulpturen studierte Wagner die Farbreste der Giebelskulpturen ausführlich und verfasste 1815/16 einen Bericht darüber. Mit wissenschaftlichem Scharfsinn bemerkte er, dass die Verwitterungsspuren der Farben auf der Marmoroberfläche unterschiedlich stark ausgeprägt waren und schloss daraus, dass wohl einige Farben Wind und Wetter besser standhielten als andere. So konnte er sich vorstellen, dass neben den noch mit bloßem Auge gut sichtbaren Farben Blau und Rot durchaus noch andere Farbwerte verwendet wurden, welche bereits zur Gänze verblasst waren. Außerdem machte er die für die Polychromieforschung entscheidende Entdeckung, dass einige Details am Gebälk des Tempels und auch an der Kleidung der Skulpturen nicht plastisch aus dem Stein herausgearbeitet, sondern lediglich mit Farbe aufgemalt waren. Wagners Aufzeichnungen wurden ein Jahr später durch Kommentare des Philosophen Friedrich Wilhelm Schelling ergänzt und beide Autoren traten energisch für eine Wiedervereinigung der Gattungen Skulptur und Malerei ein, denn die Beobachtungen am Aphaiatempel hatten eindeutig bewiesen, dass nur die Zusammenschau von Form und Farbe es ermöglicht, das antike Kunstwerk in seiner Gänze zu erschließen.

Im Laufe der zweiten Hälfte des 19. Jhs. konnten die Polychromieskeptiker durch zahlreiche spektakuläre Neufunde endgültig widerlegt werden. Neben der 1863 ausgegrabenen legendären Porträtstatue des Kaisers Augustus von Prima Porta[8] wiesen auch Architektur und Giebelschmuck des ab 1875 freigelegten Zeustempels von Olympia eine Vielzahl von Farbspuren auf[9]. Von ganz besonderer Bedeutung waren aber die im letzten Viertel des Jahrhunderts gemachten Funde auf der Akropolis von Athen, dem heiligen Burgberg der Stadt. Hier hatte man im sog. Perserschutt[10], einer Zerstörungsschicht, die aus dem Angriff der Perser auf Athen im Jahre 480 v. Chr. resultierte, unter anderem eine große Zahl von Skulpturen junger Frauen freilegen können[11]. Diese «Akropoliskoren» waren im Laufe des 6. und zu Beginn des 5. Jhs. v. Chr. in dem heiligen Bezirk aufgestellt worden und wurden nach dessen Zerstörung dort «beerdigt», da sie in ihrer Funktion als göttliches Weihgeschenk dem sakralen Gelände nicht entrückt werden sollten. Das Vergraben der Skulpturen hatte eine außergewöhnlich gute Konservierung ihrer Farbreste zur Folge. Haare, Augen, Lippen, aber vor allem die prachtvollen Gewänder der Frauenfiguren waren mit Farbresten versehen. Hier wurde in einer vorher noch nicht gekannten Intensität sichtbar, was von Wagner bereits Jahrzehnte zuvor andeutungsweise an den Äginaskulpturen festgestellt hatte, dass nämlich gerade die Polychromie das lebhafte Bild eines wesentlichen Gegenstandes menschlicher Sozialgeschichte offenbarte: die Anschauung antiker Kleidung. Die Gewänder der Koren bestachen zwar bereits durch die plastische Ausarbeitung aufwendiger Drapierungen und Faltenwürfe, deren eigentliche Pracht und Vielgestaltigkeit vermittelte sich aber in erster Linie durch die intensive Färbung der Stoffflächen und ganz besonders durch die kleinteiligen, kunstvoll komplizierten Verzierungen, die sich überall auf den Gewändern und dem Kopfputz der Skulpturen zeigten und die zum größten Teil aufgemalt waren. Diese Entdeckung hatte zur Folge, dass, wollte man sich der griechischen Skulptur mit wissenschaftlicher Genauigkeit widmen, man die Farbe als einen wesentlichen Bestandteil ihrer ästhetischen

Wirkung akzeptieren musste, der unabdingbar zu ihrem Verständnis beitrug.

Mit größter Akribie fokussierten die Gelehrten von jetzt an die Dokumentation der Akropoliskoren und ihrer Farbreste. So betraute man den Schweizer Künstler Louis Emile Gilliéron mit der Aufgabe, von jeder Kore bald nach ihrer Auffindung eine Aquarellzeichnung anzufertigen, um auf diese Weise alle erhaltenen Farbspuren, Farbwerte und Verzierungen sowie den Erhaltungszustand der Marmoroberfläche festzuhalten[12]. Eine der von Gilliéron gezeichneten Koren mit besonders gut erhaltenen Farbresten war die Akropoliskore 682[13] (Abb. 39). Das Aquarell ihrer Kleidung führt deutlich vor Augen, wie gut Farbreste und Muster kurz nach ihrer Auffindung noch mit bloßem Auge zu erkennen waren. Gilliérons Zeichnungen sollten für lange Zeit die authentischsten Zeugen der polychromen Reste an den Akropoliskoren bleiben. Ihnen folgte im Jahr 1907 die Publikation von Wilhelm Lermann, der einen Großteil seiner Schrift den Koren und deren Bemalung widmete[14]. Er dokumentierte die Ornamente ihrer Gewänder vollständig und in Originalgröße in den damals noch wahrnehmbaren Farben Rot, Grün und Dunkelblau (Abb. 40). Die Nachteile seines in Art eines Musterbuches angelegten Zeichnungen waren, dass die Ornamente lediglich in Ausschnitten gezeigt wurden und noch dazu in ihrer Isolation von Körper und Gewand nur schwer verständlich blieben, so dass ein Gesamteindruck der Gewänder unmöglich zu imaginieren war. Dennoch geben seine Musterausschnitte einen sprechenden Eindruck von der luxuriösen Pracht der Gewandverzierungen. Eine wesentliche Leistung Lermanns waren daneben naturwissenschaftliche Analysen der Farbpigmente. Er konnte sicher nachweisen, dass es sich bei den Rückständen der Farbe Rot fast ausschließlich um Zinnober, bei den Überresten von Blau und Grün um Azurit und Malachit handelte. Außerdem stellte er fest, dass der blaue Azurit unter bestimmten Bedingungen im Laufe der Zeit in grünen Malachit umschlägt und es deshalb problematisch zu bestimmen sei, welche Partien ursprünglich blau und welche von Beginn an grün gefasst waren.

Etwa drei Jahrzehnte später, im Jahre 1939, legte Ernst Langlotz seine Arbeit zu den Akropoliskoren vor[15]. Bei der Beschreibung einer jeden Kore erfolgen auch akribische Angaben über deren polychrome Reste. Doch die Zeit hatte bereits offensichtlich ihre Spuren an den Farbrückständen hinterlassen und so vermerkt Langlotz des Öfteren, dass Verzierungen und Farbwerte, die noch auf Gilliérons Zeichnungen oder Lermanns Musterbögen zu sehen waren, bereits etwa 50 Jahre nach der Auffindung der Koren verschwunden waren.

Die Forschungsgeschichte der Polychromie begann im Laufe des 20. Jhs. allmählich zu verblassen, wie die Farbreste an den Skulpturen selbst. Die beiden Weltkriege und die damit einhergehenden Perspektivenwechsel in künstlerischen Vorlieben und ästhetischen Leitbildern brachten die Beschäftigung mit antiker Polychromie fast vollständig zum Erliegen. Erst seit den 1980er Jahren widmet sich ein Forscherteam um den Archäologen Vinzenz Brinkmann und seine Frau, Ulrike Koch-Brinkmann, in großem Umfang und unter ganz neuen technischen und na-

Abb. 40
Akropoliskore 682, Musterbogen der Gewandverzierung (Wilhelm Lermann).

turwissenschaftlichen Voraussetzungen und Möglichkeiten einer Rekonstruktion der farbigen Denkmäler aus der griechischen und römischen Antike[16]. Die Ergebnisse dieser über Jahrzehnte bis heute andauernden Forschungsarbeit wurden in der bereits auf mehreren Kontinenten gezeigten Ausstellung «Bunte Götter» einer breiten Öffentlichkeit zugänglich gemacht, zuletzt in Wien in den Jahren 2012/13[17].

Vom Weben, Färben und Verzieren

Die Beobachtungen zur farbigen Fassung der Skulptur sind ein erstes und entscheidendes Indiz dafür, dass sich die alten Griechen nicht vornehmlich in weiße Laken hüllten, sondern ganz im Gegenteil eine auffällige und vielgestaltige Farbgebung ihrer Kleidung bevorzugten. Gerade die Statuen des 6. und frühen 5. Jhs. v. Chr. zeigen ein lebhaftes Bild dieser Freude am Umgang mit gefärbten Stoffen und vielfarbigen Gewandverzierungen. Auch wenn die Archäologie aus diesem Zeitraum keine realen Textilfunde vorweisen kann, vermittelt sich dennoch durch eine Zusammenschau von antiken schriftlichen und archäologischen Quellen sowie deren Verbindung mit einigen wenigen erhaltenen Textilfragmenten aus dem 4. und 3. Jh. v. Chr. dennoch eine eindringliche Impression von der Kunstfertigkeit, welche die Griechen auf dem Gebiet der Stofffärberei und Textilveredelung besaßen.

Bereits Homer erwähnt in der *Ilias* häufig die Farbigkeit und Verzierung unterschiedlicher textiler Gegenstände, wie beispielsweise den «buntgestickten Riemen» eines Pferdezaumzeugs oder ein «purpurnes, großes Doppelgewand», in welches die schöne Helena «die zahllosen Kämpfe hineinwirkte»[18]. Die Dichterin Sappho, die um die Wende vom 7. zum 6. Jh. v. Chr. auf der Insel Lesbos lebte, spricht von purpurnen lydischen Schuhen und Kleidern, von safranfarbenen Peploi und bunten Haarbändern[19]. Der Philosoph Demokrit aus Ephesos berichtet ferner von veilchen-, apfel- und hyazintfarbenen Gewändern, die in Rauten gewebt seien, und verweist darauf, dass durchaus auch Kleidung in der Farbe des Feuers oder des Meeres zu bekommen wäre[20]. Herakleides aus Pontos schließlich erzählt von bunt verzierten («buntbestickten»?) Hemden, welche in der Zeit der Perserkriege in Athen gerne getragen wurden[21]. Die Schriftquellen bezeugen also zum einen ein breites Farbspektrum der Gewänder, das nicht nur durch die einfachen Grundfarben, sondern auch durch zahlreiche Farbnuancen bestach. Zum anderen wurden farbige Akzente durch bunte Stickereien, das Einweben von Mustern oder die Verwendung von metallisch glänzenden Elementen wie Goldfäden gesetzt[22].

Über das Färberhandwerk im alten Griechenland ist wenig bekannt[23]. Unter den antiken Bildwerken hat sich kein einziges erhalten, das sich auf die Stofffärberei bezieht. Den Schriften, die über diese Technik berichten, ist zu entnehmen, dass die Wolle wohl vor dem Spinnen und Weben durch das Eintauchen in ein Farbbad gefärbt wurde. Als Färbemittel wurden wahrscheinlich hauptsächlich tierische oder pflanzliche Stoffe verwendet. Sehr ausführlich berichtet Plinius der Ältere, der bei dem Vulkanausbruch des Vesuvs 79 n. Chr. ums Leben kam, in seiner mehrbändigen *Naturgeschichte* über den Prozess der Purpurfärberei[24]. Das Purpur gehörte zu den begehrtesten und teuersten Färbemitteln der Antike, was mit seiner aufwendigen Gewinnung zusammenhing. Die Farbe wurde aus dem Saft vornehmlich zweier Schneckenarten, der Trompetenschnecke und der Purpurschnecke, gewonnen. In einer kleinen Drüse ihrer Atemhöhle produzieren die Tiere den Saft ausschließlich im Moment des Sterbens, weshalb sie lebend in Reusen gefangen werden mussten. Während man den größeren Tieren die Drüse nach der Tötung durch einen gezielten Schnitt entfernte, um den Saft zu gewinnen, wurden kleinere Exemplare zusammen mit der Schale zerstampft. Das gewonnene Farbsekret wurde nun drei Tage in Salz gelegt und danach in einem metallenen Gefäß zehn weitere Tage lang eingekocht. Bei diesem Vorgang des Einkochens vollzieht sich unter Einwirkung des Sonnenlichtes ein photochemischer Prozess, der den Schneckensaft von einer ursprünglich gelben Farbe über die Farbstufen blau, grün und rot allmählich in das typisch violette Purpur übergehen lässt. Da dieser Prozess der Farbmetamorphose wohl in jedem beliebigen Stadium der Umwandlung unterbrochen werden konnte, war es möglich, mit demselben Saft das Gewebe in den unterschiedlichsten Farben zu tönen. Durch eine geschickte Mischung der Schneckensäfte konnten außerdem die verschiedensten Grüntöne erzielt werden.

Eine Tierart, die zur Gewinnung eines roten Farbstoffes diente, war der Kermeswurm, der, in der Antike fälschlicherweise für eine Beerenfrucht gehalten, auch als Scharlachbeer bezeichnet wurde. Diese Schildlausart saugt sich an der Kermeseiche fest und entzieht dem Baum Saft. Technische Details der genauen Farbgewinnung sind nicht bekannt, doch erzielte man mit der Verarbeitung der Tiere wohl einen intensiven Scharlachrotton. Außerdem wurden der sog. Lacknusflecht, eine Seetangart, die Wurzel der Färberröte, auch Krapp genannt, und die Wurzel der Ochsenzunge zur Rotfärbung der Stoffe genutzt. Blauer Farbstoff ließ sich aus der Indigo-Pflanze oder der Färber-Waid gewinnen. Plinius verweist auf deren Herkunft aus Indien. Zur Gelbfärbung der Stoffe wurden vor allem die Blüten des Safran oder das Kraut des Wau verwandt.

Eine weitere polychrome Akzentuierung der Textilien konnte durch das Weben mit verschiedenfarbigen Fäden erzielt werden. So war es beispielsweise möglich, durch den Einsatz unterschiedlich gefärbter Kett- und Schussfäden differente geometrische Muster wie kleine Quadrate, Rippen, Querstreifen, Längsstreifen oder auch ein schachbrettartiges Design zu bilden (Abb. 41). Ein bildnerisches Weben, also das Einbringen figürlicher oder vegetabiler Ornamente in den Stoff, wie es die Gewänder zahlreicher Frauen vor allem auf bereits vorgestellten Vasenbildern zeigen, konnte entweder durch das Eintragen eines zusätzlichen, andersfarbigen Schussfadens oder durch die Technik des Wirkens, der sog. Kelimtechnik, erreicht werden (Abb. 42).

Auch das Sticken scheint als eine Variante der farblichen Bereicherung der Textilien geübt worden zu sein. Da die griechische Literatur für das Sticken keine eindeutige Vokabel hat, liegen Details dieser Handarbeitstechnik weitestgehend im Dunkeln. Es gilt als wahrscheinlich, dass die in der Stickkunst auch heute noch angewandten Formen des Kreuz-

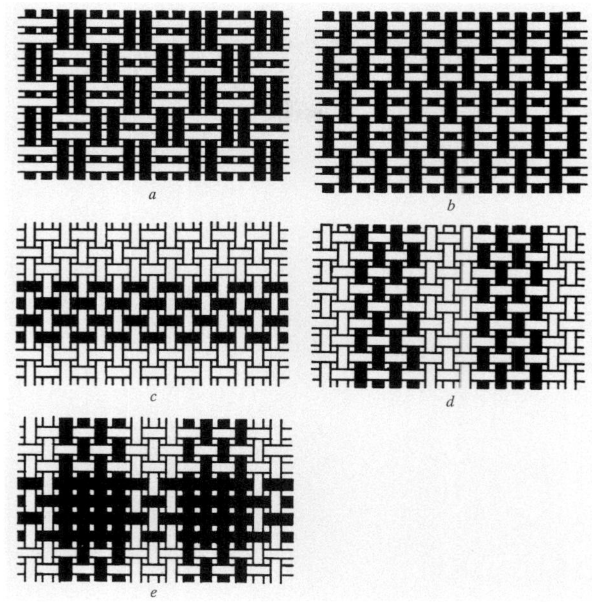

Abb. 41
Schemazeichnung verschiedener geometrischer Webmuster.

und des Plattstichs bekannt waren. Gestickt wurde mit einer Nadel und bunten Fäden. Zweifelhaft bleibt die Verwendung eines Stickrahmens. Einige Vasenbilder zeigen einen sich nach unten verjüngenden Rahmen, den sitzende Frauen senkrecht in ihrem Schoß abgestellt haben[25]. Mit einer Hand bearbeiten sie den eingespannten Stoff. Da der auf den Rahmen aufgezogene Stoff diesen jedoch auf den meisten Bildern nicht durchgängig überspannt, könnte mit diesen Darstellungen auch eine Art Handwebrahmen gemeint sein. Die Handhaltung der Frauen wiederum passt jedoch gut zur Führung einer Nadel beim Sticken.

Neben einer Aufwertung der Kleidung durch bunte Farben wurden auch Metallapplikationen auf die Gewänder aufgebracht, die durch ihren Glanz sicherlich ganz besondere Akzente setzten. Vor allem in mykenischen, makedonischen, skythischen und südbulgarischen Gräbern haben sich eine große Menge von kleinen verzierten Goldblechen erhalten,

Abb. 42
Schemazeichnung bildnerischer Webmuster.

Abb. 43
Trapezförmiges Goldplättchen aus einem Männergrab in Sindos, Makedonien, um 520 v. Chr. Thessaloniki, Archäologisches Museum.

Abb. 44 ⇩
Textilfragment aus violettfarbener Wolle mit reitender Amazone aus einem Grab in Südrussland, 4. Jh. v. Chr. St. Petersburg, Ermitage.

die aufgrund ihrer teilweise noch nachzuweisenden Randperforierung mit großer Wahrscheinlichkeit auf die Gewänder aufgenäht waren. Ein trapezförmiges Goldplättchen aus einem Männergrab in Sindos in Makedonien, das wohl um 520 v. Chr. gefertigt wurde, ist ein schönes Beispiel für diese Art von Gewandschmuck[26] (Abb. 43). Auch das Weben und Wirken mit Goldfäden konnte den Textilien eine sehr edle Note geben. Die fein ausgezogenen Goldfäden wurden mit Wolle oder Seide versponnen und waren dann ganz einfach auf dem Webstuhl mit der herkömmlichen Webtechnik zu verarbeiten.

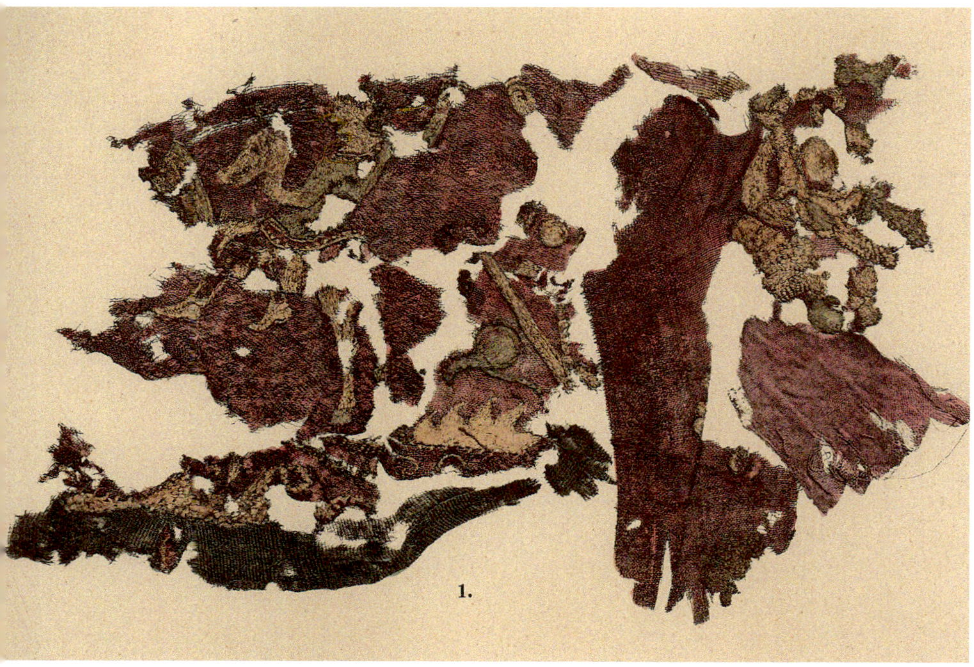

Einige wenige antike Textilfunde aus Gräbern in Südrussland, die in das 4. und 3. Jh. v. Chr. datieren, sind mit sehr großer Wahrscheinlichkeit Fabrikate griechischer Textilhersteller[27]. Ein Fragment von violetter Färbung trägt die mit bunten Fäden ausgeführte Stickerei einer reitenden Amazone[28] (Abb. 44). Für dieses figürliche Motiv konnte die Technik des Platt- und des sog. griechischen Schlingenstichs belegt werden. Ein weiterer Stoffrest zeigt eine vegetabile Stickerei von Palmetten und Lotusblüten, aus denen zahlreiche Ranken herauswachsen. Für diese Stickerei wurden sogar vier unterschiedliche Sticktechniken nachgewiesen. Neben dem Plattstich wurden Ketten-, Knoten- und Steppstich angewandt. Ein drittes Textilfragment zeigt schließlich eine filigrane, mit Goldfäden aufgestickte Efeuranke. Die erhaltenen textilen Überreste verweisen nachdrücklich auf eine bunte Farbigkeit der griechischen Kleidung, die mit größtem handarbeitstechnischem Geschick erzielt wurde. Ihr fragmentarischer Zustand gibt jedoch nur bedingt eine Vorstellung von dem prachtvollen Eindruck, den diese Gewänder bei ihren zeitgenössischen Betrachtern hinterlassen haben müssen.

Das authentischste Zeugnis dieser verlorenen textilen Pracht und Farbigkeit ist uns heute in den Gewändern der Akropoliskoren aus dem 6. und frühen 5. Jh. v. Chr. überliefert. Dass deren intensiv gefärbte und gemusterte Kleidung nicht nur ein Kunstgriff des Bildhauers ist, sondern vielmehr ein reales Bild der seinerzeit in Athen wahrscheinlich vorherrschenden Frauenkleidung zeichnet, wird eindeutig durch die zahlreichen Übereinstimmungen zwischen schriftlichen und archäologischen Quellen im Hinblick auf Farben, Muster, Gewanddrapierung, die Techniken ihrer Herstellung und ihre Präsentation in der Öffentlichkeit belegt.

Die wiedergefundene Farbigkeit archaischer Gewänder

Die auf den Skulpturen zurückgebliebenen Farbreste weckten unter den Forschern, die für die Polychromie aufgeschlossen waren, von Beginn an das Bedürfnis, die einstige farbige Pracht in ihrer Gänze wiederherzustellen[29]. Die anfangs hergestellten bunten Aquarelle und Zeichnungen der Koren stellten auf Dauer keine befriedigende Lösung dar, denn der ursprüngliche Effekt der polychromen Fassung konnte nur über das dreidimensionale Modell erzielt werden. Besonders die Kleidung mit ihren reichen Schmuckborten und Streumustern vermochte ihre volle Wirkung erst am rundplastischen Körper der Skulptur selbst zu entfalten. Versuche solcher Farbrekonstruktionen wurden bereits im ausgehenden 19. Jh. unternommen, zunächst vornehmlich im Bereich der Architektur und Bauplastik. Die anschaulichsten Nachbildungen auf diesem Gebiet fertigten Georg Treu, Direktor der Skulpturensammlung im Dresdner Albertinum, und der Direktor der Glyptothek in München, Adolf Furtwängler, an. Während das 1886 vollendete Modell des Ostgiebels des Zeustempels in Olympia von Treu[30], der sich als Wissenschaftler *und* als Künstler verstand, eine fast rein phantastische Farbrekonstruktion der Skulpturen zeigt, legte Furtwängler in seiner 1904 bis 1906 angefertigten Rekonstruktion des Westgiebels des Aphaiatempels auf Ägina auf wissenschaftliche Genauigkeit wert und verwandte fast ausschließlich die Farben Rot und Blau, die auch noch mit bloßem Auge auf den Originalen sichtbar waren[31].

Die farbliche Rekonstruktion der Skulpturenfunde von der Akropolis erwies sich zunächst als schwierig, da kurz nach deren Auffindung ein Abformungsverbot erlassen wurde, um die empfindlichen Farbreste auf den Marmoroberflächen, die durch den Prozess des Abgießens zweifellos in Mitleidenschaft gezogen

Abb. 45
Sog. Chioskore (Akropoliskore 675), kolorierter Abguss nach Aquarellen von Louis Emile Gilliéron (um 1923/24). München, Museum für Abgüsse Klassischer Bildwerke (Leihgabe).

Abb. 46 (li.) Akropoliskore 593, UV-Fluoreszenzbild der Gewandmuster (Vinzenz Brinkmann).

Abb. 47 (re.) Akropoliskore 593, Farbverwitterungsrelief des Fußsaumes von Chiton und Mantel unter Streiflicht (Vinzenz Brinkmann).

worden wären, zu schützen. Kolorierte Nachmodellierungen ausgewählter Akropolisfunde in Gips am Beginn des 20. Jhs. von der dänischen Künstlerin Ingrid Kjaer, der Ehefrau Wilhelm Lermanns, die auch die farbigen Muster des Gewandschmucks der Akropoliskoren für seine Publikation angefertigt hatte, und ihrer Lehrerin, der Bronzebildhauerin Anne Marie Carl-Nielsen, konnten aufgrund ihrer Ungenauigkeit keinen zuverlässigen Ersatz für richtige Abgüsse bieten. Da die Farbreste auf den Frauenstatuen jedoch schnell verblassten und man auf Ausstellungen künftig nicht nur farbige Zeichnungen zeigen wollte, fiel das Abformungsverbot anlässlich einer Ausstellung in Rom in den Jahren 1910/11. In zwei großen Abformungsaktionen wurden zahlreiche Akropoliskoren abgegossen und ausgewählte Stücke nach den Vorlagen der Aquarelle Emile Gilliérons koloriert, darunter drei Koren, die als Peploskore, Sphinxaugenkore und Chioskore bezeichnet werden (Abb. 45). Da die Farben auf den Akropoliskoren aber bereits bei deren Auffindung stark ausgewaschen, verwittert und die Farbwerte teilweise chemisch verändert waren, konnte auch bei genauester Dokumentation der polychromen Reste kein originalgetreues Bild der Kleidung mehr entstehen, wie es den Betrachtern des archaischen Athen einst vor Augen stand.

Den Schritt zu einer größtmöglichen Annäherung an das ursprüngliche Aussehen der Gewänder der Akropoliskoren ermöglichten erst die naturwissenschaftlichen Untersuchungsmethoden des späten 20. und des 21. Jhs. Neben einer Bestimmung der teilweise noch mit bloßem Auge wahrnehmbaren Farbpigmente können so auch Spuren der einstigen Bemalung auf der Gesteinsoberfläche nachgewiesen werden, die für uns heute ohne technische Hilfsmittel nur schwer oder überhaupt nicht mehr wahrnehmbar sind[32]. Die unterschiedliche Witterungsbeständigkeit der einzelnen Farbpigmente hat auf dem Stein sog. Farbschatten und Farbverwitterungsreliefs erzeugt. Der Farbschatten wird, angeregt durch die Bestrahlung mit ultraviolettem Licht, zum einen durch ein Fluoreszenzbild, zum anderen durch ein UV-Reflexionsbild in unterschiedlich abgestuften Grauwerten wieder sichtbar (Abb. 46). Sowohl das Fluoreszenz- als auch das UV-Reflexionsbild können bzw. müssen photographisch abgelichtet werden, um ein optimales Ergebnis zu erzielen. Die schlechter haltbaren Farben auf Ockerbasis wie Gelb- und Brauntöne erzeugen einen sehr dunklen Farbschatten im Gegensatz zu den beständigeren Kupferkarbonaten Azurit und Malachit, die vornehmlich für die Färbung blauer und grüner Flächen benutzt wurden. Ehemals rot gefärbte

Areale, häufig wurde hier Zinnober verwandt, hinterlassen einen mittelgrauen Farbschatten, der dunkler als jener der Ockertöne, jedoch heller als der der Kupferkarbonate erscheint. Somit kann ein bestimmter Grauwert relativ zuverlässig einem bestimmten originalen Farbwert zugewiesen werden.

Das nur Bruchteile von Millimetern tiefe Farbverwitterungsrelief entsteht ebenfalls durch die unterschiedliche Haltbarkeit der Farbschichten. Dort, wo die vergänglicheren Pigmente auf der Gesteinsoberfläche aufsaßen, ist der Stein tiefer verwittert als auf den Flächen, die mit beständigerer Farbe bestrichen waren (Abb. 47). Dieses Verwitterungsrelief wird, ebenso wie dünne Vorritzungen oder Markierungen, die als Unterstützung der Pinselführung und als Konstruktionshilfe für komplizierte Muster verwendet werden konnten, im gebündelten und schräg geführten Streiflicht wieder sichtbar. Diese Untersuchungsmethoden sind gerade für die Erschließung der kleinteiligen Schmuckborten und Streumuster der Korengewänder von großer Bedeutung, weil jene häufig nur auf diese Weise vollständig rekonstruiert oder überhaupt erst sichtbar gemacht werden können.

Die Bestimmung der Farbpigmente ermöglicht eine recht genaue Rekonstruktion der ursprünglichen Farbwerte, die uns nur in spärlichen Resten und in häufig täuschender Form überliefert sind[33]. Letzteres hängt mit der Neigung der Pigmente zur chemischen Veränderung in Verbindung mit Luft oder Wasser zusammen. Der rote Zinnober beispielsweise kann bei hoher UV-Einstrahlung in schwarzes Metazinnober umschlagen, so dass dereinst rot gefärbte Bereiche heute nur noch schwarze Rückstände aufweisen. Seinerzeit mit blauem Azurit gefärbte Flächen können durch Witterungseinflüsse in grünen Malachit umschlagen, der ein natürliches Zerfallsprodukt des Azurits ist. Dieser chemische Vorgang lässt sich an dem Chitonoberteil der Chioskore gut verfolgen, das, einstmals blau gefärbt, heute auch grün veränderte Stellen zeigt (Abb. 48). Eine sehr genaue Methode zur Analyse der verwandten Farbpigmente stellt die sog. UV-VIS-Absorptionsspektroskopie dar. Hier erzeugen die Pigmente unter Lichteinfluss jeweils spezifische Reflexionsspektren, einem genetischen Fingerabdruck vergleichbar. Diese Reflexionsspektren können aufgrund einer umfangreichen Referenzbibliothek mathematisch genau ausgewertet und das Farbmaterial somit genau bestimmt werden. Die Abweichung zwischen dem originalen antiken Farbwert und dem auf der Basis der UV-VIS-Spektroskopie rekonstruierten Farbton liegt bei weniger als 4 Nanometer, was bedeutet, dass das menschliche Auge hier keinen Unterschied mehr feststellen kann.

Mit Hilfe dieser naturwissenschaftlichen Untersuchungsmethoden konnte die polychrome Fassung ausgewählter Koren rekonstruiert und in ein dreidimensionales Modell überführt werden. Auch wenn es in der Erforschung der Statuenpolychromie immer noch einige Unklarheiten gibt, wie beispielsweise die Frage nach der exakten Dicke des Farbauftrags und der damit verbundenen Intensität der Farbe oder das Problem der vollständigen oder nur partiellen Bemalung, so sind die Ergebnisse der Polychromieforschung gerade für die Untersuchung der Kleidermode jener Zeit wertvolle Zeugnisse. Die Art der Gewandmuster, ihre Verteilung und Positionierung

Abb. 48
Sog. Chioskore (Akropoliskore 675), Chitonoberteil mit blauen und grünen Farbresten (Vinzenz Brinkmann).

auf dem Stoff oder auch die Bevorzugung bestimmter Farben für die Gewänder sind wichtige Faktoren, die den Charakter der Kleidung maßgeblich bestimmen. Zusammen mit den Aquarellen Gilliérons und den Musterbögen Lermanns vermitteln die dreidimensionalen Farbrekonstruktionen von Vinzenz Brinkmann und seinem Team einen sprechenden Eindruck von der Kleidung der Akropoliskoren.

Die wohl kurz vor der Mitte des 6. Jhs. v. Chr. gefertigte Kore 593, sie wird auch als «Mantelkore» bezeichnet, wurde auf der Akropolis von Athen gefunden[34] (Abb. 49). Sie trägt einen gegürteten Peplos mit Überschlag und einen langen, doppelt gelegten, von hinten über die Schultern nach vorne geführten Mantel, dessen vier Zipfel jeweils mit einer kleinen Quaste versehen sind. Über dem linken vor dem Körper angewinkelten Unterarm, dessen Hand ein kleines, bauchiges Gefäß hält, wurde der Mantel in drei Falten übereinandergelegt. Der rechte Arm hängt an der Körperseite herunter und hält einen runden Gegenstand, der aufgrund grüner Farbreste wohl als Kranz gedeutet werden kann. Der Mantel reicht hier bis kurz oberhalb des Ellbogens. Wo er auf der Körpervorderseite von der Schulter herunterläuft, bildet er, wie auf der gegenüberliegenden Seite, drei Falten. Unter dem Mantel blitzt am rechten Arm noch der Ärmel eines dritten Gewandes hervor. Hier ist deutlich die typische Knöpfung des Chitons entlang der Oberseite des Armes zu erkennen, von der zarte Falten auf den Stoff ausstrahlen. Vom Gürtel fallen zwei am Ende mit einem kleinen Quadratmuster verzierte Schärpen herab, wobei die linke ein klein wenig länger ist als die rechte. Außerdem trägt die Kore eine Halskette mit fünf tropfenförmigen Anhängern.

Abb. 49
Akropoliskore 593, Athen, um 560 v. Chr. Athen, Akropolismuseum.

Die Gewandoberfläche der Mantelkore zeigt heute nur noch spärliche Reste von roter Farbe, die mit bloßem Auge zu erkennen sind. Die eigentliche Pracht der überreich verzierten Gewänder wird erst bei einer Untersuchung unter Streiflicht und ultraviolettem Licht sichtbar. Zahlreiche Vorritzungen, Farbverwitterungsreliefs und Farbschatten kommen zum Vorschein und zeigen, dass sowohl der Peplos als auch der Mantel wohl ganzflächig mit Mustern überdeckt waren[35] (Abb. 50 a.b). Für den Peplos lässt sich mit großer Sicherheit ein schachbrettartiges Muster rekonstruieren, dessen Felder Hakenkreuze, mehrstrahlige Sterne und ein weiteres Kreuzmotiv beinhalten. Zwischen diese mit Ornamenten besetzten Felder ist immer ein Feld mit einem einfachen Quadrat darin eingeschoben worden. Der Mantel wurde wahrscheinlich von einem dicht gesetzten Streumuster aus kleinen Kreuzchen und Kreisen, mit jeweils einem Kreuz darin, überzogen. Das Fluoreszenzbild offenbart auch eine durchgehende Umrahmung des langen Mantels mit einer Schmuckborte, die einen blauen Zinnenmäander trägt, der sich zwischen grün-roten Feldern entlangschlängelt (vgl. Abb. 46). Die Fluoreszenz zeigt außerdem ein deutliches Farbverwitterungsrelief am Fußsaum des Peplos, der ursprünglich mit einem wahrscheinlich roten Hakenkreuzmäander verziert war, in den kleine blaue Felder mit jeweils einem Kreuzchen in der Mitte eingewoben sind (vgl. Abb. 47). Beide Mäanderborten müssen am Beginn des 20. Jhs. noch sichtbar gewesen sein, denn sie sind auf den Musterbögen in der Publikation Lermanns verzeichnet[36]. Allerdings ist der den Mantel umlaufende Zinnenmäander dort nicht blau, sondern rot wiedergegeben, wie auch die abschließenden Quasten, die in der Rekonstruktion Brinkmanns grün gefärbt sind.

Diese Tatsache macht eine wesentliche Schwierigkeit der polychromen Rekonstruktionen deutlich. Oftmals sind die genauen Farbwerte bestimmter Flächen nicht eindeutig zu bestimmen und müssen frei ergänzt werden. Konsequenterweise verzichtet Brinkmann auf einer seiner farblichen Rekonstruktionen auf den Lokalton des Mantels, des Peplos und auch des Chitons. Da an den archaischen Statuen häufig blaue, rote und gelblich-bräunliche Ockerpigmente nachgewiesen werden, könnten diese Farben auch für die Kleidung der Kore 593 gewählt worden sein. Die beeindruckende Umsetzung einer vollpolychromen Rekonstruktion zeigt die zweite Farbrekonstruktion Brinkmanns. Auch wenn die exakten Farbwerte bestimmter Flächen oder die Intensität des Farbtons unsicher sind, veranschaulichen die Polychromiemodelle im Vergleich mit der heute plan wirkenden

a

b

Abb. 50 a.b
Akropoliskore 593, Rekonstruktionszeichnung der Gewänder ohne und mit Lokalton (Vinzenz Brinkmann, Ausführung Ulrike Koch-Brinkmann).

Abb. 51
Grabstatue der sog. Phrasikleia, Athen, um 540 v. Chr. Athen, Nationalmuseum.

a

b

Abb. 52 a.b
Farbrekonstruktion der Phrasikleia auf der Basis der erhaltenen Farbreste (Vinzenz Brinkmann und Ulrike Koch-Brinkmann).

Oberfläche der Kore, welchen Unterschied die Rekonstruktion im Hinblick auf die Wirkung der Kleidung ergibt. Die differenzierten Muster beleben die Gewandoberflächen und die umrahmenden Mäanderborten erzeugen eine deutlich größere plastische Wirkung der einzelnen übereinanderliegenden Kleidungsschichten. In dem Gewand der Kore 593 erkennen wir außerdem zum einen die oben bereits auf Vasenbildern beliebte Kombination aus langem Mantel und gegürtetem Peplos, sowie die Vorliebe für starke, das ganze Kleidungsstück bedeckende, meist geometrische Muster und die Betonung der Gewandsäume durch Zierborten (vgl. Abb. 23).

Eines der herausragendsten Werke der archaischen Plastik ist die Grabstatue der um 540 v. Chr. geschaffenen sog. Phrasikleia, die auf dem Gebiet einer Nekropole in einem etwa 30 km südöstlich von Athen gelegenen Gebiet, dem heutigen Merenda, gefunden wurde[37] (Abb. 51). Die Kore gehört zu einer bereits lange Zeit vor der Statue gefundenen Basis, die eine der ergreifendsten Grabinschriften der Antike trägt. Das Epigramm offenbart neben dem Namen der Verstorbenen und ihres Bildhauers, Aristion aus Paros, auch die dramatischen Umstände ihres Todes. Das Mädchen starb jung und unverheiratet, und damit blieb ihr *die* zentrale soziale Rolle im Leben einer antiken Frau als Ehefrau und Mutter auf immer verwehrt.

Auch das Gewand der Phrasikleia wurde von Brinkmann und seinem Team in Farbe rekonstruiert[38] (Abb. 52 a.b). Im Gegensatz zu der Kore 593, deren Rekonstruktion um einige Jahre älter ist, konnte bei dem Modell der Phrasikleia neben der Untersuchung der Gesteinsoberfläche mit Streiflicht und ultraviolettem Licht in den Jahren 2008/9 das als sehr exakt angesehene Verfahren der UV-VIS-Absorptionsspektroskopie zur Bestimmung der Farbpigmente angewandt werden. In 230 Farbmessungen wurden elf verschiedene Farbmittel nachgewiesen, die teils als reine Farben, teils als Farbmischungen identifiziert wurden. Somit konnten die Farbwerte für fast jeden Bereich der Statuenoberfläche rekonstruiert werden, die, laut Einschätzung der Schöpfer des Polychromiemodells, das menschliche Auge von dem antiken Farbwert nicht mehr unterscheiden könnte. Die Phrasikleia ist mit einem bodenlangen, gegürteten Chiton bekleidet, dessen Ärmel auf den Schultern und entlang der Oberarme genäht sind und die bis auf die Höhe des Ellbogens fallen. Der Stoff wurde über dem Gürtel etwas herausgezogen, so dass er oberhalb des Gürtels leicht gebauscht wirkt. Von der Gürtung strahlen zarte Falten auf das Chitonoberteil aus. Das Chitonuntereil schmiegt sich in seinem Verlauf eng an die darunterliegenden Körperformen an, so dass die Rundung der Hüfte gut nachvollziehbar ist. Auf der Vorderseite geht der Chiton kurz oberhalb der Knie in dichte, übereinanderliegende Falten über, die sich zum Fußsaum hin verstärken. Auf diese Weise entsteht eine glockenförmige Anmutung des sich nach unten hin weitenden Gewandes. Auch auf der Rückseite ist der Chiton in übereinanderliegende Falten gegliedert, die sich am Fußsaum verstärken. Irritierend wirkt die Geste des Gewandraffens, wie sie bereits von den Koren der Geneleosgruppe bekannt ist (vgl. Abb. 36. 37), denn diese Aktion bleibt fast ohne Reaktion des Gewandes, das konsequenterweise unterhalb der gelüpften Stelle einen angehobenen Fußsaum zeigen müsste.

Die Vorderseite des Chitons ist mit einer durchgängigen, senkrecht vom Fußsaum bis zum Halsausschnitt verlaufenden Mäanderborte geschmückt. Auch den Halsausschnitt ziert eine zum Frontmäander leicht verschieden konstruierte Bordüre, die jeweils auf den Schultern und entlang des Oberarms beidseits der Naht weiter bis zum Abschlusssaum des Ärmels geführt wird, wo sie dann in eine weitere Schmuckborte einmündet, die eben jenen Abschlusssaum des Ärmels umläuft. Den Fußsaum des Chitons akzentuiert ein Blattzungenmäander. Des Weiteren ist das gesamte Gewand mit einem locker über den Stoff verteiltem Streumuster aus Rosetten, Hakenkreuzen und verschieden gestalteten Sternornamenten bedeckt. Auffällig ist dabei, dass sich auf der Front nur Rosetten und Hakenkreuze finden, auf der Rückseite des Chitons jedoch alle eben genannten Ornamente aufgebracht sind. Ferner trägt die Kore runde Ohrringe mit tropfenförmigen Anhängern, eine Kette mit sieben Elementen gleicher Form und jeweils einen Armreif an beiden Handgelenken. Der Kopf wird von einer aus Lotusblüten und -knospen gebildeten Krone bedeckt und ihr Haar von einem auf dem Hinterkopf verknoteten, mit einem Mäander geschmückten Haarband locker zusammengehalten.

Die Analyse der Farbpigmente ergab für den Chiton einen hellorangen Farbton auf Ockerbasis, mit dem auch der Mäander des Haarbandes und Teile der Lotusblüten und -knospen versehen waren. Ein violettroter Farbton konnte für den Hintergrund der Mäanderborten sowie für jedes zweite Blattelement am Fußsaum des Gewandes nachgewiesen werden. Für die Mäander selbst sowie für den Hintergrund der

Blattzungenborte konnte ein hellgelber Ocker belegt werden. Von leicht verschieden gelber Farbe waren die mit gelbbräunlichem Ocker gefärbten Rosetten und Sterne des Streuornaments als auch die Anhänger der Halskette und Ohrringe. Einen leuchtendgelben Farbton erzielte die Mischung aus Goldocker und Auripigment, einer hochgiftigen Arsenverbindung, welche für die Hakenkreuze auf dem Chiton, für die Armreifen und Ohrringe rekonstruiert werden konnte. Komplizierte Mischungen verschiedener Pigmente wurden für die Färbung von Haut, Haaren und Lippen verwandt, die der Kore ein verblüffend natürliches Aussehen verleihen. Besonders interessant war die Feststellung einer 200fachen Konzentration von Blei auf einigen Blättern der Rosettenornamente, auf den Einfassungsbändern der Mäanderborten und der Blattzungenborte. Für jede zweite Blattzunge des Fußsaumes und auch für den Hintergrund der Blütenkrone konnte dieser hohe Bleigehalt bezeugt werden. Nach Expertenmeinung lässt sich diese hohe Bleikonzentration mit keinem Farbpigment verbinden. Dieser Sachverhalt macht eine Verzierung der eben genannten Bereiche mit einer Bleizinnfolie sehr wahrscheinlich, die an den entsprechenden Stellen auf die Gesteinsoberfläche aufgelegt wurde. Auch für die mit gelbbräunlichem Ocker bedeckten Areale nimmt man eine Aufwertung mit Metallfolie an, hier in Gold, was die Rosetten und Sterne des Streuornaments sowie die Anhänger der Halskette und Ohrringe umfassen würde. Demnach wären die Blätter der Rosetten auf dem Chiton abwechselnd mit Gold- und Bleizinnfolie besetzt gewesen. Für wenige Bereiche war wohl keine eindeutige Bestimmung der Farbpigmente zu erbringen, da diese in der Rekonstruktion ausgespart und weiß belassen wurden. Dies betrifft große Teile der Blütenkrone, den Gürtel, die Sandalen sowie Finger- und Fußnägel der Kore. Insgesamt zeigt die Farbrekonstruktion der Phrasikleia ein erstaunlich natürlich wirkendes Bild einer jungen Frau, die in mit leuchtend kräftigen Farben versehene Gewänder gekleidet ist, deren Pracht neben der Verzierung mit unterschiedlichen Borten und Ornamenten durch die Metallapplikationen noch gesteigert wird.

Sollten die nach den neuesten Untersuchungsmethoden erstellten polychromen Rekonstruktionen der Kleidung der Mantelkore und der Phrasikleia dem Bild der ursprünglichen Farbfassung der Gewänder wirklich so nahe kommen wie behauptet, dann sähen wir in den Gewändern der beiden Koren viele Aspekte im Hinblick auf die Farbenpracht und die Techniken und Arten der Gewandverzierung bestätigt, die aus den antiken Schriften, den archäologischen Quellen und den fragmentarisch erhaltenen Textilien des 4. und 3. Jhs. v. Chr. zu erschließen sind. Beide Rekonstruktionen zeigen eine Vielzahl unterschiedlicher Farben und aufwendige, filigrane Verzierungen, die man sich sowohl gewebt als auch gestickt vorstellen könnte. Dass die Griechen den Einsatz von Nadel und Faden sehr wohl praktizierten, zeigen die Nähte der Chitonärmel der Phrasikleia, und auch die in Metallfolie gearbeiteten Streuornamente könnten als aufgestickte Metallapplikationen gemeint sein, dem Beispiel des verzierten und perforierten Goldblechs aus Sidon vergleichbar (vgl. Abb. 43). Auch wenn zwischen den Korenstatuen, den schriftlichen Quellen und den Textilfragmenten ein größerer zeitlicher Abstand liegt, sind die Übereinstimmungen zwischen allen Quellen doch so erheblich, dass die daraus resultierenden Rekonstruktionen der antiken Kleidung als authentische Ausgangsbasis für weiterführende Untersuchungen gelten können.

Die Akropoliskoren: Kleidung und Mode im spätarchaischen Athen

Am Beginn des 6. Jhs. v. Chr. war Athen eine Polis unter vielen[1]. Eine politische, wirtschaftliche und kulturelle Vormachtstellung in der griechischen Welt nahmen andere Poleis wie Ägina, Korinth oder Samos ein. Ägina war eine starke Seemacht, die sich ein weit über den ganzen Mittelraum verzweigtes Handelssystem erschlossen hatte. Als erste griechische Stadt ließ Ägina eigene Münzen prägen und auch auf den Feldern der Bronzegießerei und der Bildhauerei war die Polis führend. Korinth war *das* Zentrum für die Produktion von bemalter Luxuskeramik, die in weite Gebiete der antiken Welt exportiert wurde, und Samos war die Geburtsstätte maßgeblicher Innovationen im Bereich der Bildhauerkunst und Architektur.

Doch etwa ab der Mitte des 6. Jhs. v. Chr. veränderte sich die Position Athens grundlegend. Unter der Herrschaft des Tyrannen Peisistratos und seiner Söhne, Hippias und Hipparchos, schwang sich Athen zu einer der größten griechischen Wirtschafts- und Kulturmetropolen auf[2]. Neben einer Intensivierung des Handels, besonders wurde der Export von Wein und Öl ausgebaut, war es vor allem die Prägung eigener Silbermünzen, die Athen nun zu einem der wichtigsten Wirtschaftsakteure machte. Mit der Verfeinerung der schwarzfigurigen Vasenmalerei (vgl. Abb. 13) und dann der Einführung der rotfigurigen Technik ab 530 v. Chr. wurde die attische Keramik zu einem regelrechten Exportschlager, der bald in der gesamten Mittelmeerwelt stark nachgefragt war und andere Produzenten zunehmend vom Markt verdrängte. Von der vitalen und weltoffenen Politik der Peisistratiden profitierten viele Athener und konnten mit einigem Geschick zu immensem Reichtum gelangen.

Das Bedürfnis, diesen neu erworbenen Reichtum und die damit einhergehende Zugehörigkeit zur führenden Schicht der athenischen Gesellschaft öffentlich zu demonstrieren, war groß. Ein Mittel dieser Statusdemonstration konnte das Aufstellen einer Korenstatue im öffentlichen Raum sein, entweder als Grabfigur oder als Weihgeschenk an eine Gottheit in einem Heiligtum[3]. Besonderer Beliebtheit erfreute sich die Weihung eines solchen Korenanathems an die Stadtgöttin Athena. In ihrem heiligen Bezirk, der sich auf dem die Stadt überragenden Burgberg, der sog. Akropolis, befand, wurden im Zeitraum zwischen etwa 570 bis 480 v. Chr. Dutzende solcher Statuen aufgestellt[4].

Die Denkmälergruppe der Akropoliskoren gehört zweifellos zu den beeindruckendsten Kunstwerken der archaischen Zeit[5]. Den Reiz der jungen, anmutig ihr Gewand lüpfenden Bilder junger Frauen machen neben ihrer schlanken, hochgewachsenen Gestalt und den elaborierten Frisuren vor allem die prachtvollen Gewänder aus. Kunstvoll drapiert, bunt gefärbt und aufwendig gemustert, umspielen die reich gefältelten, geknöpften und gerafften Stoffbahnen den Körper, schaffen durch differenzierte Stofflichkeit ein spannungsvolles Nebeneinander von Verhüllung und Transparenz und spielen mit den darunterliegenden Körperformen. Insgesamt sind 58 Exemplare in gutem bis sehr gutem Zustand aus dem gesamten Produktionszeitraum erhalten. Diese Vielzahl an qualitätsvollen Stücken erlaubt ein ungewöhnlich intensives Studium der Entwicklung von Kleidung und Mode. Was für Samos nur als punktueller Einblick in kreative Prozesse möglich ist, lässt sich in Athen fast über ein ganzes Jahrhundert verfolgen.

Die erste Aufgabe besteht darin, das weibliche Bekleidungsspektrum aus ästhetischer Perspektive zu beschreiben und zu charakterisieren. Welche Kleidungsstücke wurden getragen, wie wurden sie drapiert und miteinander kombiniert und welche Verzierungen schmückten die Gewänder? Da in der Datierung der Korenstatuen, also deren Entstehungszeit, in der Forschung weitestgehend Konsens besteht, bietet sich außerdem die Möglichkeit, die Gewänder in ihrem unmittelbaren sozialhistorischen

Kontext zu untersuchen und die Kleidung und Gesellschaft jener Zeit direkt miteinander in Beziehung zu setzen. Diese soziologische Perspektive beleuchtet die möglichen Impulse, die für den großen dynamischen Wandel, das hohe Maß an gestalterischer Vielfalt und den individuellen Gestaltungswillen, der den Gewändern der Akropoliskoren zu eigen ist, bestimmend gewesen sein können. Dynamik, Variation und individuelles Gestalten zeugen von einem bewussten, kreativen Umgang mit Kleidung – von Kleidermode.

In Anbetracht der großen politischen und gesellschaftlichen Umwälzungen, denen das Athen der zweiten Hälfte des 6. Jhs. v. Chr. ausgesetzt war, kann die Entwicklung einer Kleidermode, wie wir sie in modernem Sinne verstehen, als wichtiges kulturhistorisches Zeugnis vielfältige Informationen über Lebensumstände und Verhaltensweisen ihrer Trägerinnen in dieser außerordentlich bewegten Zeit geben und ist deshalb für das Verständnis der spätarchaischen Gesellschaft von großer Relevanz. Aus der reichen Überlieferung der Korenstatuen werden zur Skizzierung der Entwicklung der weiblichen Kleidungsgewohnheiten in Athen ausgesuchte Stücke besprochen, die für die Modeentwicklung besonders aussagekräftig sind.

Frühe attische Koren: Erste modische Tendenzen

Die sog. Berliner Göttin ist eine der ältesten Koren, die auf attischem Boden gefunden wurden[6] (Abb. 53 a.b). In der ersten Hälfte des 6. Jhs. v. Chr. war sie wahrscheinlich als Grabaufsatz in einer Nekropole nahe des Ortes Keratea, etwa 50 km südöstlich von Athen, aufgestellt. Ihre Attribute, ein aus dem Vorderen Orient stammender zylindrischer Kopfschmuck, der als Polos bezeichnet wird, und ein Granatapfel, die beide häufig in der Götterikonographie anzutreffen sind, haben zu der wohl fälschlichen Bezeichnung «Göttin» geführt. Bedingt durch den Fundkontext der Kore besteht in der Forschung heute allgemein Konsens darüber, sie als das Bild einer verstorbenen Frau der oberen Gesellschaftsschicht zu sehen, deren Gräber häufig kostbare Keramik als Beigaben enthielten oder eben mit Grabstatuen geschmückt waren.

Die Kore trägt einen gegürteten Chiton, dessen Unterteil von flach geschichteten, streng senkrecht verlaufenden Falten umschlossen wird und auf der Front sowie am Halsausschnitt durch eine Mäanderborte verziert ist. Ein kurzes, von hinten über die Schultern nach vorne gelegtes Mäntelchen von gleicher Faltenformulierung wurde auf den Schultern kunstvoll mehrfach übereinandergelegt und läuft in großzügigen, sich weich wellenden Saumkanten aus, die vor der Hüfte liegen. An den vier äußeren Zipfeln des Mäntelchens befindet sich jeweils eine filigrane Quaste. Den Kopf bekrönt der Polos, der ebenfalls mit einem Mäander sowie mit einem darüber verlaufenden Band aus Lotusblüten und -knospen versehen ist. Hals und Ohren sind mit Schmuckstücken behangen. Noch heute lassen sich deutliche Farbreste von Rot und Gelb auf der Statuenoberfläche erkennen[7]. Demnach war der Chiton rot, das Mäntelchen gelb gefärbt. Die sich wellende Saumkante des Mäntelchens wurde allerdings von einem dünnen, roten Farbstreifen akzentuiert und der Fußsaum des Chitons war mit einem Muster aus Dreiecken versehen, deren Farbe heute nicht mehr eindeutig rekonstruiert werden kann. Die Streifen der beiden Mäanderborten auf dem Chiton waren rot und gelb gefasst. Vermutlich gab es hier noch eine dritte Farbe, von der heute aber keine Spuren mehr feststellbar sind. Am Polos haben sich rote Farbpigmente auf einem Band des Mäanders sowie auf den Lotusblüten und -knospen erhalten. Eingehendere Untersuchungen haben gezeigt, dass Mantel und Chiton keinerlei weitere Musterung aufwiesen.

Von der Grundform her entspricht die Bekleidung der Berliner Göttin der standardisierten Kombination aus Grundgewand und Schultertuch, welche viele Frauen auf Vasen des 7. Jhs. v. Chr. tragen und die auch an manchen Statuetten und Statuen dieses Zeitraums fassbar ist (vgl. Abb. 26. 27). Die Kleidung der Kore ordnet sich in ihrer Gestaltung konsequent dem axialen Schema des menschlichen Körpers un-

a

b

Abb. 53 a.b
Grabstatue aus Keratea/
Attika, sog. Berliner Göttin,
Athen, um 580 v. Chr.
Berlin, Antikensammlung.

ter. Der etuiartige Zuschnitt des Chitons bleibt dem Körperumriss verpflichtet und die streng senkrecht verlaufenden Gewandfalten der beiden Kleidungsstücke sowie die Mäanderborte auf der Front zeichnen den aufstrebenden Wuchs des Leibes nach. Gleichzeitig haben die scheinbar starren, leblos wirkenden Falten aber einen raffinierten Effekt. Die sehr ähnliche Modulation der Falten von Chitonunterteil und Mäntelchen sowie das Aufgreifen der senkrechten Laufrichtung der Falten im Mantel binden die beiden separaten Kleidungsstücke, die ja auch farblich voneinander abgesetzt waren, optisch wieder zu einem Ensemble zusammen. Auf diese Weise erwecken Chiton und Mantel den Eindruck eines zusammengehörigen Kostüms, was der Bekleidung der Kore eine imposante Eleganz verleiht. Die Bestrebungen, aus der Kleidung ein zusammenklingendes Ganzes zu machen, gehen noch weiter. Die Verwendung des gleichen Schmuckmotivs, des Mäanders, sowie der Einsatz der beiden Farben Rot und Gelb sowohl an den Schmuckborten als auch am Polos binden alle bekleideten Körperteile der Kore zusammen und beziehen so auf geschickte Art und Weise den Körper in das Bekleidungssystem ein. Interessant sind auch die vier kleinen Quasten an den Mantelzipfeln. Weist das Gewand der Berliner Göttin insgesamt einen streng symmetrischen Charakter auf, so sind es gerade diese mit großer Sorgfalt ausgearbeiteten Quasten, welche die Symmetrie durchbrechen, denn die Quasten liegen links und rechts am Mantelabschluss in ganz unterschiedlichen Positionen und legen damit einen starken Akzent auf dieses Detail. Der Kostümcharakter des Gewandes der Berliner Göttin und das Spiel mit kleinen Details zeugen von einer reflektierten Auseinandersetzung mit Kleidung, die durchaus als ein Aspekt modischen Gestaltungswillens angesehen werden kann.

Auf den ersten Blick erscheint auch die Kleidung der kurz vor der Mitte des 6. Jhs. v. Chr. entstandenen Kore 593, die eine der ältesten Koren auf der Akropolis von Athen ist, durch die Kombination aus langem, symmetrisch über die Schultern geworfenem Mantel und gegürtetem Peplos im weitesten Sinne konventionell[8] (vgl. Abb. 49). Die Farbrekonstruktionen ihrer Gewänder bestätigen diesen Eindruck[9]. Peplos und Mantel waren ganzflächig von einem bunten Schachbrett- bzw. Streumuster überzogen (vgl. Abb. 50 a.b). Diese Art der Musterung lässt die Kleidung der Kore sehr flächig und undifferenziert wirken. Der Körper wird hinter dieser Wand aus gemusterten Stoffschichten völlig verborgen. Aber es gibt eine markante Stelle, die dem Betrachter sogleich ins Auge springt. Unter dem Mantel wird am rechten, an der Seite des Körpers herabhängenden Arm der Teil eines Gewandes von ganz anderem Charakter sichtbar. Die Knöpfung und die von ihr auf den Stoff ausstrahlenden, filigranen Falten geben diesen Ärmel als Teil eines Chitons zu erkennen, den die Kore unter Peplos und Mantel trägt. Die Kombination dieser drei Kleidungsstücke ist neu und hat eine starke Wirkung. Das nur partielle Hervorblitzen des feinen, leicht durchsichtigen Chitonstoffes, dessen Beschaffenheit noch dazu in starkem Kontrast zu dem schweren Gewebe der übrigen Gewänder steht, regt die Phantasie des Betrachters an und macht neugierig auf das, was sich unter den dichten Kleiderschichten von Mantel und Peplos verbirgt. So wird der Körper, obwohl er durch die Stoffmassen wie verhangen wirkt, auf verspielte Weise gezielt in das Bekleidungssystem integriert.

Das Standbild der Phrasikleia ist mit einer Entstehungszeit um 540 v. Chr. schon der zweiten Hälfte des 6. Jhs. v. Chr. zuzurechnen[10] (vgl. Abb. 51. 52 a.b). Der gegürtete Chiton der bereits vorgestellten Grabkore zeigt neben der axial gliedernden Funktion der Schmuckborten, welche bis auf den Fußsaum das beliebte Motiv des Mäanders aufweisen, auch den etuiartigen, körpernahen Zuschnitt. Trotz dieser traditionellen Elemente wirkt das Gewand der Phrasikleia auf neue Weise belebt, denn zu den die Horizontale und Vertikale betonenden Schmuckbändern tritt ein lockeres, über die gesamte Fläche des Chitons verteiltes Streumuster. Anders als das noch weitestgehend symmetrisch konzipierte Streumuster des Mantels der Kore 593 (vgl. Abb. 50 a.b) lebt jenes der Phrasikleia von vitalisierender Variation. Die Motive des Musters – neben Rosetten sind hier Hakenkreuze und mehrstrahlige Sterne gesetzt – wurden frei auf dem Stoff verteilt platziert. Außerdem herrscht eine Modifikation innerhalb der Gestaltung der einzelnen Motive. So weisen die Rosetten eine unterschiedliche Anzahl von Blättern auf und auch die Sterne haben mal drei, mal vier oder auch mehr Strahlen. Hinzu kommt, dass das Dekor von Vorder- und Rückseite des Chitons verschieden ist. Während sich auf der Front nur Rosetten und Hakenkreuze befinden, wurden auf der Rückseite alle oben genannten Motive aufgebracht. Die willkürliche Gestaltung des Musters verleiht dem Chiton ein starkes Eigenleben. Dass die Kleidung hier nicht mehr nur

Abb. 54
Grabstatue der Phrasikleia.

als ein dem Körper und seinen Formen untergeordneter Gegenstand funktioniert, sondern selbst als aktiver Korpus begriffen wird, zeigt sich durch das überlegte Wechselspiel des Gewandes mit einzelnen Körperpartien. Was also bei den oben besprochenen Koren aus Kyrene (vgl. Abb. 30), in deren unmittelbarer Tradition die Statue der Phrasikleia steht, bereits anklingt, tritt am Gewand der Phrasikleia nun in aller Deutlichkeit hervor. Eng anliegend modelliert der Chiton die Schultern und Oberarme der Kore heraus, um wenige Zentimeter darunter als voluminöser, aus dem Gürtel herausgezogener Bausch nur noch ganz Stoff zu sein (Abb. 54). Mit den durch die Einschnürung des Gürtels entstehenden Falten folgt der Chiton ganz unabhängig vom darunterliegenden Körper eigenen Gesetzen der Bewegung. Auch das Motiv der Gewandraffung, das wir bereits bei der Kore der Geneleos-Gruppe gesehen haben (vgl. Abb. 37), wird bei der Phrasikleia eingesetzt. Allerdings wirkt das Motiv hier noch unbeholfen, da der Fußsaum des Gewandes nicht in naturalistischer Weise auf das Anheben reagiert. Die beabsichtigte Wirkung der Aktion – die Inszenierung des feinen Stoffes – ist dennoch eindeutig.

Die letzte uns bekannte Kore, welche in Athen das traditionelle Gewand trägt, ist die etwa ein Jahrzehnt nach der Phrasikleia entstandene sog. Peploskore[11] (Abb. 55). Ihre Kleidung hat in der Forschung zu einer regen Diskussion geführt, da sie nicht zuverlässig identifizierbar ist. Einige Merkmale des Gewandes sprechen für, andere gegen einen Peplos. Ein wichtiges Charakteristikum des Peplos, das Zusammenstecken mit Nadeln auf den Schultern, fehlt am Gewand der Peploskore. Andererseits ist der für den Peplos typische Überfall am Oberkörper vorhanden. Auch der schwere, nahezu faltenlose Stoff wäre ein Indiz für den Peplos, der ja in der Regel aus grober Wolle gefertigt war. Noch rätselhafter wird das Gewand, wenn man die Musterung am Gewandunterteil in die Betrachtung mit einbezieht[12] (Abb. 56). Untersuchungen mit UV-Licht und Streiflicht zeigen, dass sich auf der Front ein breiter, senkrecht verlaufender Streifen mit schmalen, horizontal übereinanderliegenden, figürlichen Friesen befand, auf dem Sphingen, Löwen,

Abb. 55 (li.)
Sog. Peploskore (Akropoliskore 679), Athen, um 530 v. Chr. Athen, Akropolismuseum.

Abb. 56 (re.)
Sog. Peploskore, Farbrekonstruktion (Vinzenz Brinkmann, Ausführung Ulrike Koch-Brinkmann).

Steinböcke, Eber und wahrscheinlich auch Reiter dargestellt waren. Rechts und links wird dieser figürlich verzierte Streifen von jeweils einem schmalen Band begrenzt, das kleine Rosetten beinhaltet. Da diese Einfassungsbänder die figürlichen Motive regelmäßig überschneiden, entsteht der Eindruck, die Kore trage über einem mit Tierfriesen verzierten Kleidungsstück noch ein Übergewand, das vorne offensteht und so den Blick auf das Tierfriesgewand freigibt. Es wurde vereinzelt vorgeschlagen, es könnte sich bei dem Gewand mit der figürlichen Verzierung um einen sog. Ependytes handeln[13]. Dieses schlauchförmige, reich verzierte, wohl aus dem Orient stammende Textil diente in der Bildkunst vorwiegend zur Hervorhebung von Göttern oder Personen von herrschaftlichem Rang. Der Ependytes müsste im Falle der Peploskore dann mit einem vorne offenstehenden Kleidungsstück kombiniert sein, für das es in der griechischen Plastik dieser Zeit keine bekannte Parallele gibt. Wie auch immer das Gewand der Peploskore nun zu benennen sein mag, entscheidend ist, dass es durch seine konsequent axial angelegten Musterstreifen, den körpernahen Zuschnitt, eine weitestgehend faltenlose Oberfläche und die Verzierung mit figürlichen Friesen genau dem standardisierten Schema entspricht, welchem die Kleidung der Frauen auf Vasenbildern und der Skulpturen seit etwa der Mitte des 7. Jhs. v. Chr. folgt (vgl. Abb. 22. 23. 26).

Aber das Gewand der Peploskore weist auch modische Neuerungen auf. Wie die Kore 593 (vgl. Abb. 49. 50 a.b) trägt sie unter dem Übergewand den Chiton, dessen leichter, in kleine plisseeartige Falten gelegter Stoff am Fußsaum ein gutes Stück unter dem schweren Übergewand hervorschaut. Eine weitere Neuerung betrifft die Art der Muster. Neben die traditionellen figürlichen Motive tritt nicht der bisher besonders beliebte Mäander, sondern ein Schmuckband, das sich aus einem verspielten Lotus-Palmetten-Fries sowie einem darüberliegenden Spiralband zusammensetzt. Dieses Schmuckband konnte sowohl am Abschlusssaum des Überschlags am Oberkörper als auch am Fußsaum des scheinbar vorne geöffneten Gewandunterteils nachgewiesen werden. Die Abkehr vom geometrisch kühlen Mäander hin zum kleinteilig verspielten, vegetabilen Ornament verleiht dem Gewand eine größere Eleganz und intensiviert, wie das Streumuster auf dem Chiton der Phrasikleia, das Maß an Vitalität.

Die frühen Grab- und Akropoliskoren zeigen, dass von den Frauen in Attika bis über die erste Hälfte des 6. Jhs. v. Chr. hinaus eine Kleidung getragen wurde, die innerhalb einer festgelegten Grundform bleibt. Die Gewänder fungieren weitestgehend als ein dem menschlichen Körper untergeordnetes System und orientieren sich streng an dessen Formen. Der etuiartige Zuschnitt der Peploi und Chitones zeichnet die Silhouette des Leibes nach und die Schmuckborten betonen durch ihre konsequent horizontale oder vertikale Ausrichtung das Achsenkreuz des menschlichen Körpers. So unterstreichen beispielsweise das senkrecht auf der Front der Chitones verlaufende Mäanderband oder die verzierten Saumkanten der Mäntel den aufstrebenden Wuchs des Leibes, während die horizontal ausgerichteten Schmuckborten am Fußsaum oder an der Saumkante des Überfalls beim Peplos die Waagerechte von Schultergürtel und Taille wieder aufnehmen. Zuschnitt und Musterung unterliegen also einer strengen Geometrie, die sich bis in die Wahl des bei den frühen Koren beliebtesten Schmuckmotivs des Mäanders fortsetzt. Dieser Typus von Bekleidung ist, wie wir gesehen haben, bereits auf Vasenbildern des frühen 7. Jhs. v. Chr. anzutreffen und existiert, in kaum veränderter Form, bis über die Mitte des 6. Jhs. v. Chr. hinaus, was die Beispiele der frühen attischen Koren eindeutig belegen. Die Konstanz der Gestaltung und der Mangel an Variation über mehr als eine Generation hinweg, welche diesem Gewandtypus zu eigen ist, lässt damit auch für die Kleidung der bisher vorgestellten Koren die Bezeichnung «Tracht» angemessen erscheinen.

Gleichzeitig sind an den Gewändern der frühen Koren jedoch Phänomene zu beobachten, welche über die bloße Variation von Einzelheiten hinausgehen. So treten neben die uniform anmutende Grundkonzeption der Kleidung nachweisbar modische Tendenzen. Es ist ein gesteigertes Bedürfnis erkennbar, die Oberfläche der Gewänder differenziert zu gestalten. Dies geschieht zum einen durch die zunehmende Formulierung von Falten. Sie geben der Gewandoberfläche nicht nur eine individuellere Gestalt, sondern haben darüber hinaus den Effekt, aus der Kleidung einen gleichsam eigenständig agierenden Gegenstand zu machen, der in einen intensiveren Dialog mit dem darunter liegenden Körper tritt. Zum anderen verleiht eine größere Variation von Gewandmustern der Kleidung einen lebendigeren Charakter. Neben die geometrischen Mäanderborten treten das lockere Streumuster und filigrane, vegetabile Motive. Die Bestrebungen, aus den unterschiedlichen Kleidungsstücken ein aufeinander abgestimmtes Ensemble zu schaffen, setzt eine überlegte Auseinandersetzung mit der Kleidung voraus. Durch die Angleichung von Kleidungsstücken und Accessoires, wie Kopfbedeckung und Schmuck, wird der ganze Körper in das Bekleidungssystem mit eingebunden. Auch die wachsende Liebe zum kleinen, verspielten Detail ist bei den frühen attischen Koren fassbar. Raffiniert eingesetzte Kleinigkeiten sowie die gezielte Inszenierung der Kleidung durch das Lüpfen des Gewandes haben eine zweifellos ästhetische Wirkung auf den Betrachter, durch welche dieser ganz bewusst angesprochen wird.

Die Lyon-Kore: Eine kleine Moderevolution

Die um die Mitte des 6. Jhs. v. Chr. auf die Akropolis von Athen geweihte Kore 269/164, die auch Lyon-Kore genannt wird, muss neben der Mantelkore 593 (vgl. Abb. 49. 50a.b) wie ein wahres *fashion victim* gewirkt haben[14] (Abb. 57a). Ihre Kleidung ist nahezu als eine kleine Moderevolution zu bezeichnen, die ein stark verändertes Verständnis von Kleidung sowie ein neues Verhältnis von Körper und Gewand aufweist[15]. Der fremdartige Eindruck des Gewandes der Lyon-Kore entsteht zunächst einmal durch die Verwendung neuer Kleidungsstücke. Neben dem Chiton mit langen, eng anliegenden Ärmeln[16], der dem orientalischen Kulturraum entlehnt ist, trägt die Kore einen schräg angelegten Mantel, der auf der Front zwischen beiden Brüsten hindurch verlaufend zur linken Schulter hochgeführt wird. Hier wird er über die Schulter gelegt und fällt in einer langen, spitz zulaufenden Stoffbahn an der linken Körperseite bis zu den Knien herab, während er auf der rechten Seite in einem runden Bogen auf der Höhe der Hüfte endet. Bis auf das Chitonoberteil wurden die restlichen Stoffflächen an der Front der Kore durch Falten akzentuiert. Während das schräge Mäntelchen in schwere, flach geschichtete Falten gelegt wurde, die am unteren Saum in einer scharfen Zick-Zack-Linie auslaufen, sind auf dem Chitonunterteil Faltenformulierungen von ganz andersartigem Charakter angegeben. Auf der Vorderseite des Chitonunterteils verlaufen eng nebeneinander liegende Falten in unterschiedliche Richtungen. Es entsteht der Eindruck, als würde der Stoff auf die auf dem linken Oberschenkel abgelegte Hand reagieren. Auch wenn hier kein konkretes Raffen des Gewandes gezeigt wird, wie wir es von den Koren der Geneleosgruppe kennen (vgl. Abb. 36), könnte doch durchaus diese Aktion gemeint sein. Seitlich auf dem rechten Oberschenkel finden sich in leichtem Aufwärtsbogen verlaufende Zugfalten, die sich in ihrer weichen, sehr natürlich wirkenden Ausführung stark von dem Charakter der übrigen Falten unterscheiden (Abb. 58). Der Auslöser für die Bildung dieser Falten bleibt unklar. Der Stoff wirkt an dieser Stell fast wie transparent, denn die Umrisse von Oberschenkel und Gesäß zeichnen sich in aller Deutlichkeit ab. Würden die zarten Falten hier nicht das Textil angeben, könnte man die Partie ebenso für vollkommen unbekleidet halten. Dieser Effekt der scheinbaren Durchsichtigkeit des Stoffes setzt sich auf der Rückseite der Kore fort (Abb. 57b). Das gesamte Chitonunterteil bleibt in der Rückansicht frei von einer Akzentuierung durch Falten. Die Konturen von Gesäß und Beinen sind gut zu erkennen und lassen den Unterkörper in einem starken Kontrast zum Oberkörper erscheinen, denn der Rücken der Kore wird von den dichten, geschichteten Falten des schrägen Mäntelchens bedeckt.

Die Rekonstruktion der Farben und Verzierungen des Gewandes erweist sich als nicht ganz einfach, da nur sehr wenige Farbpigmente erhalten sind. Untersuchungen mit UV- und Streiflicht haben jedoch gezeigt, dass die Saumkante des schrägen Mäntelchens mit einem durchlaufenden Band aus umrahmten Quadraten verziert war[17] (Abb. 59). Ebenso wurden Reste eines weitläufig auf dem Mäntelchen verteilten Streuornamentes, das sich aus einem Kreuz mit kleinen Zwickelblättern zusammensetzt, sichtbar.

In modischer Hinsicht weist das Gewand der Lyon-Kore entscheidende Neuheiten auf. Die Gewänder werden nicht mehr nur partiell durch Falten bereichert, sondern sie bestimmen einen Großteil der Oberflächengestaltung. Dabei verlaufen die Falten

a

b

Abb. 57 a.b
Sog. Lyon-Kore (Akropoliskore 269/164), Athen, um 550 v. Chr. Athen Akropolismuseum; Lyon, Musée des Beaux-Arts.

nicht streng parallel wie beispielsweise am Gewand der Berliner Göttin (vgl. Abb. 53 a.b), sondern schlagen verschiedene Richtungen ein. Hinzu kommt, dass durch eine unterschiedliche Faltenformulierung verschiedene Stoffqualitäten angegeben werden. Steifer, dicker Stoff am schrägen Mäntelchen steht einem leichten, weichen Stoff am Chitonunterteil gegenüber. Zum einen wird die Oberfläche durch die verschiedenartigen Faltenformationen stark belebt. Das Gewand geht sozusagen eigene Wege, unabhängig vom darunterliegenden Körper. Zum anderen wird durch den Gegensatz von vollkommen glatt belassenen Stoffflächen und durch Falten akzentuierte Partien ein starker Kontrast geschaffen. Diese Kontrastwirkung findet sich auch im Gegensatz von bekleideten und wie fast nackt wirkenden Arealen. Zum ersten Mal wird in der Kleidung ein stark erotisch aufgeladenes Moment fassbar.

Von grundlegender Bedeutung für die Modegeschichte der attischen Frauenkleidung der zweiten Hälfte des 6. Jhs. v. Chr. ist die Einführung des schrägen Mäntelchens, das wir bereits von den samischen Koren des Cheramyes kennen (vgl. Abb. 31. 32). Auch auf der Akropolis von Athen standen zwei Koren, die einen solchen Schrägmantel aufweisen[18]. Sie werden zwar dem naxischen Kunstkreis zugeordnet, tragen aber ohne Zweifel den samischen Schrägmantel, der für den Mantel der Lyon-Kore gewiss ein Vorbild war. Aus modischer Sicht ist nun bedeutsam, dass die Lyon-Kore eben nicht den typischen ionischen Schrägmantel aufweist, denn dieser zeichnet sich vor allem durch die Knöpfung entlang des *rechten* Oberarmes und die durch diese Befestigung entstehenden, auf den Stoff ausstrahlenden Falten, aus. Das Mäntelchen der Lyon-Kore aber wird zur *linken* Schulter hochgeführt und nicht geknöpft, sondern über die Schulter gelegt. Auch die in gezackten Falten auslaufende Saumkante des Mäntelchens ist an den Schrägmänteln der samischen und naxischen Koren nicht zu finden. Es scheint, als sei die Kleidung der Lyon-Kore eine ganz eigene Kreation aus verschiedenen, in Athen bereits bekannten Bekleidungselementen. Ihr schräges Mäntelchen vereint die diagonale Grundform des ionischen Schrägmantels mit der Anlagetechnik der attischen Mäntel, die immer über die Schultern gelegt, aber niemals mittels Knöpfen befestigt waren. Darüber hinaus erhält der Mantel durch seine Akzentuierung mit dem scharf-gezackten, Λ-förmigen Saum eine ganz eigene Note, die weder von den samischen, noch von den attischen Mänteln

Abb. 58
Sog. Lyon-Kore, Faltenbildung auf dem Chitonunterteil.

Abb. 59
Sog. Lyon-Kore, Farbrekonstruktion des Schrägmantels (Vinzenz Brinkmann).

entlehnt sein kann[19]. Die Kombination aus langärmeligem Chiton und schrägem Mantel darf, genau wie die Aufladung der Kleidung durch starke Kontraste und die damit einhergehende Erotisierung, als neue modische Erscheinung gewertet werden, die in einem bisher nicht gesehenen Maß den weiblichen Körper in die Gesamtwirkung mit einbezieht. Damit zeugt die Kleidung der Lyon-Kore von großer Kreativität und einem enormen Innovationsdrang. Während der Chiton mit langen Ärmeln in dieser Form in Athen keine Zukunft haben sollte, werden der Schrägmantel, die Akzentuierung der Gewandoberfläche durch Falten und das erotische Moment die neuen Leitlinien der Frauenbekleidung in Athen.

Die attische «Schrägmanteltracht» als neue Modekonvention

Auch wenn die Kleidung der Lyon-Kore viele entscheidende modische Neuerungen aufweist, bleibt sie doch in einem wesentlichen Merkmal konventionell; Mantel und Chiton sind in ihrer Grundform einem vertrauten Muster verpflichtet, das die Silhouette des Körperumrisses nachzeichnet. Aber auch dieses letzte traditionelle Gestaltungselement wird im letzten Viertel des 6. Jhs. v. Chr. mit der festen Etablierung einer neuen Mode in Athen endgültig aufgegeben, denn ab etwa 530 v. Chr. ist im Hinblick auf die Kleidung der Akropoliskoren eine interessante Entwicklung zu beobachten. Offenbar erfreut sich die Kombination aus Schrägmantel und Chiton immer größerer Beliebtheit. Den bisher vorgestellten Koren folgen zeitlich gleich mehrere Statuen, die diesen Gewandtypus tragen. Besonders der schräge Mantel muss die Frauen des spätarchaischen Athen nachhaltig beeindruckt haben, denn dieser avanciert in der Folgezeit zu dem *fashion highlight* der Stadt. Die neue Mode vereint bereits bekannte Gestaltungselemente der Kleidung mit ganz innovativen Aspekten.

Die Gewänder der Koren 680[20] und 682[21] sind typische Beispiele für diese sog. Schrägmanteltracht (Abb. 60. 61) – ein Begriff, der sich in der Forschung für die Bezeichnung dieses Gewandtyps fest etabliert hat, im Folgenden aber noch zu diskutieren sein wird. Beide tragen den schräg angelegten Mantel, der zur rechten Schulter hochgeführt und dort sowie entlang des rechten Oberarmes mit Knöpfen befestigt wird, wie es auch der Mantel der Koren des Cheramyes auf Samos zeigt (vgl. Abb. 31. 32). An der Front ist der Mantel immer so gebildet, dass die schweren, vertikal verlaufenden Falten des Mantelstoffes treppenartig auf eine sich etwa in der Mitte des Rumpfes befindende, hochgezogene Mittelfalte hin im spitzen Winkel zulaufen. Dieses Gestaltungsmerkmal wiederum haben wir bereits bei der Lyon-Kore beobachten können, wie auch die ungleichmäßige Gewichtung des an den Körperseiten herabfallenden Mantelstoffes (vgl. Abb. 57 a.b). Der Mantel fällt an der rechten Seite stets länger herab als an der linken, wo er meist bis knapp unter die Hüfte reicht. Neu ist die zusätzliche Befestigung des Mantels mittels eines vertikal zwischen beiden Brüsten hindurch verlaufenden Brustbandes. Der oben aus dem Band herausgezogene, dieses leicht überlappende Mantelstoff erhält bei vielen Koren ein individuelles Design durch unterschiedliche Faltenformulierung oder Musterung und wird zu einem kleinen, aber sehr persönlichen Gestaltungselement. Kombiniert wird der stoffreiche, aus schwerem, dichtem Material bestehende Mantel mit einem gegürteten Chiton mit halblangen Ärmeln, der durch eine prominente, auf der Front verlaufende Schmuckborte akzentuiert wird, wie wir sie von den Gewändern der Berliner Göttin oder der Phrasikleia kennen (vgl. Abb. 51. 52 a.b. 53 a.b). Durch filigran gebildete Falten auf der Vor- und Rückseite des Chitonunterteils wird ein dünner, leichter Stoff angedeutet, der gerade in der Seiten- und Rückansicht der Koren deutlich Schenkel und Gesäß herausmodelliert und so den Anschein von Transparenz erweckt (Abb. 62). Außerdem ist der Chiton im Bereich der linken Schulter, des Oberarms und der linken Brust sichtbar, wo er durch zarte Rieselfalten gekennzeichnet wird. Interessanterweise erfolgt hier die Angabe

Abb. 60 (li.)
Akropoliskore 680, Athen, um 530 v. Chr. Athen, Akropolismuseum.

Abb. 61 (re.)
Akropoliskore 682, Athen, um 530 v. Chr. Athen, Akropolismuseum.

Abb. 62 (li.)
Akropoliskore 682, rückwärtige Schrägansicht.

Abb. 63 (re.)
Akropoliskore 681, Chitonoberteil mit ornamentalisierter Faltenspirale, Athen, um 530 v. Chr. Athen, Akropolismuseum.

der zarten Textilbeschaffenheit durch Falten von ganz anderem Charakter als am Gewandunterteil, obwohl es sich um dasselbe Kleidungsstück handelt. Die kleingewellten Rieselfalten bestimmen aber nicht nur das Oberteil des Chitons, sondern bemerkenswerterweise auch die Oberfläche des Mantels auf Schulter und Oberarm, wo die Falten von der Knöpfung auf den umliegenden Stoff ausstrahlen. Diese Rieselfalten gehen dann etwa im Bereich der Brust in die schweren, senkrecht verlaufenden Mantelfalten über. Auch an dieser Stelle wird also der Stoff desselben Kleidungsstückes unterschiedlich dargestellt. Solche nicht realen Elemente sind, gerade in der Kleidung der spätarchaischen Koren, ein häufig anzutreffendes Phänomen[22]. Oft sind es kleine, verspielt wirkende Details, die einen klaren Bezug zur Realität vermissen lassen. Dazu gehört beispielsweise der unter der linken Achsel der Kore 680 herausgezogene, kleine Stoffrest, dessen Zustandekommen aus der tatsächlichen Anlage des Gewandes nicht unmittelbar erklärbar ist. Bei der Kore 682 ist es eine wasserfallartig aus dem rechten Ärmel herabstürzende Faltenformation, die ohne Bezug zu wirklich getragener Kleidung zu sein scheint, und die Kore 681[23] weist seitlich der linken Brust eine verschlungene Faltenspirale ohne erkennbaren Ursprung auf (Abb. 63).

Wie sind nun diese manieristischen Ornamentalisierungen und phantastischen Elemente in der Kleidung der Koren zu erklären? Es ist durchaus vorstellbar, dass sich die Bildhauer durch die dekorativen Elemente der realen weiblichen Garderobe inspirieren ließen und die aus der Alltagswelt bekannte Freude am aufwendigen Detail der Gewandung in die Formensprache der Plastik übersetzten. Dabei nutzten sie ihre künstlerische Freiheit, um wirkliche Bestandteile der Kleidung mit dem Vokabular archaischer Bildhauerarbeit auszudrücken. Die Neigung zur Ornamentalisierung kann als ein typisches Kennzeichen der archaischen Plastik angesehen werden, was etwa die Bildung der Ohren oder auch der Frisuren mancher früher Koren und Kouroi, den männlichen Äquivalenten der Korenstatuen, veranschaulichen[24].

Untersuchungen zur Polychromie der beiden Korenstatuen haben eine Fülle an unterschiedlichen Gewandverzierungen zum Vorschein gebracht[25]. Auch heute noch sind zahlreiche Reste der einstigen Bemalung mit bloßem Auge zu erkennen. Auffällig ist, dass das Maß und die Vielfalt der Verzierung der Gewänder im Vergleich zu den älteren attischen Koren deutlich zugenommen haben. Besonders beliebt scheint die Ausschmückung in Form der dekorativen Borte zu sein, die vor allem die Saumkanten und Nähte der Gewänder akzentuiert. Die Farbtafeln von Lermann zu den Koren 680 und 682 geben trotz ihrer collageartigen Zusammenstellung einzelner Musterbögen einen lebhaften Eindruck von der Opulenz und Variationsbreite dieser Verzierungen[26] (Abb. 64; vgl. Abb. 40). So werden die untere Saumkante des Schrägmantels, der Saum des Halsausschnitts, die Naht entlang des linken Oberarms, der rüschenartige Überfall am diagonalen Brustband, die Mittelborte auf dem Chitonunterteil sowie dessen Fußsaum mit aufwendigen Mustern versehen. Während beispielsweise die Zierborten der Kore 682 durch die

Abb. 64
Akropoliskore 680, Musterbogen der Gewandverzierung (Wilhelm Lermann).

Abb. 65
Akropoliskore 682,
Farbrekonstruktion
(Bernhard Schmaltz).

Komplexität der Konstruktion der einzelnen Muster bestechen, faszinieren jene der Kore 680 durch die Vielzahl unterschiedlichster Motive wie Punkte, verschieden gestaltete Mäander, Wellen, Tropfen, kleine Haken und Quadrate. Neben den gemusterten Borten werden die Gewänder mit Streumustern bereichert, die sich über die Gewandoberfläche des Mantels und häufig auch über den Stoff des Chitonunterteils erstrecken, wobei die Motive auf Mantel und Chiton dann meist dieselben sind. So werden hier interessanterweise Mantel und Chitonunterteil, obwohl es sich um zwei verschiedene Kleidungsstücke handelt, optisch zu scheinbar einem Kleidungsstück zusammengebunden. Die farbliche Rekonstruktion der Kore 682 von Bernhard Schmaltz gibt ein anschauliches Beispiel für dieses Phänomen[27] (Abb. 65). Ähnliches gilt für ein auf dem Chitonunterteil an vielen Koren nachgewiesenes Band. Zum Zustandekommen dieses Bandes als auch zu der Absicht seiner Wirkung hat die Forschung bis zum gegenwärtigen Zeitpunkt keine plausible Erklärung[28]. Dasselbe gilt für den bei den Gewändern der Koren vielfach anzutreffenden, merkwürdigen Befund der unterschiedlichen Farbgebung von Chitonober- und -unterteil. Die polychrome Fassung der Kore 682 von Schmaltz veranschaulicht auch diesen Effekt[29]. Allerdings ist auffällig, dass die differente Farbgebung von Chitonober- und -untereil konsequent mit deren unterschiedlicher Charakterisierung durch verschiedene Falten zusammenpasst. Dieser Sachverhalt ließ einige Forscher vermuten, es handele sich bei dem Grundgewand der Koren nicht um einen Chiton, sondern um zwei voneinander getrennte Kleidungsstücke, der heute gängigen Kombination aus Rock und Bluse vergleichbar[30]. Ähnliches gilt in umgekehrtem Sinne für die optische Zusammenbindung von Schrägmantel und Chitonunterteil durch die Verwendung gleicher Musterung, die vereinzelt zu der Annahme führte, dass hier ein zusammenhängendes Kleidungsstück gemeint sei. Dieser sog. ionisierende Peplos sei so lang gewesen, dass er am Oberkörper umgeschlagen wurde und auf diese Weise einen mantelartigen Überschlag gebildet habe[31]. Sowohl die Vorstellung von Rock und Bluse als auch die Hypothese vom ionisierenden Peplos konnten inzwischen zuverlässig wiederlegt werden.

Die entscheidende modische Neuerung der «Schrägmanteltracht» betrifft nun die endgültige Herauslösung des Gewandes aus der konventionellen etuihaften Silhouette. Dies geschieht zum einen durch den in volumenreiche Falten gelegten Mantelstoff, der an der rechten Körperseite der Koren frei herabfällt, und zum anderen durch das uns bereits bekannte Motiv der Gewandraffung. Auf der linken Körperseite fassen die Koren das Gewand mit der Hand, heben den Stoff an und ziehen ihn gleichzeitig ein Stück seitlich vom Körper weg. Anders als bei der Phrasikleia oder der Lyon-Kore reagiert der Chiton konsequent auf diese Aktion (vgl. Abb. 51. 57 a.b) . Die auf der Front verlaufende Schmuckborte schwingt in einem großen Bogen zu der Raffung hin, und auf dem Chitonunterteil bilden sich feine, bogenförmig verlaufende Zugfalten, die dieser Bewegung folgen. Der auf die Aktion reagierende Stoff verleiht der Gewandoberfläche eine große Dynamik. Von einer starken Bewegung scheint jedoch nicht nur das Chitonunterteil, sondern nahezu die gesamte Kleidung erfasst zu sein. Dieser Effekt wird zum einen durch die differente Faltenmodulation und die damit verbundene Angabe unterschiedlicher Stoffqualitäten erzeugt. So sind die textile Beschaffenheit von Chitonoberteil, Schrägmantel und Chitonunterteil deutlich voneinander abgesetzt. Zum anderen wird der Stoff durch die zahlreichen Verzierungen belebt, die markante Stellen der Kleidung noch betonen wie beispielsweise das diagonal vor der Brust verlaufende Band oder die in welligen Falten ausschwingenden Mantelsäume. Auch das gesteigerte Maß der Schmuckelemente unterstützt die dynamische Wirkung der Kleidung. Die Muster werden immer kleinteiliger und abwechslungsreicher gestaltet und darüber hinaus nehmen die Verzierungen einen Großteil der gesamten Gewandoberfläche ein, so dass nahezu kein Areal ungenutzt bleibt. Neben den Verzierungen der Gewänder weisen auch die Diademe der Koren, ihre Gürtel und Ohrringe, die meist in Form runder Scheiben ausgebildet sind, Musterungen auf.

Des Weiteren ist die «Schrägmanteltracht» der Koren von gesteigerten Gegensätzen geprägt. Noch viel intensiver als bei der Lyon-Kore erscheint der Kontrast zwischen einem wie transparent wirkenden Unterkörper und einem durch den stoff- und faltenreichen Mantel stark verhüllten Oberkörper. Dieser markante Kontrast erhöht gleichzeitig das erotische Moment der Kleidung. Erscheint der Unterkörper einerseits wie unbekleidet, so ist er doch verhüllt, was gerade durch die auf der Oberfläche zur Gewandraffung hin verlaufenden Falten in Erinnerung gerufen wird. Wandert der durch die «freigelegten» Beine angezogene Blick des Betrachters weiter nach oben, so bleibt doch alles, was sich oberhalb befindet, seiner Vorstellungskraft überlassen. Das sinnliche Spiel der Kleidung mit dem darunter liegenden Körper zeigt, dass Kleidung und Körper als Teile eines ganzheitlichen Konzeptes angelegt sind, das nur durch einen Dialog beider Elemente miteinander funktioniert.

Mit dem veränderten Verhältnis von Körper und Gewand, dem spannungsreichen erotischen Moment, der Liebe zur dekorativen Ausschmückung und dem Element der bewussten Repräsentation der Kleidung stellt die Kombination aus Schrägmantel und Chiton im Vergleich zu der den Körper nachformenden, über lange Zeit kaum veränderten Tracht etwas qualitativ Neues dar. Da eine wesentliche Eigenschaft von Mode immer die Hervorbringung von «etwas Neuem» bezeichnet, wäre diese Kleidung zuerst einmal als «die neue Mode Athens» anzusehen. In der Forschungsliteratur ist dagegen häufig von *der* Schrägmantel*tracht* der Akropoliskoren zu lesen. Tatsächlich hat sich ab etwa 530 v. Chr. eine Art festes Schema für die Kombination von Schrägmantel und Chiton entwickelt, dessen erste Vertreterinnen unter anderem die besprochenen Koren 680 und 682 sind. Etwa 30 gut erhaltene Koren weisen eben diesen Typ von Gewandung auf, der sich stets durch die oben geschilderten Charakteristika auszeichnet und lediglich in kleinen Details wie der Motivik der Gewandmuster oder einem different gestalteten Brustband von diesem Schema abweicht[32]. Diese Gegebenheit lässt die Bezeichnung «Tracht» also zunächst berechtigt erscheinen. Die weitere Modeentwicklung zeigt jedoch, dass dieses Gewandschema nicht bindend wird, denn zur gleichen Zeit entstehen zahlreiche sehr individuell anmutende Gewänder, die zwar entscheidende Elemente der Schrägmantel-Chiton-Kombination aufgreifen, diese aber in vielfältiger Weise bereichern und variieren. Die Kombination aus Schrägmantel und Chiton wird man statt als «Tracht» deshalb treffender als eine «Modekonvention» bezeichnen.

Neue Vielfalt und retrospektive Tendenzen

Als die neue Mode gegen 530/20 v. Chr. in der Stadt Einzug hielt, war Athen zu einem der bedeutendsten internationalen und kulturell führenden Zentren im Mittelmeerraum geworden[33]. Die aufwendige Ausgestaltung der für die Stadt wichtigsten religiösen Feste zu Ehren des Dionysos und der Stadtgöttin Athena ließen diese zu überregionalen Ereignissen werden und zogen viele Teilnehmer aus der gesamten griechischen Welt an. Die freundschaftliche Verbindung des Peisistratos zu den Tyrannen der Inseln Samos und Naxos beförderte einen regen kulturellen Austausch mit diesen berühmten Stätten der Bildhauerei und hatte eine gesteigerte Einwanderung ionischer Bildhauer zur Folge. Der anwachsende Reichtum der Athener brachte ab der Mitte des 6. Jhs. v. Chr. aber nicht nur den Wunsch nach qualitätsvollen Bildhauerarbeiten mit sich, sondern führte insgesamt zu einer gesteigerten Nachfrage an Luxusgütern, durch deren Zurschaustellung man sich mit anderen Mitgliedern der Oberschicht öffentlich messen konnte. Zu diesen Luxusgütern zählte im Besonderen auch teure und aufwendige Kleidung. Vor allem die erlesenen ionischen Textilien, die einen exzellenten Ruf genossen und durch die engen Verbindungen mit den Inseln nun auch leicht erreichbar waren, erfreuten sich großer Beliebtheit. Daher verwundert es auch nicht, dass die beiden zentralen Kleidungsstücke der neuen Mode, Chiton und Schrägmantel, ionischen Ursprungs sind. Das durch die offene Politik des Peisistratos in Athen entstandene interkulturelle Flair einerseits und der gesteigerte Reichtum der Athener andererseits könnten damit als die entscheidenden Motivatoren für die neue Mode gewirkt haben.

Neben der gängigen Schrägmantelkleidung, die, wie eben erläutert, eine neue Modekonvention darstellt, entstehen in dichter Folge sehr individuelle und kreative Gewänder, die deutlich von dem etablierten Schema abweichen. Modisch besonders interessant ist das Gewand der etwa um die Wende vom 6. zum 5. Jh. v. Chr. entstandenen Kore 685[34] (Abb. 66 a.b). Ihr Mantel folgt im Prinzip der vertrauten Schrägmantelkonzeption. Der entscheidende Unterschied liegt im Verhältnis zum Körper, denn der Mantel kehrt in seiner Form eng an die Silhouette des Körpers zurück. Lediglich eine schmale Stoffbahn fällt noch frei an der rechten Körperseite herab, die übrigen Faltenbahnen schmiegen sich in sanfter Biegung an die Wölbungen des Leibes und modellieren sacht den Tailleneinzug und die Rundungen von Hüfte und Oberschenkeln heraus. Auch das Chitonunterteil kehrt zur Etuiform zurück, denn der Stoff wird nicht mehr zur Seite gerafft, sondern fällt in engen, parallelen Falten am Oberkörper herab. Dabei legt sich das Gewand so eng an Beine und Gesäß an, dass der Eindruck von Transparenz trotzdem gewahrt wird. Die Waden, die Oberschenkel, die Einziehung zwischen rechtem und linkem Bein sowie das Gesäß bleiben gut erkennbar. Es scheint fast so, als würden die Rundungen der Beine und des Gesäßes von dem Verlauf der eng anliegenden Falten des Gewandes nachdrücklich betont. Da das Chitonunterteil aber durch den Verzicht auf die Raffung und das dadurch entstehende, ausgeprägte Faltenrelief eine viel intensivere Stofflichkeit erhält, wird die Spannung zwischen der gegenständlich festen Stoffschicht und dem sich darunter abzeichnenden Unterkörper der Kore stark gesteigert. Dies hat wiederum eine Intensivierung des sinnlichen Moments zur Folge, weil der Stoff mit seinem greifbar verhüllenden Charakter gleichzeitig etwas sichtbar macht, was eigentlich nicht wirklich sichtbar ist. Ähnliches gilt für den Schrägmantel. Die stofflich dichten Faltenbahnen modellieren zugleich die darunterliegenden Körperformen nach. Schrägmantel und Chiton werden nun optisch zusammengeführt, indem beide Kleidungsstücke nahezu wie aus einem Guss ineinander überfließen, verbunden durch die vorgegebene Silhouette des Körpers. Diese harmonische Zusammenführung von Mantel und Chitonunterteil hebt die starke Kontrastwirkung zwischen Ober- und Unterkörper auf, wie sie für die konventionellen Schrägmantelkoren so typisch ist. Das Gewand der Kore 685 erinnert eher an den eleganten Kostümcharakter, der die Kleidung der etwa drei Generationen ältere Berliner Göttin bestimmte (vgl. Abb. 53 a.b). In die kostümhafte Gewandkomposition wird nun auch der Körper in einer vorher nicht gesehenen Weise integriert. Ferner hat das Gewand der Kore noch ganz eigene Details erhalten, wie beispielsweise den lang herabfallenden Rüschenärmel am linken Arm, sowie eine eigenwillige Oberflächenformulierung des Chitonoberteils, dessen Falten in stark ausgeprägten gezackten Linien verlaufen.

a

b

Abb. 66 a.b
Akropoliskore 685,
Athen, um 500 v. Chr.
Athen, Akropolismuseum.

Obwohl die Kleidung der Kore im Grundsatz dem konventionellen Schrägmantelschema vieler anderer Akropoliskoren entspricht, ist hier von der Idee her doch etwas Neues geschaffen worden. Es hat eine interessante Verschmelzung aus der traditionellen Etuiform und dem auf Kontraste hin konzipierten Schrägmantel stattgefunden, die der Gesamtkomposition der unterschiedlichen Kleidungsstücke in Verbindung mit dem Körper ein vorher nicht gesehenes Maß an Harmonie und gleichzeitiger hocherotischer, kontrastreicher Spannung verleihen. Bemerkenswert ist auch die Wirkung, die sich aus der Veränderung selbst kleiner Details ergibt, wie dem Rüschenärmel des linken Armes, der als gestalterisches Element jedoch ausreichend ist, die individuelle Wirkung des Gewandes kraftvoll zu verstärken. Mit der kreativen

a

b

Abb. 67 a.b
Akropoliskore 594, Athen, um 500 v. Chr. Athen, Akropolismuseum.

Vermischung retrospektiver und neuer Elemente und dem Sinn für die große Wirkung von Einzelheiten verweist die Garderobe dieser Kore auf eine hohe modische Sensibilität.

Die wohl im letzten Jahrzehnt des 6. Jhs. v. Chr. auf die Akropolis von Athen geweihte Kore 594 kombiniert die konventionelle Schrägmantelmode mit einem zusätzlichen Mantel, der nach traditioneller Manier von hinten über die Schultern nach vorne gelegt wird[35] (Abb. 67 a). Auf der Vorderseite fällt dieser Mantel dann aber nicht einfach in zwei langen Zipfeln gerade am Körper herab, wie es beispielsweise an der Kore 593 zu beobachten war (vgl. Abb. 49), sondern er wird in eigenwilliger, vom vertrauten Schrägmantelschema abweichender und aufwendiger Weise um den Körper herum drapiert. Der zweite Mantel ist am besten in der Rückansicht zu erkennen (Abb. 67 b). Er wird von hinten nach vorne über beide Schultern gelegt, so dass der linke, durch wellenartige Falten charakterisierte Ärmel des Chitons sichtbar bleibt. Auf der rechten Körperseite bedeckt der Mantel die Schulter und den ganzen Oberarm. Der Mantelstoff fällt am Rücken in durchhängenden, übereinandergelegten Bogenfalten bis zum Ansatz des Gesäßes herab. Damit weist auch die Kleidung dieser Kore einen retrospektiven Zug auf, denn die Art der Faltenformulierung erinnert stark an den in ganz ähnlicher Weise drapierten Mantel der Berliner Göttin (vgl. Abb. 53 a.b).

An der Vorderseite wird eine Identifizierung des zweiten Mantels vor allem durch die ornamentale Stilisierung der Faltenbahnen durch den Bildhauer erschwert. Hier ist die von der Schulter nach vorne herablaufende Faltenbahn zu einem großen, spiralförmigen Ornament unterhalb des rechten Armes stilisiert worden. Wahrscheinlich soll durch diese Verfremdung angedeutet werden, dass der von der Schulter herabfließende Stoff des Manteltuches unterhalb des Ellbogens in einem Bogen wieder zum Arm zurückführt und dann über den Unterarm nach außen hinübergeworfen wird. Die vorne über die linke Brust herabfallende Stoffbahn, welche das diagonal zur rechten Schulter hochgeführte Brustband des Schrägmantels überschneidet, gibt sich hingegen eindeutig als Teil des zweiten Mantels zu erkennen. Die Kombination des Schrägmantels mit einem weiteren Mantel führt auf der Vorderseite der Kore am Oberkörper zu einem Gewirr aus verschiedenen Linien und Formen und verleiht der Kleidung den Charakter eines nahezu irrealen Kunstgebildes. Trotz der

Abb. 68
Akropoliskore 594, rückwärtige Schrägansicht.

eigenwilligen Stilisierung kann jedoch festgehalten werden, dass die konventionelle Schrägmantelmode durch einen zusätzlichen Mantel ergänzt wurde, der die textile Üppigkeit im Bereich des Oberkörpers noch intensiviert.

Untersuchungen zur Farbigkeit der Kore ergaben eine prächtige Variation unterschiedlich gemusterter Borten und Streumuster[36] (Abb. 69). Demnach waren sowohl die Saumkante des Schrägmantels, jene des zweiten Mantels, die Schmuckborte auf der Front des Chitonunterteils, ein breiter Streifen, der die Naht des linken Chitonärmels einfasste, sowie dessen Abschlusssaum mit ganz unterschiedlichen Mustern versehen. Wenn die Farbtafeln Lermanns die Musterungen korrekt wiedergeben, dann hatte der zweite Mantel sogar zwei verschieden gestaltete Saumkanten. Ferner wiesen wahrscheinlich beide Mäntel noch unterschiedliche Streumuster auf. Mit den vielen verschiedenen Faltenformulierungen, different gestalteten Schmuckborten und den mannigfachen, übereinanderliegenden Stoffschichten wirkt die Kleidung der Kore wie eine wahre *tour de force* durch alle Gestaltungsmöglichkeiten und damit regelrecht überladen.

Abb. 69 Akropoliskore 594, Musterbogen der Gewandverzierung (Wilhelm Lermann).

Besonders interessant ist, dass es zu diesem Eindruck von Überladung eine Gegenbewegung in der plastischen Ausformulierung des Gewandes gibt. Die Kleidung verliert an manchen Stellen ihr volles Volumen, so beispielsweise an den im Rücken herabfallenden, flach geschichteten Falten des Mantels und in sehr starker Ausprägung an der linken Flanke des Körpers, wo die sich sanft wellende Abschlusskante des Mantels nur noch in zartem Relief wiedergegeben wird (vgl. Abb. 68). Diese abschwächenden Tendenzen in der *plastischen* Ausgestaltung der Kleidung sollten jedoch nicht darüber hinwegtäuschen, dass das Gewand der Kore 594 im Vergleich zu den konventionellen Schrägmantelkoren in seiner Opulenz im Hinblick auf Gewandverzierungen und die Bereicherung durch ein weiteres Kleidungsstück noch einmal gesteigert wurde.

Auch die ebenfalls um die Jahrhundertwende gefertigte Kore 615 trägt den diagonal angelegten Schrägmantel und den zusätzlichen zweiten Mantel[37] (Abb. 70 a). Trotzdem unterscheidet sich der Charakter des Gewandes dieser Kore erheblich von jenem der herkömmlichen Schrägmantelkoren oder auch von der Kleidung der eben vorgestellten Kore 594. Die Oberfläche des Schrägmantels wird nicht mehr durch Falten strukturiert, sondern wurde vollkommen glatt belassen. Durch die fehlenden Falten hat der Mantel sein plastisches Volumen eingebüßt und schmiegt sich nun eng an den Körper. Auch die für den Schrägmantel so charakteristische Knöpfung auf der rechten Schulter und entlang des rechten Oberarmes wurde aufgegeben, wie auch die übliche rüschenhafte Verzierung des Brustbandes. In starkem Kontrast zu der planen Oberfläche des Mantels stehen der an der rechten Körperseite herabfallende, stark gewellte Stoffrest des Schrägmantels sowie der kleine Rüschenärmel am rechten Ellbogen, die beide eher wie unpassende Ergänzungen wirken, dadurch aber gleichzeitig besondere Aufmerksamkeit auf sich lenken. Am Chitonunterteil wurde wie bei der Kore 685 die Raffung aufgegeben. Der Stoff wird hier aber nicht mehr durch Falten angegeben. Das Gewebe liegt wie eine zweite Haut auf den Unterschenkeln auf, die in ihrer ganzen Anatomie fassbar werden. Dieser gesteigerte Eindruck von Transparenz, bei dem die stoffliche Materie des Gewandes fast völlig aufgehoben wird, verdeutlicht sich am besten in der linken Schrägansicht (Abb. 70b). Die Körperkontur der Kore ist hier so scharf nachgezeichnet, als wäre sie tatsächlich unbekleidet, denn selbst die Gesäßfalten am Übergang zu den Oberschenkeln sind gut zu erkennen.

In modischer Hinsicht ist die sehr extravagante und individuelle Drapierung des zweiten Mantels bedeutsam. Dieser wird über die linke Schulter und den linken Oberarm nach hinten geleitet, wo er diagonal über den Rücken hinunter zur rechten Hüfte verläuft. Hier wird das Manteltuch dann wieder auf die Vorderseite der Kore geführt, wo es sich schräg ansteigend vor dem Oberkörper hinzieht und dabei den von der linken Schulter herabgeführten Mantelteil kreuzt. Abschließend wird der Mantel über den linken Arm nach außen gelegt. Besonders auffällig ist ein kleiner, sackartig aufgeblähter Bausch, der vorne aus dem schräg drapierten Mantel heraushängt und dessen Zustandekommen rätselhaft bleibt. Die Stoffoberfläche des zweiten Mantels ist lediglich durch wenige, zarte Falten auf der Vorderseite strukturiert. Auf der

a

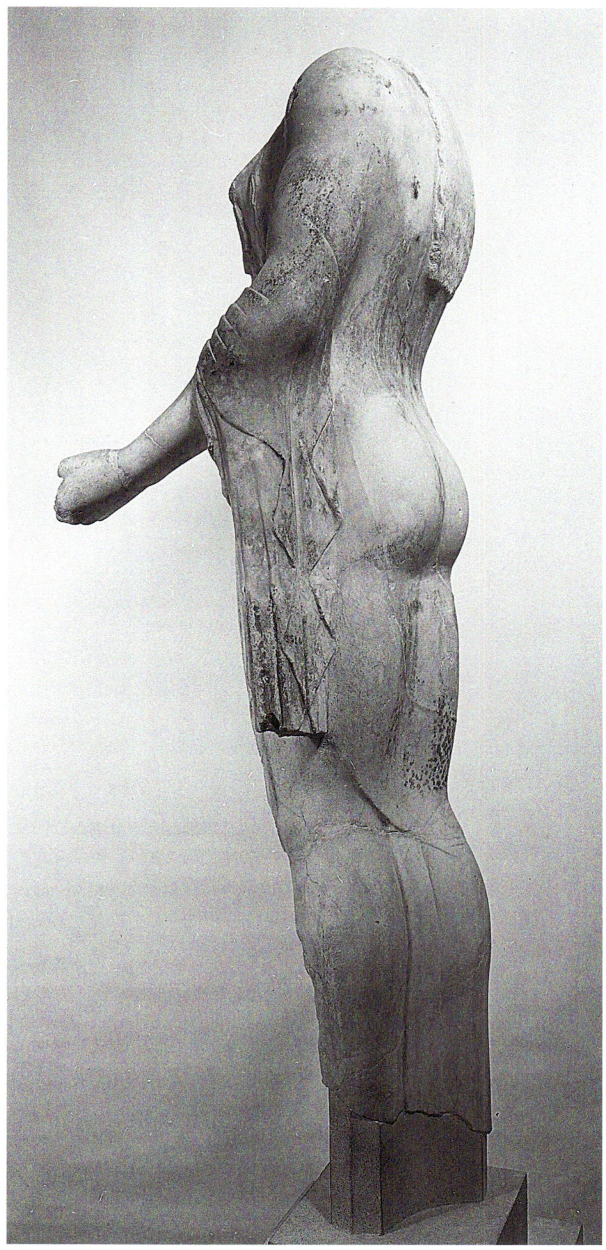

b

Abb. 70 a.b
Akropoliskore 615, Athen, um 490 v. Chr. Athen, Akropolismuseum.

Rückseite wurde er weitestgehend plan belassen und eng um den Körper gezogen. Durch die geglätteten Oberflächen und ihre stärker körpernahe Anlage wird die Kontrastwirkung zwischen Ober- und Unterkörper abgemildert. Dies hat aber keine Reduktion des erotischen Moments zur Folge, denn gerade die wie nackt erscheinende Rückansicht der Kore entblößt den Frauenkörper in einer vorher nicht gesehenen Weise.

Die Ergebnisse zur Untersuchung der Gewandmuster sind spärlich[38]. Nach Langlotz wies der Chiton eine rote Grundfarbe auf und war auf der Front mit einer blauen Mäanderborte mit eingeschobenen Kreuzen verziert. Des Weiteren beobachtete er Farbreste auf dem zweiten Mantel sowie Spuren eines aus Rosetten bestehenden Streumusters. Wie Untersuchungen mit der UV-Fluoreszenz zeigen, wurde die Naht auf der rechten Schulter und entlang des rechten Oberarms beiderseits von einem prunkvollen Zinnenmäander eingefasst, auf dem jeweils ein filigraner

Abb. 71
Akropoliskore 615, Rekonstruktionszeichnung der Gewandmuster am Chitonärmel (Vinzenz Brinkmann, Ausführung Ulrike Koch-Brinkmann).

Palmettenfries aufsaß[39] (Abb. 71). Es ist sehr wahrscheinlich, dass das jetzt scheinbar so schmucklose Gewand insgesamt ähnlich prächtig verziert war, wie wir es von den bereits besprochenen Koren kennen.

Das Gewand der Kore 615 ist vielleicht das individuellste und eigenwilligste, das an einer Akropoliskore überhaupt zu sehen ist. Besonders die eher nüchtern wirkende Gestaltung der Gewandoberfläche, die innovative Drapierung des zusätzlichen Manteltuches und der gezielte Einsatz eigenwilliger Details entfernen das Gewand dieser Kore weit von den konventionellen Schrägmantelkoren (vgl. Abb. 60. 61). Auch ihre Kleidung zeigt zum einen abschwächende Tendenzen wie beispielsweise die Reduktion der Faltengebung und gleichzeitig eine Steigerung der individuellen und kreativen Momente, welche der Kleidung trotz formaler Abmilderung eine besondere Originalität verleihen.

Einen weiteren besonderen Fall stellt das Gewand der nach ihrem Stifter benannten Euthydikoskore dar, die mit einer Entstehungszeit wohl kurz vor 480 v. Chr. die letzte uns bekannte Korenweihung von der Akropolis in diesem Darstellungsschema ist[40] (Abb. 72 a.b). Sie ist eines von nur zwei Korenanathemen, die sicher mit einer dazugehörigen Weihinschrift in Verbindung gebracht werden können. Die Kore ist in zwei Bruchstücken erhalten, der mittlere Teil, der Gesäß und Oberschenkel umfasst, fehlt. Die erhaltenen Teile befinden sich jedoch in ausgezeichnetem Zustand und übermitteln ein ausreichendes Maß an Kleidung, um wichtige modische Veränderungen im Gewand dieser Kore erkennen zu können. Auch sie trägt die Schrägmantelmode mit den üblichen formalen Gestaltungsmerkmalen. Dennoch ist die Wirkung ihrer Kleidung im Vergleich zu den anderen Koren eine vollkommen andere. Wie bei der Kore 615 wurden Teile ihrer Kleidung plan belassen. So weist der Chiton an der linken Hälfte des Oberkörpers überhaupt keine Zeichnung mehr durch Falten auf. Außerdem wurde den Falten des Schrägmantels ihr üppiges Volumen entzogen. Stattdessen verlaufen sie flach übereinandergeschichtet in streng vertikaler Ausrichtung am Körper entlang. Auch das Brustband wurde vereinfacht und besteht aus fünf gleichförmigen Wülsten.

Die Tendenz zu einer starken Vereinfachung der Kleidung bestätigen auch die Untersuchungen zur Polychromie der Euthydikoskore[41]. Im Gegensatz zu allen anderen Koren weisen die Säume ihrer Kleidung keine Verzierung mehr mit elaboriert gestalteten Borten auf. Interessant ist jedoch der Befund eines unter UV-Fluoreszenz wiederentdeckten Gewandmusters auf der glatten Oberfläche des Chitonoberteils (Abb. 73a.b). Hier konnte ein figürlicher Fries nachgewiesen werden, der ein Wagenrennen zeigt. Der Gebrauch von figürlichen Friesen als Gewandschmuck ist definitiv ein retrospektives Element, das bisher noch nicht im Zusammenhang mit der Schrägmantelmode festzustellen war, sondern vielmehr ein typisches Charakteristikum für die etuiförmigen Trachtgewänder darstellt, wie es die Kleidung vieler Frauen auf frühgriechischen Vasenbildern oder zuletzt auf der Akropolis das Gewand der sog. Peploskore zeigen (vgl. Abb. 55. 56).

Der Chiton am Unterkörper wird in üblicher Manier zur Seite hin gerafft. Bedingt durch diese Aktion weist der um die Beine gespannte Stoff die typischen filigranen Zugfalten auf. Von neuer Qualität ist jedoch die Darstellung des zarten Leinenstoffes. Er wirkt in einem Maße fein und durchsichtig, dass man den Eindruck hat, selbst durch das auf den Fußrücken aufliegende Textil hindurch die Anatomie der Füße noch weiter verfolgen zu können. Körper und Gewand scheinen an dieser Stelle paradoxerweise miteinander zu verschwimmen. Diese äußerst elegant wirkende Formulierung des Stoffes am Chitonunterteil steht in scharfem Gegensatz zu der sehr einfachen Textilgestaltung am Oberkörper.

Die Kleidung der Euthydikoskore ist demnach von einer ausgeprägten Ambivalenz beschaffen. Auf der einen Seite enthält das Gewand viele Elemente der Schrägmantelmode wie die formale Anlage des Mantels, die Kontrastierung zwischen Ober- und Unterkörper und das damit erzeugte aufreizend erotische Moment oder die Raffung des Stoffes zur Seite hin. Auf der anderen Seite werden, gerade in der Formulierung der Kleidung am Oberkörper, ganz neue modische Impulse greifbar. Der Trend zu einer schlichteren Gestaltung der Gewänder, der sich bei den späten Koren zaghaft andeutet, scheint für die Kleidung der Euthydikoskore maßgeblich gewesen zu sein. Diese neue schlichte Eleganz sollte für die Frauenmode des klassischen Athen von großer Bedeutung sein.

Die konventionelle Schrägmantelmode und ihre vielfältigen Variationen bestimmten aber nicht allein das Bild der weiblichen Garderobe im spätarchaischen Athen. Neben der neumodischen Kleidung weisen einige Koren Gewänder auf, die weit weniger luxuriös erscheinen und in ihrer Grundkonzeption eher der etuiförmigen Tracht verpflichtet sind.

a

b

Abb. 72 a.b
Sog. Euthydikoskore
(Akropoliskore 686/609).
Athen, kurz vor 480 v. Chr.
Athen, Akropolismuseum.

a

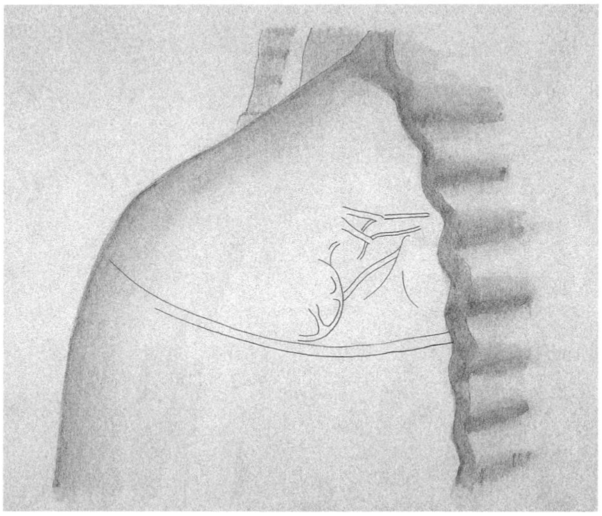

b

Abb. 73 a.b
Sog. Euthydikoskore, Rekonstruktionszeichnung der Gewandmuster auf dem Chitonoberteil (Franz Winter; Vinzenz Brinkmann).

Als Beispiele können hier die Koren 670[42] und 671[43] (Abb. 74) genannt werden, die etwa im gleichen Zeitraum wie die konventionellen Schrägmantelkoren 680, 681 und 682 (vgl. Abb. 60–63) entstanden sind. Beide tragen einen gegürteten Chiton mit einem langen, nach vorne über den Gürtel fallenden Bausch, welchen die Kore 671 noch mit einem in traditioneller Manier über die Schultern gelegten langen Mantel kombiniert. Die Schmuckborte auf der Front des Chitonunterteils betont bei beiden Frauenstatuen in steifem Verlauf die Vertikale, wie auch die streng parallel ausgerichteten Rieselfalten ihrer Chitonoberteile, während der gerade abschließende Überfall die Waagrechte aufnimmt. Durch den weit aus dem Gürtel heraushängenden Bausch und den langen Mantel kommt ferner das erotische Moment nicht richtig zur Wirkung. Beide Gewänder werden von strikt axial ausgerichteten Linien bestimmt, was die Kleidung der beiden Koren im Gegensatz zu der neuen Mode hölzern und unbeweglich erscheinen lässt. Gerade weil die Bekleidung der eben vorgestellten Koren im wesentlichen den Merkmalen der älteren Tracht verpflichtet ist, sind ihre Gewänder ein Beleg dafür, wie vielfältig das Spektrum der im spätarchaischen Athen geleichzeitig nebeneinander getragenen Kleidungsstücke und Gewandkombinationen der weiblichen Garderobe gewesen ist.

Auch wenn die Kleidermode ihre Bezeichnung als eigenes Phänomen erstmals im Frankreich des 17. Jhs. erhielt, können allgemeingültige, für eine solche Mode typische Eigenschaften, zuverlässig bereits für die Antike nachgewiesen werden. Vielleicht das grundsätzlichste Merkmal modischen Verhaltens ist die Schaffung von etwas Neuem im Gegensatz zum vertraut Konventionellen. Genau dieses Phänomen zeigt sich in Athen ab der Mitte des 6. Jhs. v. Chr. mit der Adaption der aus dem Ausland inspirierten Kleidung von Chiton und Schrägmantel, die einem vollkommen anderen ästhetischen Leitbild folgt als die den menschlichen Körperformen untergeordnete Tracht. Doch blieb es in Athen nicht lediglich bei der Übernahme fremder Kleidungsstücke, denn hier vollzog sich ab etwa 530 v. Chr. ein wahrhaft kreativer Prozess, der in kurzer Zeit ein großes Maß an Dynamik und Variation hervorbrachte und damit in deutlichem Gegensatz zu der vorher über rund 150 Jahre lang getragenen, weitestgehend unveränderten konventionellen Frauenkleidung steht. Der dynamische Wandel, der gezielte Einsatz sich steigernder Gegensätze, das raffiniert erotische Spiel zwischen Textil und Frauenkörper, die üppige Vielfalt an Formen, Farben und Gewandverzierungen, die weit über eine pure Zweckmäßigkeit der Kleidung hinausgeht, und der Rückgriff auf traditionelle Elemente sind ausgeprägte Charakterzüge eines kleidermodischen Verhaltens.

Kleidermode zwischen Aristokratie und Demokratie

Um die Entstehung der spätarchaischen Kleidermode in Athen mit der zeitgenössischen Gesellschaft zu verbinden, bestehen gute Voraussetzungen. Obgleich der große zeitliche Abstand zur Antike und die lückenhaften Quellen, die uns für die Rekonstruktion der gesellschaftlichen und politischen Landschaft des spätarchaischen Athen zur Verfügung stehen, kein vollständiges Bild im Sinne eines historischen Berichtes zeichnen, sind unsere Informationen doch ausreichend, um einige Interpretationsansätze und Szenarien zu entwerfen. Hilfreich ist zudem der Vergleich mit analogen Situationen aus dem Lauf der Menschheitsgeschichte, in denen sich bestimmte Lebensumstände oder Veränderungen der soziokulturellen Gegebenheiten durch eine bestimmte Mode oder einen radikalen Wandel der Kleidungsgewohnheiten ausdrücken. Eines der bekanntesten Beispiele für einen solchen Modewandel ist die Abschaffung von Korsett und Reifrock, den bestimmenden Kleidungsstücken der Standestracht des Ancien Régime, die nach der französischen Revolution durch das sog. Chemisenkleid abgelöst wurden. Dieses nach dem Unterkleid des Rokoko, der Chemise, benannte Gewand wurde aus leichten, durchscheinenden Stoffen wie Musselin oder Gaze gefertigt, und der Akzent saß nicht mehr in der eingeschnürten Taille, sondern unterhalb der Brust, wo das Kleid meist mit einem Band zusammengefasst wurde. Durch die Veränderungen in Stoff und Schnitt wurde im Gegensatz zu den taillenbetonten Brokat- und Damastkleidern des Rokoko ein vollkommen neues Verhältnis von Körper und Gewand geschaffen.

Ein solcher Wandel vollzieht sich, wie wir gesehen haben, mit der Einführung der Schrägmantelmode auch im Athen des ausgehenden 6. Jhs. v. Chr. Die Ausbildung einer dynamischen und vielfältigen Kleidermode, wie die Akropoliskoren sie zeigen, muss aus der Gesellschaft heraus erklärt werden, in welcher sie entstanden ist. Was kann nun die Entwicklung einer Kleidermode im modernen Sinn über die Struktur der spätarchaischen Gesellschaft aussagen, und zu welchem Zweck könnte sich eine solche Mode herausgebildet haben? Die Voraussetzungen für ihre Entstehung liegen in der Struktur der oberen Schicht der archaischen Gesellschaft[44]. Diese allge-

Abb. 74
Akropoliskore 671, Athen, um 520 v. Chr. Athen, Akropolismuseum.

mein als Aristokratie bezeichnete Gruppe setzte sich aus vielen kleinen Familieneinheiten, den sog. *oikoi*, zusammen, die in der Regel Vater, Mutter und die Kinder, manchmal auch die Großeltern, umfassten. Die Zugehörigkeit eines einzelnen *oikos* zur aristokratischen Gesellschaftsschicht definierte sich vor allem über den Reichtum. Der Status eines Aristokraten wurde also in erster Linie dadurch bestimmt, was das Individuum an Wohlstand und daraus abgeleitet an sozialem Ansehen verkörperte. Dies brachte für jeden Oikosbesitzer die Notwendigkeit mit sich, seinen Platz innerhalb der Gesellschaft gegen Gleichgestellte zu behaupten oder im optimalen Fall noch zu verbessern. Als Mittel für diese permanente Absicherung und Aufwertung des eigenen Status fungierte eine extrem individualistische, auf öffentliche Statusdemonstration ausgerichtete «Ansehenskonkurrenz», welche das Handeln der Oberschicht bestimmte[45]. Die Aristokraten maßen sich in musischen und sportlichen Wettkämpfen im Rahmen von Festen in Heiligtümern oder bei der prunkvollen Ausrichtung von Totenfeiern. Vor allem die jungen Mädchen und Frauen eines *oikos* wurden bei den öffentlichen Auftritten zur sichtbaren Verkörperung des eigenen Sozialprestiges genutzt. Sie wurden gleichsam als Teil des beweglichen Besitzes des Oikosherren angesehen.

Nun sind es wohl gerade diese Mädchen und Frauen der Oberschicht, die in den Korenstatuen ihre Entsprechung finden, was jedoch nicht bedeuten soll, dass es sich hier um reale Abbilder individueller Persönlichkeiten handelt. Die meisten Forscher sehen in den Korenweihungen vielmehr Darstellungen anonymer sterblicher Frauen, die bestimmte, sozial hochbewertete Eigenschaften und Verhaltensweisen der Aristokratinnen zeigen und damit als eine Art Wunschbild, Vorbild oder Stimulus anregend wirken und zur Nachahmung auffordern sollten[46]. So kann die an den Koren zu sehende elaborierte, vielgestaltige Mode, die vor Publikum in Szene gesetzt wird, als wesentliches Element des sozialen öffentlichen Wettstreits der Oberschicht angesehen werden. Dass die Kleidung in der aristokratischen Gesellschaft ganz bewusst als Mittel der Distinktion eingesetzt wurde, zeigt die Austragung von Schönheitswettbewerben, wie sie beispielsweise auf Lesbos zu Ehren der Göttin Hera stattfanden[47].

Neben der individuellen Behauptung gegenüber Gleichgestellten war jedoch gleichzeitig die Abgrenzung als sozial überlegene Gruppe zu unteren Gesellschaftsschichten von großer Bedeutung. Deshalb durfte die aristokratische Wettbewerbspraxis nicht zu einer völligen Auflösung des sozialen Zusammenhangs führen und musste sich stets innerhalb eines allgemein anerkannten gesellschaftlichen Rahmens im Sinne akzeptierter «Spielregeln» bewegen. So vollzog sich das Leben der Aristokraten in einem permanenten Spannungsfeld von individueller Behauptung und Abgrenzung einerseits und dem Bedürfnis nach Integration und gesellschaftlicher Absicherung andererseits. Die Ausprägung von Modetendenzen in der Kleidung der jungen Mädchen und Frauen der archaischen Zeit drückt nun dieses Spannungsverhältnis sichtbar aus. Die Grundlage bilden die allgemein der Frauengarderobe zugewiesenen und anerkannten Kleidungsstücke Peplos, Chiton und Mantel. Sie setzen also gleichsam den Rahmen, in dem sich individuelle Ausprägungen bewegen dürfen. Die eigentliche Mode, die sich in der Art und Weise und dem Maß ausspricht, wie diese Kleidung getragen wird, zeigt sich innerhalb dieses Rahmens in aufwendigen, kleinteiligen Gewandmustern, in der Beifügung kleiner individueller Details wie Quasten oder Rüschenärmeln, durch differente Formulierung von Gewandfalten, in der Art und Weise der Drapierung des Mantels oder in der Steigerung des Aufwandes beispielsweise durch die Hinzunahme eines zweiten Mantels. Im Hinblick auf diese modischen Elemente zeigt die Kleidung jeder Kore ein ganz individuelles Gesicht. Alle modischen Ausprägungen bleiben aber immer innerhalb des Spektrums des gesellschaftstypischen «Kleidungsvokabulars» Peplos, Chiton und Mantel.

Des Weiteren muss die Kleidermode vor dem Hintergrund der von tiefgreifenden gesellschaftlichen und politischen Umwälzungen bewegten Periode der Spätarchaik reflektiert werden. Sie entsteht in einer Zeit, in der das Leben in Athen von zwei höchst unterschiedlichen Gesellschaftsformen bestimmt wird. Zum einen ist dies die Tyrannis des Peisistratos und seiner beiden Söhne, die bis zur Vertreibung des letzten überlebenden Sohnes Hippias im Jahre 510 v. Chr. andauerte. In direktem Anschluss folgen wohl noch im selben Jahr die demokratisch geprägten Reformen des Kleisthenes, der aus einer der reichsten und mächtigsten Familien Athens stammte. Seine Reformen sollten dem Volk eine stärkere Beteiligung am politischen und gesellschaftlichen Geschehen ermöglichen. Betrachtet man nun die Entwicklung der Kleidermode in Athen vor diesem Hintergrund, dann ergibt sich folgendes Bild. Die Einführung der neuen Schrägmantel-

Abb. 75
Ansicht der Akropolis von Athen.

mode sowie die Etablierung ihres verschwenderisch reichen Kleidungsstils vollziehen sich um 530 v. Chr. in der Zeit der fest gegründeten Tyrannis der Peisistratiden. Die opulentesten und extravagantesten Modekreationen, die gleichzeitig retrospektive Tendenzen und Vereinfachungen in der formalen Ausgestaltung aufweisen, fallen dagegen in die Zeit nach der Einführung der kleisthenischen Reformen.

Interessant und erklärungsbedürftig ist in diesem Zusammenhang nun, wie sich ein stark selbstbestimmtes und auf öffentliche, individuelle Repräsentation angelegtes Phänomen wie Kleidermode gerade in der Zeit entwickeln und Bestand haben konnte, als das gesellschaftliche Leben in Athen von zwei Gesellschaftsformen bestimmt wurde, die ihrem Charakter nach Aktionen der öffentlichen Statusdemonstration einzelner Individuen oder privilegierter Gruppen eigentlich hätten erschweren oder sogar unmöglich machen müssen.

Ihrem Wesen nach ist die Tyrannis eine Herrschaftsform, in welcher sich ein oder mehrere Mitglieder, die meist der sozial führenden Schicht der Gesellschaft entstammen, zum Alleinherrscher aufschwingen und keine öffentlichen Statusdemonstrationen anderer Aristokraten dulden. Auch für die Tyrannenherrschaft der 2. Hälfte des 6. Jhs. v. Chr. in Athen wird heute noch oftmals, ungeachtet immer deutlicherer Gegenstimmen, das radikale Vorgehen der Peisistratiden gegen die anderen Aristokraten betont. Die Mitglieder der Oberschicht seien durch Enteignung, Verbannung oder Hinrichtung an der Ausübung ihres materiellen Wettstreits angeblich gehindert worden, durch welchen die Tyrannen ihre Vormachtstellung in der Stadt massiv bedroht gesehen hätten. Wenn aber die luxuriöse Kleidermode das Produkt und ein zentrales Element der ausgeprägten Wettbewerbspraxis der Oberschicht ist, würde dies gerade für die Zeit der fest etablierten Tyrannis bedeuten, dass in Athen ein durchaus aristokratenfreundliches Klima vorherrschend gewesen sein muss, in dem die obere Gesellschaftsschicht ihre Machtkämpfe ungestört austragen und somit ihren durch die öffentliche Präsentation von Reichtum angestrebten Prestigegewinn unbehelligt ausleben konnte. Auch die kontinuierliche quantitative Zunahme an Korenweihungen auf der Akropolis zur Zeit der Peisistratidenherrschaft ist nur dadurch zu erklären, dass die Oberschicht dieser genuin aristokratischen Votivpraxis weiterhin ungehindert nachgehen konnte (Abb. 75). Außerdem war es unter den reichen Bürgern Athens in dieser Zeit Sitte, ihre Gräber prunkvoll auszustatten[48]. Neben Grabhügeln von nahezu gigantischen Ausmaßen sind aufwendige, stuckierte Grabbauten entstanden. Zahlreiche Gräber schmückte ein Grabkouros oder eine Grabkore, wie sie beispielsweise die hier besprochene Phrasikleia (vgl. Abb. 51) verkörpert, oder die Grabstätte erhielt einen bekrönenden Aufsatz in Form einer mitunter mehrere Meter hohen reliefierten Grabstele.

Die augenscheinlich uneingeschränkte Möglichkeit der öffentlichen Statusdemonstration auf den beiden bedeutenden Feldern der Votivpraxis und des Totenkultes zeigt eindeutig, dass die Peisistratiden die Aristokraten in keiner Weise an der Ausübung ihrer identitätsstiftenden agonalen Rituale hinderten. Anders ist auch die Entstehung einer luxuriösen, aufwendigen Kleidermode in dieser Zeit nicht zu erklären. Vielmehr scheinen die Lebensbedingungen unter der Tyrannis den Kleiderluxus noch gefördert zu haben. Zum einen griffen die Herrscher nicht beschneidend in die aristokratische Wettbewerbspraxis ein, durch die eine Kleidermode überhaupt erst entstehen konnte, und zum anderen haben wohl gerade die intensiven und offenen politischen Beziehungen der Peisistratiden zum ionischen Kulturraum mit der Adaption der ionischen Textilsitten einen entscheidenden Anstoß zu der Modeausbildung gegeben.

Die Mode der Koren in der Zeit nach der Einführung der Kleisthenischen Reformen am Ende des 6. und zu Beginn des 5. Jhs. v. Chr. zeigt, wie wir gesehen haben, neben einer partiellen formalen Abschwächung auch Rückgriffe auf ältere, traditionelle Kleidungselemente wie den über die Schultern gelegten Mantel, die den Körperkonturen folgende Etuiform oder die Wiederbelebung konventioneller Gewandmuster wie den figürlichen Fries. Auch wenn gerade die Gewänder dieser sehr späten Koren durch die eigenwillige Drapierung des zusätzlichen Mantels oder die Beigabe individueller Details besonders «modisch» wirken, verlangen die in ihrer Kleidung angelegten retrospektiven Tendenzen nach einer Erklärung. Könnte sich in diesen Rückgriffen auf traditionelle Elemente ein Wandel in der Struktur der aristokratischen Gesellschaftsschicht andeuten? Sind diese Phänomene vielleicht als Anzeichen dafür zu werten, dass die Aristokratie nun doch beim Ausleben ihrer öffentlichen Statusdemonstration eingeschränkt wurde?

Tatsächlich war die Zeit nach der Tyrannenherrschaft der Peisistratiden in Athen von großen politischen und gesellschaftlichen Spannungen gekennzeichnet. Nach der Vertreibung des Hippias aus Athen im Jahre 510 v. Chr. brach unter den Aristokraten ein heftiger Kampf um die Macht in der Stadt aus. Antike Quellen berichten, dass sich Kleisthenes aus dem Geschlecht der Alkmeoniden und Isagoras, Sohn des Teisandros, gegenüberstanden. Kleisthenes ging aus diesem Konflikt als Sieger hervor und modifizierte das Staatswesen durch Reformen, die bald auch ausdrücklich als «demokratisch» bezeichnet wurden[49]. Sie beinhalteten eine grundlegende interne Neugestaltung des Staates. Das Land wurde in zehn Bereiche, sog. Phylen, aufgeteilt. Jede Phyle umfasste anteilig ein Gebiet aus dem Binnenland, eine Gegend an der Küste und einen Teil der Stadt Athen. Ungeachtet ihrer sozialen Stellung in der Gesellschaft wurden die Bürger nun diesen zehn Bereichen zugeteilt und mussten künftig gemeinsam das politische Tagesgeschäft miteinander bestreiten. Auf diese Weise wurden zwar die bestehenden Standesunterschiede sicherlich nicht aufgelöst, doch es ist durchaus denkbar, dass die Aristokratie in der Folge dieser sozialen Durchmischung in der nachdrücklichen Veranschaulichung ihrer Überlegenheit gebremst wurde. Eine übermäßige Zurschaustellung von Prunk und Reichtum hätte fraglos zu großen Konflikten innerhalb der neu strukturierten politischen Gemeinden geführt, und diesen Umstand hat man wahrscheinlich zu vermeiden versucht. Demnach könnten die abschwächenden und retrospektiven Tendenzen an den Gewändern der Koren als ein erster Hinweis auf eine Art soziale Integration verstanden werden, zu welcher sich die Angehörigen der obersten Gesellschaftsschicht in dieser neuen politischen Situation genötigt sahen. Einen weiteren Hinweis auf eine eventuell politisch motivierte Einschränkung der öffentlichen Statusdemonstration der Aristokratie findet sich auf dem oben bereits angesprochenen Feld des Gräberluxus[50]. Am Ende des 6. Jhs. v. Chr. sind im Bereich der Grabausstattung verschiedene Veränderungen zu beobachten. Es kommt zu einem abrupten Abbruch der Aufwertung von Gräbern durch reliefierte Bildstelen, Grabstatuen und Grabbauten. Ob dieser Umstand vielleicht sogar auf ein eigens gegen den Gräberluxus erlassenes Gesetz aus dieser Zeit zurückgeht, ist in der althistorischen Forschung umstritten. Der archäologische Befund spricht in dieser Hinsicht aber für sich, und so könnten die signifikante Reduktion des Gräberluxus und die abschwächenden, retrospektiven Tendenzen in der Kleidermode der Akropoliskoren zwei Facetten desselben Phänomens sein: Symptome für eine Einschränkung oder ein Nachlassen des aristokratischen Prestigegebarens und einer damit einhergehenden, beginnenden Transformation der athenischen Gesellschaft in einen demokratisch geprägten Bürgerstaat.

Klassische Eleganz: Frauenkleidung im 5. Jahrhundert v. Chr.

Die Korenstatuen aus Attika und im Besonderen von der Athener Akropolis dokumentieren ein in der Geschichte der griechischen Kleidung einmaliges Phänomen: Zu beobachten sind nicht nur vielfältige Veränderungen innerhalb eines relativ kurzen Zeitabschnitts, sondern auch ein ausgeprägtes Nebeneinander unterschiedlicher Formen, sich zu kleiden. So hat denn auch der Begriff «Mode», in entschiedener Absetzung von der Trachtgeschichte mit ihren üblicherweise nur zögerlichen Veränderungen, in keinem anderen Zusammenhang eine so klare Berechtigung wie für das Athen der Jahre von etwa 520 bis 480 v. Chr. Außergewöhnliche kulturelle Erscheinungen faszinieren zu recht, auf diesem wie auf jedem anderen Feld der materiellen Kultur, in den Zentren der klassischen Welt wie überall sonst. Als historische «Sonderfälle» betrachtet, entsteht allerdings auch leicht der Eindruck, die Akteure und ihre Werke seien isoliert vom größeren historischen Kontext. Im Folgenden wendet sich der Blick wieder auf größere Räume und auf überregionale Entwicklungen in der griechischen Welt. Zugleich steht mit der am Beginn der klassischen Epoche erfolgenden Rückkehr zum Peplos eine Entwicklung zur Diskussion, deren kulturhistorische Erklärung nicht weniger herausfordernd ist als die enorme Formenvielfalt in der Frauenkleidung des spätarchaischen Athen.

Für einen Moment bleiben wir jedoch noch in den Jahren vor der Epochengrenze. Was sich in Athen aufgrund der günstigen Überlieferung in der Zeit ab etwa 530 v. Chr. beobachten lässt, die Einführung der Kombination von Schrägmantel und stoffreichem Chiton, ist keineswegs auf diesen Stadtstaat beschränkt, sondern stellt ein gesamtgriechisches Phänomen dar. Ein Sprung an das äußere Ende des von Griechen besiedelten Gebietes kann dies schlaglichtartig beleuchten. Paestum, griechisch Poseidonia, etwa 100 km südlich von Neapel am Golf von Salerno gelegen, ist seit dem 18. Jh. berühmt für seine drei gut erhaltenen Ringhallentempel. Aus einem Heiligtum der Hera an der Nordgrenze des Territoriums, in direkter Nachbarschaft zu etruskisch geprägtem Gebiet, kamen zwei Serien von Reliefs zutage, die als sog. Metopen die Fassade von – heute weitgehend zerstörten – Tempeln schmückten. Die Sandsteinreliefs der jüngeren, gegen 500 v. Chr. entstandenen Sequenz wiederholen großenteils dasselbe Motiv, zwei nach rechts eilende Frauen oder Mädchen[1] (Abb. 76). Die gleichge-

Abb. 76
Reliefmetope vom Tempel der Hera im Heiligtum am Sele, Poseidonia/Paestum, um 500 v. Chr. Paestum, Museum.

stimmte Bewegung lässt an einen Tanz denken, doch wäre auch ein mythisches Sujet denkbar.

Was die beiden Frauen tragen und wie ihre Haare arrangiert sind, lässt sich unmittelbar mit dem vergleichen, was eben an den Frauendarstellungen in Athen zu beobachten war: Eine kunstvolle, wie geflochten wirkende Frisur mit einem schmückenden Diadem als Zusatz, der Körper bedeckt von einem Chiton mit der typischen Differenzierung von feinen, gewellten Falten oberhalb des Gürtels und ausgreifenden Falten sowie Mittelborte im unteren Teil; hinzu kommt ein Schrägmantel, der über die rechte Schulter geführt ist und dessen ohnehin vielfältiges Linienspiel durch den Griff in den Stoff noch bereichert wird. Unabhängig davon, wie authentisch man hier die festliche Kleidung vor sich hat, wie junge Frauen aus Poseidonia sie getragen haben, belegt das Relief nachdrücklich die lebhafte Kommunikation, die in der griechischen Welt auch zwischen weit entfernten Gebieten wie Ägäisraum, Unteritalien und Sizilien bestand. Wenn, wie archäologisch zuverlässig nachgewiesen, Waren wie z. B. fragile bemalte Vasen aus Athen nach Italien verschifft wurden, weil solche exklusiven Luxusgüter begehrter privater Besitz waren, dann kann auch die rasche und umfassende Verbreitung immaterieller Güter wie die Teilhabe an aktuellen Modetendenzen nicht verwundern[2]. Das trotz mancher Sonderentwicklung überregional seit den Anfängen recht homogene Erscheinungsbild der Frauenkleidung stellt eine typische Facette der kulturellen Physiognomie der griechischen Welt dar: So sehr die Griechen politisch zersplittert waren in viele einzelne Stadtstaaten, die häufig genug ihre Konflikte kriegerisch austrugen, so eng verflochten waren sie wiederum in kultureller Hinsicht durch gemeinsame Sprache, Kulte, Mythen und viele Gebräuche, darunter auch die Art sich zu kleiden. Und so hätte eine Einwohnerin von Poseidonia wohl auch im Stadtzentrum des spätarchaischen Athen keine schlechte Figur gemacht und wäre nicht als Frau aus der fernen Provinz wahrgenommen zu worden.

Zurück zum Peplos!

Die weite Verbreitung der Kombination von Chiton und Schrägmantel und ihr dadurch geradezu uniformer Charakter machen es umso bemerkenswerter, dass sich in den Jahren um 480 v. Chr. ein grundlegender Wandel vollzog. Der Peplos wird als Grundgewand wieder populär und dies offenbar in einer Form, die wesentlich schlichter ist als die in archaischer Zeit gebräuchliche Ausführung. Als Beispiel soll zunächst ein bekanntes, fast vollständig erhaltenes Relief von der Athener Akropolis aus der Zeit um 460 v. Chr. dienen[3] (Abb. 77). Da äußere Daten für eine Einordnung der nur 53 cm hohen Marmortafel fehlen, hat es den Notnamen «Sinnende Athena» erhalten; vermutlich wurde es als privat aufgestelltes Weihrelief für die Göttin geschaffen. Das poetische Element der modernen Bezeichnung will etwas von der eigentümlichen Atmosphäre andeuten, hat aber auch mit der Schwierigkeit zu tun, die an sich so schön ablesbare Szene näher zu bestimmen. Die mit Helm und Lanze gerüstete Göttin Athena steht mit gesenktem Kopf und in die Hüfte gestützter Hand vor einer in den Boden eingelassenen Stele. Körper- und Kopfhaltung scheinen auf Trauer zu weisen und das Objekt als einen von der Seite gesehenen Grabstein zu identifizieren. Dagegen sprechen jedoch der Fundort und motivische Vergleiche, so dass das Ziel, auf das sich die Gedanken Athenas richten, unbekannt bleibt.

Mit aller wünschenswerten Deutlichkeit aber ist die Kleidung der Göttin zu erkennen. Sie trägt nur ein Gewand, einen gegürteten Peplos, der an der rechten Körperseite, wie an den vertikal verlaufenden Säumen ablesbar, offen ist und mit Überschlag, der Brust und Bauch bedeckt, versehen ist. An den Schultern ist der Stoff zusammengenommen und war mit einer – heute verlorenen – Nadel geheftet. Aus dieser Drapierung resultiert eine unaufwendig und natürlich wirkende Erscheinung der Kleidung. Die Wölbung der Brust lässt in der Mitte des Oberkörpers eine glatte Fläche entstehen, während der gesamte Bereich un-

Abb. 77 (li.)
Relief der sog. Sinnenden Athena, Athen, um 460 v. Chr. Athen, Akropolismuseum.

Abb. 78 (re.)
Relief der sog. Sinnenden Athena, kolorierter Abguss. Göttingen, Archäologisches Institut der Universität.

terhalb der Gürtung und insbesondere unterhalb des Überschlags von parallel laufenden, aber durch eine gewisse Unregelmäßigkeit belebten Falten bestimmt ist. Dies dürfte, wie es auch Versuche am lebenden Modell bestätigen, im Kern der real getragenen Kleidung entsprechen. Gut unterscheiden kann man davon den gestalterischen Eingriff des Bildhauers: Nicht nur, dass der gesamte Teil unterhalb der Gürtung fast geometrisch exakt einem Rechteck entspricht; der Künstler hat zudem die Schwerkraft negiert und die Peplosfalten nicht senkrecht geführt, sondern der leichten Körperneigung angeglichen. Schön ausgeleuchtet, kann man an der Bildhauerarbeit das feine Spiel von Licht und Schatten und den starken Eindruck von Tiefenräumlichkeit trotz des flachen Reliefs bewundern. Tatsächlich wurde aber auch hier das Auge wesentlich durch die farbige Fassung geleitet. Ein an der Universität Göttingen kürzlich angefertigter kolorierter Abguss will davon eine ungefähre Vorstellung geben (Abb. 78) – den Rang einer Rekonstruktion beansprucht das Experiment nicht, denn es beruht nicht auf Farbspuren am Original, sondern auf der Übertragung von Erkenntnissen an anderen Skulpturen der Zeit[4].

Gegenüber der noch im späten 6. Jh. v. Chr. üblichen Üppigkeit der Formen in der Frauenkleidung markiert die Rückkehr zum Peplos, gerade auch in Verbindung mit dem Verzicht auf weitere Gewänder, einen radikalen Wandel. Statt übereinander geschichteter, unregelmäßig drapierter Tücher unterschiedlicher Konsistenz ein höchst übersichtlich angelegtes «Kleid», anstelle eines Spiels mit der Bedeckung und Enthüllung des Körpers nun die gleichmäßige Verhüllung mit dem schweren Wollstoff. Keine grundlegende Veränderung aber erfolgt ohne Vorbereitung, und selten ist ein Wandel in der Kleidermode so radikal, dass es nicht bald auch Gegenentwicklungen und weitere Optionen gäbe.

Was den ersten Punkt angeht, ist an die Beobachtungen an manchen späten Korenstatuen von der Athener Akropolis zu erinnern, und zwar an die Tendenz zur

Entdramatisierung der komplizierten Chiton-Schrägmantel-Kombination und an ihre partielle Aufgabe: An die Stelle schräg verlaufender Säume tritt im Einzelfall wieder der symmetrisch über die Schultern gelegte Mantel, und die lange Zeit beliebte Entgegensetzung unterschiedlicher Oberflächen wird abgelöst von einer stärker vereinheitlichenden Gestaltung der Gewänder (vgl. Abb. 66 a.b. 74). Das trifft etwa auch auf das eben betrachtete Relief aus Poseidonia zu. Die Kleidung der beiden Frauen entspricht noch ganz dem reichen Vokabular spätarchaischer Formen- und Linienseligkeit, doch die Aussprache ist weicher geworden, und so erscheinen die Falten des Mantels am Arm ähnlich fein graviert wie die des Chitons im Bereich zwischen den Beinen.

Bevor wir diesen Prozess in die klassische Epoche hinein weiterverfolgen, ist ein Wort zur Überlieferung einzuflechten. Die Basis für die Erschließung der Kleidung ändert sich zwischen dem 6. und dem 5. Jh. v. Chr. grundlegend. Die große Gruppe der archaischen Marmorstatuen weist gleich drei wichtige Eigenheiten auf: Da ungefähr lebensgroß, differenziert in der Bildhauerarbeit und vielfach noch mit glücklicher Erhaltung von Resten der originalen Bemalung versehen, besitzen sie ein außerordentliches Potential, als annähernde Abbilder der zeitgenössischen Kleidung vor dem modernen Betrachter zu stehen. In spätarchaischer Zeit löst jedoch Bronze den Stein als bevorzugtes Material für freistehende Statuen ab, mit der Folge, dass aufgrund des Materialwertes in nachantiker Zeit fast alle klassischen Statuen eingeschmolzen wurden. Römische Marmorkopien der inzwischen verlorenen Originalwerke bieten, da aus anderem Material bestehend und dazu vielfach abgewandelt, keinen befriedigenden Ersatz. Die zahlreicher erhaltenen Reliefs wie das der Sinnenden Athena wiederum haben den Nachteil, die menschliche Figur nicht oder nur sehr bedingt dreidimensional wiederzugeben. Eine dichte und für viele Einzelfragen wertvolle Überlieferung stellt die weiterhin sehr umfangreiche attische Vasenmalerei dar. In ihrer graphischen Reduktion sind die Bilder, die man gerade im 5. Jh. v. Chr. besser «Zeichnungen» als «Malereien» nennen sollte, allerdings häufig sehr interpretationsbedürftig, nicht zuletzt weil die Vasenmaler relativ stark zu phantastischen Gestaltungen tendieren, die sich von der Lebenswelt weit entfernen.

Im Folgenden soll deshalb eine kleine Denkmälergruppe von Bronzefiguren etwas in den Vordergrund rücken, die in gewisser Weise als Nachfolgerinnen der Marmorstatuen gelten können. Zu den Requisiten des gehobenen Hausstandes gehörten Spiegel, die aus einer mit einem Griff versehenen polierten Metallscheibe bestanden – das «Spiegelbild» hätte modernen Ansprüchen allerdings schwerlich genügt[5]. Die vornehmste Ausführung dieser Spiegel hatte anstelle eines einfachen Griffs eine menschliche Figur, die also, gleich einer auf einen Sockel gestellten Karyatide, die Rolle einer Trägerin der Spiegelfläche übernahm (Abb. 79–81). Einige wenige Statuetten sind männlich, die ganz überwiegende Mehrheit aber stellt Frauen dar. Auf Vasenbildern und Terrakottareliefs sind häufig Frauen mit einem Spiegel in der Hand wiedergegeben, allerdings immer mit den einfacheren Griffspiegeln (vgl. Abb. 5). Die kostbarere Ausführung mit den eingefügten menschlichen Figuren kam großenteils aus irregulären Ausgrabungen in die Museen, so dass die Frage nach der Funktion nicht ganz zuverlässig zu beantworten ist. Dass einige Stücke als Gaben an die Götter in Heiligtümer geweiht oder Toten in die Gräber beigegeben wurden, also eine repräsentative Aufgabe erfüllten, schließt eine vorherige praktische Nutzung keineswegs aus. Die Vorstellung, die Frauen, die diese Spiegel benutzten, hätten mit den Trägerfiguren Idealbilder ihrer eigenen Erscheinung direkt vor sich gehabt, ist demnach durchaus legitim. Die insgesamt unaufwendige Erscheinung der üblicherweise etwa 15 cm hohen Statuetten, vor allem aber die Tatsache, dass einige Trägerinnen mit ihrer Toilette beschäftigt sind und Haar oder Kleidung ordnen (vgl. Abb. 81), berechtigt dann auch zu der Annahme, hier wiederum sehr verlässliche Reflexe der zeittypischen Kleidung vor sich zu haben. Hergestellt wurden die mit Figuren versehenen Standspiegel nur in der Zeit von etwa 550 bis 450 v. Chr. Der Beginn der Produktion geht sicher nicht zufällig mit einer Zunahme des Interesses an Luxus und privater Repräsentation in der griechischen Gesellschaft überein. Den Männern bot sich mit dem reich ausgestatteten Symposion ein Raum der Entfaltung, für die Frauen vor allem die Kleidung und die Requisiten der Schönheitspflege.

Die Statuetten überspannen als eine in ihrer Grundform sehr homogene Serie von Figuren die Epochengrenze und erlauben so, Veränderungen an der Kleidung sehr klar zu verfolgen. In einer schönen alten Aufnahme sind zwei Exemplare im Louvre wiedergegeben, die beide am Übergang von der archaischen zur klassischen Zeit stehen und die geeignet sind, den Wechsel zur Peplostracht zu beleuchten

(Abb. 79). Sie gelangten wie der größte Teil aus dem Kunsthandel in das Museum, die Statuette rechts mit der Herkunftsangabe «Theben», doch sind solche Informationen wenig verlässlich. Standspiegel wurden weit verstreut im griechischen Raum gefunden und sicher auch in verschiedenen Regionen, einschließlich der großen Städte in Sizilien und Unteritalien, hergestellt. Die rechte wird die ältere der beiden Sta-

Abb. 79
Zwei Standspiegelfiguren, ca. 490 bis 460 v. Chr. Paris, Louvre.

tuetten sein[6]. Trotz der Unterschiede in Material und Format verbindet sie vieles mit den laufenden Mädchen aus Paestum (vgl. Abb. 76). Das in feine Perlen verwandelte Haar legt sich, typisch für die spätarchaische Lust an der Verfeinerung, wie ein selbständiges Schmuckelement um die Stirn. Die Figur trägt einen stoffreichen Chiton, der tief über die Arme herunterfällt und auch den Raum zwischen Armen und Rumpf ausfüllt. Feine Wellenlinien dekorieren die Flächen des Chitons, ergänzt um eine Schmuckborte am Hals und um eine stegartige Mittelfalte, die vom Gürtel zu den Füßen hinunterzieht. Ästhetischen Vorlieben der archaischen Zeit gehört die Statuette schließlich auch mit ihren Proportionen an. Die Brust tritt über der hohen Gürtung markant heraus, und im unteren Teil lassen sich die Konturen der Beine verfolgen. Die leicht überschaubare Anlage des Kleides und insbesondere der Verzicht auf das Accessoire des asymmetrischen Schrägmantels entfernen die Figur aber von archaischer Gestaltungsfülle und nähern sie so der Idee der einfachen Peplostracht an.

Eben diese Tracht trägt die andere Spiegelträgerin im Louvre[7]. Im direkten Vergleich sind die Unterschiede evident: schmächtig die körperliche Gestalt, schlicht die Kleidung. Der Peplos, dessen Gürtel hier vom Überschlag verdeckt wird, fällt mit matter Faltenbildung herunter. Er besitzt, anders als bei der Sinnenden Athena, weder im oberen noch im unteren Teil Partien, die ein spezifisches Gestaltungsinteresse verraten würden, sondern scheint die reine Zweckhaftigkeit zum obersten Prinzip zu erheben – wollte man einen Vergleich mit der Moderne ziehen, könnte man an die im ersten Kapitel angesprochene Reformkleidbewegung erinnern: als ob nach der in archaischer Zeit dominierenden elaborierten Eleganz nun Bequemlichkeit und Bewegungsfreiheit zu leitenden Grundsätzen geworden wären.

Der anschauliche Vergleich zwischen den beiden Spiegelfiguren macht die Haupttendenz in der Entwicklung der Kleidung zur Klassik hin sichtbar. Dieser Vorgang vollzog sich jedoch nicht mit mechanischer Gleichmäßigkeit in der gesamten griechischen Welt, sondern prägte sich regional verschieden aus, mit unterschiedlichen Akzenten bei der Proportionierung und auch bei der Gewandung, wobei modische Anregungen, wie eben für die spätarchaische Zeit beschrieben, rasch weitergetragen wurden. Zu den weit verbreiteten künstlerischen Eigenheiten der Spiegelstützen gehört auch ein typisches Element der spätarchaischen Kleidung oder, genauer, ihrer Präsentation: das seitliche Raffen des Gewandes. Was schon bei den Statuen des Geneleos mit großer Konsequenz (vgl. Abb. 36. 37) und später mit wirkungsvoller Routine durchgeführt wird, ist hier allerdings ein weitgehend äußerliches Motiv. Der – sicher nicht zu den besonders Begabten seiner Zeit gehörende – Künstler hat den Griff in den Peplos in einer Weise gestaltet, dass sich, auf der Vorder- wie auf der Rückseite, nur geringe Verschiebungen des Stoffs ergeben. Es ist dies sicher eher ein Element der Kunst als der Wiedergabe der Trageweise realer Kleidung. Archaische Reminiszenz ist zudem auch das Motiv der rechten Hand, die eine Blüte hält.

Eleganz der Beiläufigkeit

Die Kleidung der Sinnenden Athena und der jüngeren Spiegelstütze ist bisher der Einfachheit halber als Peplos-«Tracht» bezeichnet worden. «Tracht» meint, wie gerade im vorigen Kapitel eingehend behandelt, etwas relativ Statisches, also Kleidung, die sich über einen längeren Zusammenhang nur wenig verändert, und der Begriff bezeichnet meist auch etwas, das die Kleiderpraxis in einem gegebenen Gebiet stark dominiert. Für den in frühklassischer Zeit wieder populären Peplos gelten beide definitorischen Merkmale nur eingeschränkt. Die Auseinandersetzung mit dieser Thematik konzentriert sich im Folgenden darauf, eine Vorstellung von dem Gestaltungsspektrum in der Zeit von etwa 480 bis 430 v. Chr. zu gewinnen und damit die Eigenart der Peploskleidung, auch wenn das nur schlaglichtartig geschehen kann, näher zu bestimmen.

Eine weitere Spiegelfigur, gegen 460 v. Chr. wohl in einer Werkstatt im griechischen Mutterland entstanden und heute in der Berliner Antikensammlung ausgestellt[8] (Abb. 80 a.b), vertritt in sehr artikulierter Form eine Ausprägung der Peploskleidung, die eben in weniger bestimmter Form schon die Statuette im Louvre (vgl. Abb. 79 links) vorgeführt hatte. Die Figur trägt den Peplos mit Überschlag und verdeckter Gürtung; der aus dieser Gürtung herausgezogene Bausch ist unterhalb des horizontalen Saums des Überschlags gerade noch mit einem Streifen zu erkennen. Das Design folgt dem Grundsatz, einzelne Bereiche von jeweils eigenem Charakter klar gegeneinander abzugrenzen: der einer Schürze ähnelnde plane Bereich des Überschlags im Mittelteil des Oberkörpers; die sanften vertikalen Falten zu beiden Seiten dieser zentralen Zone; die Zickzackfalten unterhalb davon, die zum unteren Gewandteil überleiten; schließlich dieser Teil selbst mit seinen recht regelmäßigen breiten Falten. So entsteht eine weitestgehend spiegelsymmetrische Anlage. Gleichartigkeit besteht aber nicht nur zwischen den beiden Körperhälften, sondern auch zwischen der Vorder- und der Rückseite, wo sich die eben beschriebene Anlage Zug um Zug wiederholt. Diese Aufgeräumtheit der Gewandanlage wird etwas austariert durch

a

b

Abb. 80 a.b
Standspiegelfigur, um 460 v. Chr. Berlin, Antikensammlung.

die freie Bewegung der Arme und die sich daraus ergebende leichte Asymmetrie der Erscheinung der Figur insgesamt[9].

Die Statuette in Berlin vertritt in besonders charakteristischer Form eine Gestaltung der Peploskleidung, bei der die einzelnen Partien klar voneinander geschieden werden. Sie ist, vielfältig variiert, bei zahlreichen bronzenen Spiegelstützen anzutreffen. Den Gegenpol dazu kann eine wohl etwas jüngere Statuette in Kopenhagen veranschaulichen[10] (Abb. 81 a.b). Sie ist, worauf der angebliche Fundort Tarent und die Ähnlichkeit mit manchen sicher westgriechischen Stücken weisen, möglicherweise in einer der griechischen Städte in Unteritalien entstanden. An der Konzeption fallen der gesenkte Blick und der Griff mit den Händen an den Kopf oder die Haare auf. Beides zusammen vermittelt den Eindruck einer in sich versunkenen Figur, die sich in diesem Punkt von den zuvor betrachteten Frauen, die geradeaus blicken und so dem betrachtenden Gegenüber zugewandt sind, merklich unterscheidet. Anderen Grundsätzen folgt auch die Gestaltung ihres Peplos. Von demselben Grundmuster wie die zuvor betrachteten Figuren ausgehend sind, soweit die Drapierung des Gewandes es erlaubt, alle Zäsuren vermieden. Flächig ist nicht nur der Überschlag angelegt, sondern auch die Zone darunter über dem leicht vorgesetzten linken Bein, wie auch die seitlichen Falten von Überschlag und unterem Peplosteil ohne auffallende Abgrenzung ineinander übergehen. Noch deutlicher wird diese Ten-

Abb. 81 a.b
Standspiegelfigur, um 440 v. Chr. Kopenhagen Nationalmuseum.

a

b

denz auf der Rückseite. Der Überschlag bildet nur eine feine Trennlinie in einer ihrer Struktur nach von der Schulter bis zu den Füßen hinunter weitgehend homogenen Oberfläche. «Fließende Formen» würde man bei einem Kleid dieser Art heute als charakteristischen Zug herausheben; die Kleidung der Berliner Statuette ähnelt dagegen eher einem Kostüm, bei dem die Wirkung aus der Kombination distinkter, aber gut aufeinander abgestimmter Teile resultiert.

Trotz der großen gestalterischen Unterschiede innerhalb der Peploskleidung, die vermutlich zum Teil auch mit regionalen Vorlieben zu tun haben, ist die Zierlichkeit der Frauenfiguren ein festes Kennzeichen ihrer Erscheinung. Für die spätarchaische Zeit war im vorigen Kapitel zu beobachten, dass die Kleidung dem erotischen Potential der Trägerinnen viel Raum lässt. Wenige Jahrzehnte später hat das Pendel in die entgegengesetzte Richtung ausgeschlagen und gehören der Peplos als Kleidungsstück und die Verhüllung des Körpers fest zusammen, gleich wie der Stoff im Einzelnen gestaltet ist. Hierher gehört wohl auch die schon angesprochene Zierlichkeit der körperlichen Erscheinung, gleichsam als zusätzliche Rücknahme weiblicher Präsenz[11]. Das Phänomen ist, da aus unterschiedlichen historischen Kontexten neuerer Zeit geläufig, nicht verwunderlich, man denke etwa an die schmalen Silhouetten der Frauen in den Hemdkleidern der 20er Jahre des letzten Jahrhunderts und das seinerzeit populäre androgyne Körperideal des «Garçonne-Stils». Dass Kleidungsideal und Körperideal miteinander korrespondieren, dürfte eher die Regel als die Ausnahme sein. Frauenfiguren wie die Statuen des Cheramyes (vgl. Abb. 31. 32) oder manche Koren von der Athener Akropolis bestätigen das, was in der frühen Klassik zu beobachten ist, unmittelbar von der Gegenseite.

Im Vokabular der Klassischen Archäologie wird die erste Phase der Kunst klassischer Zeit mit dem Begriff «Strenger Stil» bezeichnet. Diese Bezeichnung begründet sich durch den Ernst vieler Gesichter, der sich so stark vom «Lächeln» spätarchaischer Skulpturen unterscheidet (vgl. Abb. 65. 74). Sie begründet sich aber auch durch die Einfachheit und «Strenge» der weiblichen Gewänder und die wiederum starke Differenz zur Raffinesse und Detailfreude der Kleidung noch wenige Jahrzehnte zuvor. Auch die Peploskleidung der Spiegelstützen fügt sich in dieses Bild gut ein. Nicht alles aber in der Kunst der Zeit des Strengen Stils und nicht alles an der Kleidung und der äußeren Erscheinung der Frauen war «streng». Ein Marmorrelief aus dem im nordgriechischen Pharsalos, das vermutlich jedoch in einer anderen Region, etwa auf einer Kykladeninsel, gefertigt wurde, zeigt zwei junge Frauen in freundschaftlich-vertrautem Miteinander[12] (Abb. 82). In ihren sich überkreuzenden Händen halten sie Blüten und ein nicht sicher zu bestimmendes Objekt. Die Fragmentierung fokussiert den Blick wirkungsvoll auf die leise Interaktion der beiden Frauen; die originale Stele aber war hochrechteckig und gab die Dargestellten etwa lebensgroß als Vollfiguren und sehr wahrscheinlich stehend wieder. Gedient hat das gegen 470 v. Chr. entstandene Relief so gut wie sicher als Grabschmuck. Die Kleidung folgt dem vertrauten Schema. Das Material des 67 cm breiten Reliefs erlaubt, die Falten des Peplos feiner auszuarbeiten als bei den kleinformatigen Spiegelstützen, so dass auch der Kontrast zum planen mittleren Bereich des Überschlags stärker akzentuiert ist, konzeptionell ist hier jedoch nichts Neues zu entdecken. Interesse verdient etwas anderes: das elaborierte Arrangement der Frisuren. Schwesterlich auch in diesem Punkt, hat jede von ihnen ein Tuch um den Kopf geschlungen, das sich am Oberkopf etwas auffächert und hinten die Haarmasse umfängt, um dann nach der Überkreuzung im Bereich der Ohren mit einem schön gefalteten Zipfel auf die Wange zu hängen. Die Haare selbst sind nur einfach gekämmt und rahmen in leichten Wellen die Stirn. Technisch ist das ein simples Verfahren: Ein Tuch, das die Frauen sicher mit ein paar Handgriffen in seine Position gebracht hatten, reicht aus; was den Aufwand angeht, ist dies somit kein Vergleich zu dem, was die Frisuren spätarchaischer Zeit, bei denen jede Haarsträhne kunstvoll verarbeitet und in feste Form gebracht ist, an Zeiteinsatz gefordert haben müssen. Ästhetisch ist das Ergebnis gleichwohl sehr wirkungsvoll. Die Kopfform wird durch den *sakkos*, das hinten zusammengenommene Haar, etwas verfremdet, und die frei sich an die Wangen legenden Enden des Tuchs bringen ein verspieltes Element in das Ensemble.

Bemerkenswerte Zeugnisse für eine wahre Frisurenleidenschaft in der frühen Klassik liefert die Münzprägung von Syrakus. Die Stadt konnte sich in dieser Epoche – wohl als einzige griechische Polis – mit ihrer politischen und wirtschaftlichen Stärke neben Athen und Sparta stellen. Die baulichen Reste am Ort können das nicht in der Weise veranschaulichen wie die Athener Akropolis. Aus den prachtvollen Münzserien aber spricht nicht nur materieller Wohlstand, sondern auch außerordentlicher Kunstsinn. Das Standardmaß der Tetradrachme (knapp 17 g) hat man gelegentlich erweitert durch die Emission von Dekadrachmen mit dem 2,5-fachen Gewicht, und am Ende des 5. Jhs. v. Chr. gibt es auch Prägungen, die vom Stempelschneider signiert wurden. Wie bei archaischen und klassischen Münzen üblich, ändern sich die Motive kaum. In Syrakus ist es lange Zeit ein Wagenlenker auf der einen Seite, ein Frauenkopf, vermutlich die Stadtnymphe Arethusa, auf der anderen[13]. Umso bemerkenswerter, und in dieser Fülle in anderen Städten ohne Vergleich, ist die Schaffung immer wieder neuer Fassungen des Frauenkopfs, die man in ihrer Gesamtheit wie eine Stilfibel der Frisurengestaltung in der Zeit nach 480 v. Chr. lesen kann.

Zur Veranschaulichung können zwei Frauenköpfe aus der Periode von etwa 450 bis 435 v. Chr. dienen, in der besonders reizvolle Schöpfungen entstanden sind. Auf dem älteren Exemplar[14] (Abb. 83) sind die Haare über der Stirn in konventioneller Manier in Wellen nach hinten geführt, die gesträhnte Haarmasse dann aber zusammengenommen und mehrfach mit einem Band umwunden, das auch dazu verwendet wird, ein Haarbüschel als Abschluss des kegelförmigen Gebildes einzufassen; an der Spiegelfigur in Kopenhagen (vgl. Abb. 81) ist derselbe Gestaltungsgedanke realisiert. Ein spiralförmiger Ohrschmuck vervollständigt das Arrangement. So entsteht ein schöner Kontrast zwischen den artikulierten, fast etwas herb-männlichen Gesichtszügen und der in einzelne Dreiecke und weitere geometrische Formen gegliederten Frisur. Mit dem jüngeren Exemplar[15] (Abb. 84), obwohl zeit-

Abb. 82
Relief aus Pharsalos in Thessalien, um 470 v. Chr. Paris, Louvre.

Abb. 83 (links)
Kopf der Arethusa auf Münze von Syrakus, um 450–440 v. Chr. Kunsthandel.

Abb. 84 (rechts)
Kopf der Arethusa auf Münze von Syrakus, um 440–435 v. Chr. Kunsthandel.

lich praktisch unmittelbar anschließend, besteht fast keine Ähnlichkeit. Aufs engste verwandt ist die Sakkosfrisur dagegen mit der Haargestaltung der Frauen auf dem Relief aus Pharsalos (Abb. 82) – ein schöner Beleg einmal mehr für die weite Verbreitung von Modeideen innerhalb der griechischen Welt. Die Grundform mit dem an den Ohren überkreuzten Tuch, das eine Partie am Oberkopf bedeckt und dazu den hier dank eines zusätzlichen Bandes ausgeprägteren Sakkos am Hinterkopf entstehen lässt, ist identisch; der auf dem Relief so sorgfältig ausgearbeitete Tuchzipfel an den Wangen ist aufgrund von Abrieb auf den Münzen meist undeutlich geworden. Auch hier vervollständigen Ohrschmuck und dazu ein Halsreif die Erscheinung der Frau.

Am Realitätsgehalt von Frisur und Haarschmuck der Köpfe zu zweifeln, weil eine mythisch-allegorische Figur auf den Münzen wiedergegeben ist, gibt es keine Veranlassung. Außer den beiden eben genannten existieren zahllose weitere Analogien in verschiedenen Bildmedien. Es gibt nichts an den Syrakusaner Köpfen, was man als Phantasiegebilde einstufen müsste. Was die hier in einem kleinen Ausschnitt gezeigte Münzserie auszeichnet, sind die Qualität der Wiedergabe – bei einem Durchmesser von etwa 2,5 cm – und die enorme Vielfalt der Formen. Was für die Kleidung im spätarchaischen Athen durch die Frauenstatuen von der Akropolis nachgewiesen wird, leisten die Münzbilder für die Frisuren im Syrakus des mittleren 5. Jhs. v. Chr. Im einen wie im anderen Fall ist der Wandel das bestimmende Element, nicht das Festhalten an einer bestimmten Tracht oder einem Frisurtyp. In beiden Fällen aber demonstriert die an einem einzelnen Ort sehr reiche und differenzierte Überlieferung das *Potential*, das überregional in der griechischen Welt auf dem Feld der Mode in der jeweiligen Epoche existierte. Die Beschäftigung mit den Frisuren stellte insofern auch keinen Exkurs vom Thema «Mode» dar, als man die Wirkung des Peplos erst versteht, wenn auch die anderen schmückenden Bestandteile der äußeren Erscheinung der Frauen in Betracht gezogen werden. Die «strenge» und relativ uniforme Peploskleidung dieser Epoche verliert einiges von eben diesen Eigenheiten, sobald sie mit der raffinierten Frisurgestaltung, die Raum auch für individuelle Akzente lässt, ein starkes Gegengewicht erhält.

Die Betrachtung der Spiegelstützen und der Frisuren hat einen wesentlichen Punkt deutlich gemacht: Die Peploskleidung ist vielfältiger, als es in einer ersten Gegenüberstellung der spätarchaischen Kombination von Chiton und Schrägmantel (vgl. Abb. 76) und einem Werk wie der Sinnenden Athena (vgl. Abb. 77. 78) erscheinen konnte. Zu den beiden Optionen *innerhalb* der Peplostracht – harte Abgrenzung der Gewandpartien versus «fließende Formen» – und ihren Abstufungen kommt jedoch noch eine weitere Option, nun außerhalb davon. Denn insbesondere die Vasenmalerei, aber auch andere Bildmedien, liefern zuverlässige Belege dafür, dass die Verwendung des Chitons in der neuen Epoche keineswegs aufgegeben wird[16]. Zahllose Bilder auf Gefäßen des 5. Jhs. v. Chr. geben Frauen wieder, die einen Chiton tragen. In den meisten Fällen ist er kombiniert mit einem Mantel. Er wird nicht wie der Schrägmantel als geknöpftes Tuch um den Körper gespannt, sondern lose drapiert, dabei vorzugsweise über eine Schulter gelegt und dann so um den Leib herumgeführt, dass der Unterkörper flächig bedeckt ist und das zweite Ende über dem Unterarm liegt.

Bei allen notwendigen Vorbehalten gegen die Realitätstreue der Gewandwiedergabe auf den Vasen ist für diesen grundlegenden Punkt die Überlieferung so breit, dass an der Existenz und Verbreitung dieser klassischen Chiton-Mantel-Kombination nicht zu zweifeln ist. Sie findet sich zudem auch sowohl bei mythologischen Bildern als auch bei solchen, die sich auf die Lebenswelt beziehen. Im übrigen beginnt die Abkehr vom Schrägmantel mit seiner auffälligen Drapierung und das Revival des offenen Manteltuchs schon in spätarchaischer Zeit, wie an den Akropoliskoren verfolgt werden kann (vgl. Abb. 70. 73).

Das hier gezeigte Beispiel, auf einem attischen Kelchkrater aus der Zeit um 440 v. Chr., steht zwischen den beiden eben genannten Realitätsebenen[17] (Abb. 85). In einem häuslichen Ambiente sind drei Frauen wiedergegeben, von denen zwei mit Musikinstrumenten hantieren; die Sitzende hält ein Barbiton, die Stehende rechts Auloi (vgl. Abb. 8. 24) und dazu eine Lyra. Der heranfliegende Eros, aber auch das trotz der Präsenz des Liebesgottes etwas eingefrorene Miteinander lassen die Deutung schwanken zwischen einer «Frauengemachsszene», d.h. einer idealisierten Darstellung Athener Frauen im Haus, und der Zusammenstellung von drei Musen.

Abb. 85
Drei Frauen mit Musikinstrumenten. Kelchkrater, Athen, um 440 v. Chr. Würzburg, Martin von Wagner Museum.

Die zwei stehenden Figuren könnte man fast für lebende Modelle halten, die die beiden Gewandoptionen vorführen, so gleichartig ist ansonsten ihre Erscheinung, angefangen bei den Frisuren, über die Drehung des Kopfes bis hin zur fast frontalen Ansicht des Körpers. So lassen sich höchst instruktiv die Unterschiede überblicken: ein weit die Arme herunterfallender Chiton mit flirrender Oberfläche, dazu das Manteltuch mit dem unten mit einem Streifen akzentuierten Saum, auf der anderen Seite die Peplosträgerin mit dem übergegürteten Überschlag. Gut erkennbar sind aber auch die Gemeinsamkeiten: Im einen wie im anderen Fall werden die Körperformen konsequent verdeckt und lebt aus archaischer Zeit nichts fort vom Wechselspiel zwischen Transparenz und Verhüllung.

Kleid und Zeit: Die Peploskleidung in der Gesellschaft der klassischen Zeit

Von den – für uns fassbaren – Anfängen bis in die Jahre um 500 v. Chr. ist die Geschichte der griechischen Kleidung geprägt von einer Vorliebe für aufwendige, festlich erscheinende Gestaltung und in spätarchaischer Zeit zudem von einer bemerkenswerten Dynamik der Veränderung, so dass mit gutem Recht von Modetendenzen im modernen Sinne gesprochen werden kann. Mit dem Beginn der klassischen Zeit ist erstmals eine markante Gegenbewegung zu beobachten. Für die Ebene der Kunst und der materiellen Kultur kann man die Bevorzugung einer wesentlich einfacheren Kleidung durchaus sogar als ein Epochenmerkmal bezeichnen. Dieser Wandel verbindet sich in erster Linie mit der erneut getragenen und wohl auch dominierenden Peploskleidung. Der Wandel ist aber offenkundig nicht ganz so radikal, wie es zunächst erscheinen könnte. Denn das für das Phänomen «Mode» typische Bedürfnis nach Abwechslung, die Freude am immer wieder Neuen, ist durchaus vorhanden, es sucht sein Ziel nun aber, wie eben skizziert, eher auf Seitenwegen als mit dramatischen Gewandkompositionen. Wenn man «Mode» als ein «ästhetisches Spiel mit dem Möglichen» definieren will[18], so wurde dieses Spiel auch in frühklassischer Zeit betrieben, nur nicht in der Lebhaftigkeit wie in spätarchaischer Zeit und mit anderen Formen.

Die Tatsache einer massiven Reduktion von gestalterischem Aufwand und Raffinesse bei der weiblichen Kleidung soll damit nicht in Abrede gestellt werden, im Gegenteil: Die Veränderung ist so signifikant, dass sich nachdrücklich die Frage nach den Möglichkeiten einer historischen Erklärung stellt[19]. Bündige Antworten darf man hier jedoch nicht erwarten, denn der Wandel von Schönheitsidealen, ein Bereich, zu dem im Weiteren auch die Kleidung gehört, lässt sich selten unmittelbar mit klar umrissenen politischen Ereignissen oder mit gesellschaftlichen Umbrüchen verbinden. So würde es z. B. viel zu kurz greifen, die Rückkehr zum relativ einfachen Peplos als Reaktion auf die Perserinvasionen 490 und 480/79 v. Chr. zu werten: Die Peploskleidung ist keine «Nachkriegsmode». Und es muss auch nicht verwundern, wenn zur Veränderung der Kleiderpraxis keine schriftlichen Quellenzeugnisse existieren; Alltagsdinge wie diese sind kein eigener Gegenstand der erhaltenen griechischen Literaturgenera klassischer Zeit (Drama, Poesie, Historiographie), sondern werden in aller Regel nur am Rande erwähnt[20]. Man ist deshalb darauf angewiesen, übergreifende sozio-politische Entwicklungen zu thematisieren und analoge Erscheinungen auf anderen Feldern der materiellen Kultur heranzuziehen.

Um noch einmal für einen Moment zurückzublenden: Auf Samos, wo mit den Frauenstatuen des Stifters Cheramyes und des Bildhauers Geneleos um die Mitte des 6. Jhs. v. Chr. eine neue Qualität in der Kreation eleganter Kleidung fassbar ist, muss die Konkurrenz um soziales Prestige ein starker gesellschaftlicher Faktor gewesen sein, denn diese beiden originellen Weihgeschenke stellen nur einen kleinen Ausschnitt aus dem Wettbewerb um Aufmerksamkeit unter den Reichen des Staates dar. Für das spätarchaische Athen konnte wahrscheinlich gemacht werden, dass zwei starke politisch-gesellschaftliche Faktoren Auswirkungen auf die Frauenkleidung hatten. Einmal hat die aristokratische Schicht und die von ihr geschaffene Atmosphäre ein Forum für die Zurschaustellung aufwendiger und formal vielfältiger Kleidung geboten. Zum anderen hat die 510 v. Chr. einsetzende Demokratiebewegung – um sie der Einfachheit halber so zu nennen – wohl zu einer ersten Reduktion des Kleiderluxus geführt, wenn auch die Gestaltungsoptionen zunächst noch sehr zahlreich geblieben sind. Nun stellt Athen allerdings einen historischen Sonderfall dar, während die Veränderungen in der Frauenkleidung die gesamte griechische Welt betreffen, und zwar gleichermaßen in spätarchaischer Zeit wie auch nach der Epochenwende zur Klassik. Diese isolierte Position löst sich jedoch insofern auf, als grundlegende Ideen, wie sie der Entwicklung hin zur Demokratie zugrunde liegen, nicht auf Athen beschränkt waren und die Idee einer demokratischen Gesellschaftsform zudem von dort in andere Stadtstaaten exportiert wurde. «Isonomie» war das erste Schlagwort und das erste politische Ziel, das in Athen nach 510 v. Chr. verfolgt wurde, wörtlich «Gesetzesgleichheit» für alle freien Bürger. Auch wenn es dabei um gleiches Wahlrecht unabhängig vom individuellen Vermögen ging sowie um gleichen Zugang zu Gesetzgebung und Rechtsprechung, ging diese Forderung de facto doch mit der Entwicklung eines umfassenderen Gleichheitsdenkens zusammen[21]. So fremd den Athenern und den anderen Griechen sozialistisches Gedankengut im Sinne von Besitzgleichheit war, so sensibel waren sie zugleich für die potentiell zerstörerische Wirkung, die offensiv vorgeführter Reichtum haben konnte in einer Gesellschaft, in der viele mit dem Existenzminimum kämpften. Gesetzliche Regelungen zur Aufwandsbeschränkung bei Begräbnissen und den damit verbundenen Feiern und Zeremonien sprechen hier eine klare Sprache. In Athen ging man um 500 v. Chr. soweit, jede Form von repräsentativen Grabdenkmälern zu verbieten, für andere Regionen sind auch Regularien für bewegliches Gut überliefert[22]. Den Besitzenden wurde damit eine Möglichkeit zur Demonstration ihrer Überlegenheit genommen, den Besitzlosen ihre Unterlegenheit nicht gar so sehr vor Augen geführt.

Demokratie und Gleichheitsdenken haben sich von Athen aus nicht gleichmäßig in der politisch zersplitterten griechischen Welt verbreitet, und manche Region war davon unmittelbar gar nicht berührt. Gleichwohl ist sehr wahrscheinlich, dass sich die aristokratisch geprägte Atmosphäre zur Klassik hin allmählich weithin auflöste und der für diese Lebenshaltung typische Hang zum ostentativen Luxuskonsum gewissermaßen nicht mehr modern war: Die aristokratische Lebensform wird aufgrund der inzwischen erfolgten politischen Entwicklung mehr und mehr verachtet. Es brauchte deshalb auch sicher keine formellen Verordnungen, um die Frauen dazu zu bringen, sich von einem Look, der einen Zug ins Extravagante hatte, abzuwenden und zur alten Praxis zurückzukehren, d.h. die Kleidung nun wieder als gleichmäßig und vollständig den Körper verhüllende Stoffhülle einzusetzen. Aufschlussreich ist in diesem Zusammenhang manche Entwicklung der Motivik in der attischen Vasenmalerei. Die Phase der elaboriertesten Gewänder in den Jahren um 500 v. Chr. ist auch eine Zeit von mitunter geradezu entfesselter Darstellungsfreude in der Bildkunst. Es entstehen in relativ großer Zahl erotische Darstellungen, manche von drastischer Art, andere mit einem Zug ins Ironische[23]. Auffallend präsent sind auch Wiedergaben prächtiger Symposia, mit feinem Geschirr, Gesängen und mit «Flötenmädchen», die auch andere Sinne anstachelten[24]. Diese Bilderwelt tritt ab dem Epochenwechsel stark zurück. Dass auch die dargestellten Praktiken an Popularität verloren haben, darf bezweifelt werden. Entscheidend aber ist der damit angesprochene «mediale» Unterschied: Über Reichtum zu verfügen und sich alle denkbaren Vergnügungen zugänglich machen zu können, ist das eine, dies auch öffentlich zu zeigen und in der Bildkunst zu fixieren, eine andere Sache. Wenn auch die Gewänder und, genereller gesprochen, die äußere Erscheinung der Frauen in der Öffentlichkeit auf das Luxuriöse und das Erotische verzichten, weil das demonstrative Vorführen von Eleganz und Schönheit nicht mehr als angemessen empfunden wird, dann beweisen Kleidung und Mode einmal mehr ihre seismographischen Qualitäten.

Epilog: *Persica*

Im Laufe des 6. Jhs. v. Chr. entwickelte sich das Reich der Perser zu einer gewaltigen Territorialmacht, die große Teile Vorderasiens und dazu Ägypten und Anatolien beherrschte. Die Perser wurden so nicht nur zu direkten Nachbarn der griechischen Welt, sondern brachten auch die griechischen Poleis an der kleinasiatischen Westküste unter ihre Kontrolle und machten sie tributpflichtig. Die Einnahme der Metropole Milet im Jahre 494 v. Chr. wurde weithin als Fanal einer erschreckenden Bedrohung wahrgenommen. Die Expansion setzte sich fort mit den beiden legendären Invasionen der Perser ins griechische Festland 490 und 480/79 v. Chr. und mit der zweifachen Zurückschlagung der Angreifer. Im einen wie im anderen Konflikt spielte Athen im Kreis der zahlreichen griechischen Verbündeten eine herausragende Rolle. Die aus militärischen Gründen erfolgte Preisgabe des Stadtgebietes, die daraus resultierende Zerstörung Athens im Jahr 480 v. Chr. und der dann dank strategischer Überlegenheit errungene Sieg bildeten die Grundlage für das athenische Selbstverständnis als Befreier der Griechen vor den «Barbaren» und als politische, militärische und auch kulturelle Führungsmacht in der griechischen Welt.

In den Jahrzehnten, die auf die abgewendete Katastrophe folgten, entwickelte sich in Athen ein eigentümlich doppelbödiges Verhältnis zu den – zunächst durchaus noch in bedrohlicher Nähe agierenden – Persern. Auf der einen Seite die Überlegenheitsrhetorik, die die Vorstellung vom inferioren Gegenüber braucht, auf der anderen Seite aber Neugier und auch Respekt gegenüber der Großmacht im Osten mit ihren in vielem so andersartigen Sitten und Gebräuchen. Diese zweite Ebene der athenischen Haltung erfasst man nur wenig in direkten, schriftlichen Quellen, um so vielfältiger aber in den Zeugnissen der materiellen Kultur[25]. Margaret C. Miller hat diese Zusammenhänge, die über die spezielle historische Konstellation hinaus etwas zum Verständnis der Dynamik des Umgangs von Siegern mit Besiegten aussagen können, in exemplarischer Weise analysiert[26]. Zu den Elementen der fremden Kultur, die die Athener mit großer Aufmerksamkeit registriert haben, gehört auch die persische Kleidung.

Es gibt mehrere sicher persische Gewandtypen, die in der attischen Bildkunst dieser Epoche anzutreffen sind. Wir beschränken uns hier auf einen, den die Griechen *chitón cheiridotós* nannten, was mit «Ärmelchiton» zu übersetzen ist. Den Transfer dieses Chitontyps von der einen zur anderen Kultur kann man anhand der schriftlichen Quellen zuverlässig nachweisen: Herodot bezeichnet ihn als typisches Element der persischen Kleidung, und im 4. Jh. v. Chr. werden gleich mehrere Exemplare in den Kleiderinventaren der Artemis Brauronia, von denen im Eingangskapitel bereits kurz die Rede war, aufgeführt. Da die Stifterinnen sicher keine Ausländerinnen waren, ist damit die Übernahme in die Garderobe athenischer Frauen bereits fassbar. Etwas diffiziler stellt sich die Interpretation der bildlichen Zeugnisse dar. Auf einer Kalpís, einem der Hydria ähnlichen Wassergefäß, ist eine für die Zeit um 430 v. Chr. typische häusliche Szene wiedergegeben[27] (Abb. 86). Der Webstuhl links im Hintergrund gibt den Ort an und steht zugleich für den Fleiß der dargestellten Frauen. Die Sitzende, mit der eben gesehenen Kombination von Chiton und lose drapiertem Mantel ausgestattet, hält ein auf ihrem Schoß kniendes Kleinkind, das die Arme einer stehenden Frau entgegenstreckt. Über einem langen, dem Faltengeriesel nach als Chiton zu identifizierenden Gewand trägt diese ein eng anliegendes Kleidungsstück mit Ärmeln, dessen Säume mit einem Zinnenmotiv versehen sind, den *chiton cheiridotos*. Ein noch junger Mann im Bürgerhabitus beschließt die Szene auf der rechten Seite.

Die Würdeform des Sitzens auf dem vornehmen *klismós*, die zentrale Position im Bild und der Sakkos auf dem Kopf sprechen dafür, die Sitzende als Bürgerin und Mutter des Kindes zu identifizieren, die stehende Frau dann als Dienerin. Ist dieses «Kindermädchen», falls die Zuweisung der Rollen in der so biedermeierlich erscheinenden Szene prinzipiell richtig ist, also eine persische oder jedenfalls ausländische Sklavin, wie es sie in athenischen Haushalten in großer Zahl gegeben haben muss? Wie schwierig die Frage der Identifizierung ist, wird besser nachvollziehbar, wenn ein weiteres Monument in die Diskussion aufgenommen wird. Auf einem etwa zwei Jahrzehnte später entstandenen attischen Grabrelief, heute in München, ist wieder ein Gegenüber von sitzender und stehender Frau zu sehen[28] (Abb. 87). Das Sitzmöbel ist hier ein einfacher Stuhl, die Szene insgesamt

Abb. 86
Häusliche Szene. Kalpis, Athen, um 430 v. Chr. Cambridge (Mass.), Harvard Art Museum/ Arthur M. Sackler Museum, Bequest of David M. Robinson.

hat einen weniger repräsentativen Charakter. Die Interaktion besteht nicht in einer verbindenden Aktion, sondern in gleichgestimmtem, melancholischem Zugewandtsein: Die Sitzende ist wohl die Verstorbene, die auf dem Relief, wenn auch wie abwesend, noch einmal präsent ist. Im Tod an die Verbindung zu Lebzeiten zu erinnern, lag als Gedanke schon dem Relief aus Pharsalos (vgl. Abb. 82) zugrunde. Die auf dem Giebel eingemeißelte Inschrift nennt den Namen der Verstorbenen, Mnesarete, und schildert den familiären Kreis, aus dem sie durch den Tod herausgerissen wird. Wie zuvor trägt die durch das Sitzen herausgehobene Gestalt Chiton und Manteltuch, die vor ihr stehende, deutlich kleinere weibliche Figur dagegen nur einen Chiton, länger als auf der Kalpis, aber wieder mit Ärmeln. Auch hier ist die Identität des «Mädchens», wie die Figur in der Literatur häufig ausweichend genannt wird, nicht sicher zu bestimmen: Ist sie eine Sklavin oder handelt es sich um eine Familienangehörige, wie man angesichts der fast identischen Frisuren und aufgrund des Anscheins starker emotionaler Verbundenheit annehmen möchte?

Die Identifizierung der beiden Frauen oder Mädchen, die den aus Persien stammenden Ärmelchiton tragen, ist mehr als eine Spezialfrage. Dieser Punkt hängt zusammen mit der sehr viel größeren Frage, in welchem Umfang sich Athen der materiellen Kultur des erbitterten militärischen Gegners geöffnet hat und welche Impulse hinter diesem Vorgang stehen. Nach Miller gibt es in der Forschung die Tendenz, die griechische Kleidung gleichsam rein zu halten von fremden Elementen. Sind auf den Denkmälern die persisch gekleideten Frauen durchweg ausländische Sklavinnen, dann haben diese fremden Elemente nichts mit einer neuen Modeströmung zu tun, der sich die «ehrbaren» Athener Frauen bald nach den Perserkriegen zugewandt hätten; dann wäre der Ärmelchiton statt dessen gerade ein Mittel der Abgrenzung, der die Frauen von den Rändern der Gesellschaft sichtbar separiert von den Bürgerinnen. Doch die Belege für eine Aufnahme des Ärmelchitons in die reguläre Kleidung sind tatsächlich erdrückend. Einige Darstellungen geben Figuren mit diesem Gewand wieder, die aufgrund des Kontexts unzweifelhaft Mitglieder der Bürgerschaft sind, und zwar Frauen, Kinder und auch Männer; das prominenteste Beispiel sind eine Reihe von Männern auf dem großen Prozessionsfries am Parthenon (447–432 v. Chr.) auf der Akropolis von Athen[29]. Auch die Kalpis (Abb. 86) liefert ein schönes Indiz. Das auf dem Webstuhl in Arbeit befindliche Tuch weist dasselbe Zinnenmuster auf wie der Ärmelchiton der «Dienerin»: Zwar muss das Tuch nicht für einen Ärmelchiton bestimmt sein, aber das kleine Detail belegt unmittelbar, dass das «persische» Gewand der Stehenden ein in Athen selbst vertrautes Muster aufweist und also kein Import aus dem Ausland sein kann.

Zusammen mit den anderen, hier nicht behandelten Gewandtypen, die aus Persien übernommen wurden, tritt eines deutlich hervor: Solche exotischen Kleidungsstücke waren athenischen Frauen zugänglich und sie wurden getragen, wenn auch offenbar selten. Solche exotischen Kleidungsstücke waren athenischen Frauen zugänglich und sie wurden getragen, wenn auch offenbar selten oder unter Umständen nur bei besonderen festlich-kultischen Anlässen – was wiederum ein Indiz für ihren exklusiven Charakter sein kann. Da die «strenge» Peploskleidung, wie oben erläutert, keineswegs die einzige Option für die an Abwechslung interessierte Frau darstellte, muss die Integration von Elementen ausländischer Kleidung auch nicht verwundern. Dieses spezielle Phänomen bettet sich zudem ein in eine bunte Palette von *Perserien*, die den Weg in den Alltag wohlhabender Athener Bürger gefunden haben, darunter besondere Formen von Keramik und von Metallgeschirr, aber auch Sonnenschirme. Unter kulturgeschichtlicher Perspektive ist dies keineswegs rätselhaft. Persien war besiegt, die unmittelbare Gefahr nach etwa 460 v. Chr. gebannt, das fremde Volk seit dem militärischen Konflikt aber präsent – und als Lieferant reizvoller Güter willkommen. So ließ, um eine nahe Analogie anzuführen, in Rom die Begeisterung für Objekte und Formen aus Ägypten nicht nach, als das Reich am Nil von Augustus besiegt und in das Imperium Romanum eingegliedert wurde, sondern verstärkte sich eher noch zur einer Ägyptomanie[30].

Wir haben unsere Darstellung mit einem Passus aus der *Ilias* begonnen, in dem berichtet wird, dass der troianische Prinz Paris seiner neuen, aus Griechenland geraubten Braut Helena exklusive sidonische Gewänder für ihre standesgemäße Ausstattung beschafft hat. Am Ende stehen wieder Gewänder und textile Anregungen aus dem Orient, die in die griechische Kleidungspraxis übernommen werden. Rezeption gestalterischer Elemente aus den östlichen Nachbarkulturen hat es tatsächlich immer wieder gegeben. Dazu gehören etwa auch die Tierfriese, die in archaischer Zeit als Schmuck festlicher Peploi (vgl. Abb. 22. 56) verbreitet waren. Die Diskussion darüber, wieviel die

Abb. 87
Grabrelief der Mnesarete.
Athen, um 410 v. Chr.
München, Staatliche
Antikensammlungen und
Glyptothek.

griechische Kultur dem Orient «verdankt» und was sich ohne diese Anstöße von außen vielleicht gar nicht entwickelt hätte, wird gelegentlich mit einigem weltanschaulichen Eifer geführt, doch sollte man diese Debatte gelassen betreiben. Was die Frauenkleidung angeht, ist offenkundig, dass ihr Charakter in dem hier betrachteten zeitlichen Bogen unverändert geblieben ist. Kleidartige Gewänder, die, unter Verwendung verschiedener Materialien, Rumpf und Beine in der Regel vollständig bedecken, nach Bedarf ergänzt durch ein weiteres, als Mantel dienendes Gewand, stellen die Grundform dar. Ebenso charakteristisch wie das konstante ist aber von Anfang an auch das variable Element: Drapierung, Länge, Führung der Säume, Farbe, Musterung, Oberflächenqualitäten – all dies wandelte sich immer wieder oder konnte nach persönlichen Vorlieben festgelegt werden. In archaischer Zeit vollzogen sich die Veränderungsprozesse zunächst langsam, zum Ende der Epoche hin dagegen so schnell, dass sie Modetendenzen im modernen Sinn entsprechen. Das Bedürfnis der individuellen Trägerinnen nach Abwechslung und der Wandel der äußeren gesellschaftlichen Verhältnisse sind, kurz gesagt, die beiden wesentlichen Faktoren, denen die griechische Kleidung ihre Vitalität verdankt und die es auch ermöglichten, immer wieder äußere Anregungen in das traditionelle Konzept der Bedeckung und Präsentation der Frauen zu integrieren.

Dank

Dieses Buch geht zurück auf Forschungen des Verfassers zur frühgriechischen Kunst und Kultur und auf die Magisterarbeit der Verfasserin zum Thema «Modetendenzen in der Tracht spätarchaischer Korenstatuen auf der Akropolis von Athen im gesellschaftlichen Kontext»; sie wird die Entstehung der weiblichen spätarchaischen Kleidermode und deren kulturelles Umfeld in ihrer Mainzer Dissertation vertiefend behandeln. Wir danken Holger Kieburg für die Aufnahme in die Reihe «Zaberns Bildbände zur Archäologie» und seinem Team für die Umwandlung von Manuskript und Bildvorlagen in das fertige Buch. Angelika Schurzig hat uns mit vielen Fotoarbeiten unterstützt. Zahlreiche Personen und Institutionen haben durch die Bereitstellung von Texten und vor allem von Fotos zum Gelingen des Vorhabens beigetragen. Besonders genannt seien Vinzenz Brinkmann und Ulrike Brinkmann-Koch (Frankfurt), Elizabeth Bollen (Sydney, Nicholson Museum), Maria Chidiroglou (Athen, Nationalmuseum), Marcel Danner (München, Staatliche Antikensammlungen und Glyptothek), Isabella Donadio (Cambridge, Harvard Art Museums), Gerhard Hirsch Nachfolger (München), Daniel Graepler (Göttingen, Universität), Volkmar von Graeve (Bochum), Jochen Griesbach (Würzburg, Martin von Wagner Museum der Universität), Ellen Harlizius-Klück (Neuss), Joachim Heiden (Athen, DAI), Angelika Hildebrand (Karlsruhe, Badisches Landesmuseum), Katerina Karakasi (Frankfurt), Angelica Kouveli (Athen, Akropolismuseum), Sigrun Schall-Thiery (Heidelberg, Universitätsbibliothek), Bernhard Schmaltz (Kiel), Jutta Schubert (Bonn, Akademisches Kunstmuseum), Skinner Auctioneers (Boston), Natalia Vogeikoff-Brogan (Athen, American School), Cornelia Weber Lehmann (Bochum, Ruhr-Universität, Antikenmuseum). Ihnen allen gilt unser herzlicher Dank.

ABKÜRZUNGEN

AJA	American Journal of Archaeology
AM	Mitteilungen des Deutschen Archäologischen Instituts, Abteilung Athen
JdI	Jahrbuch des Deutschen Archäologischen Instituts
ÖJh	Jahreshefte des Österreichischen Archäologischen Instituts in Wien
DAI	Deutsches Archäologisches Institut

Barber, Textiles	E. J. W. Baber, Prehistoric Textiles. The Development of Cloth in the Neolithic and Bronze Ages with Special Reference to the Aegean (Princeton 1992).
Bol, Geschichte I. II	P. C. Bol (Hrsg.), Die Geschichte der antiken Bildhauerkunst I (Mainz 2002); II (Mainz 2004).
Brinkmann, Polychromie	V. Brinkmann, Die Polychromie der archaischen und frühklassischen Skulptur (München 2003).
Bunte Götter 2003	V. Brinkmann (Hrsg.), Bunte Götter. Die Farbigkeit antiker Skulptur. Ausstellungskatalog München (München 2010).
Bunte Götter 2010	V. Brinkmann – A. Scholl (Hrsg.), Bunte Götter. Die Farbigkeit antiker Skulptur. Ausstellungskatalog Berlin (München 2010).
Bunte Götter 2012	S. Haag (Hrsg.), Bunte Götter. Die Farbigkeit antiker Skulptur. Ausstellungskatalog Wien (Wien 2012).
CVA	Corpus Vasorum Antiquorum.
DNP	Der Neue Pauly.
Karakasi, Koren	K. Karakasi, Archaische Koren (München 2001).
Lermann, Plastik	W. Lermann, Altgriechische Plastik. Eine Einführung in die griechische Kunst des archaischen und gebundenen Stils (München 1907).
Pekridou-Gorecki, Mode	A. Pekridou-Gorecki, Mode im antiken Griechenland. Textile Fertigung und Kleidung (München 1989).
Reuthner, Gewänder	R. Reuthner, Wer webte Athenes Gewänder? Die Arbeit von Frauen im antiken Griechenland (Frankfurt/M. 2006).
Richter, Korai	G. M. A. Richter. Korai. Archaic Greek Maidens. A Study of the Development of the Kore Type in Greek Sculpture (London 1968).
Simon, Vasen	E. Simon, Die griechischen Vasen (München 1976).

Ilias und *Odyssee* werden nach den Übersetzungen von Wolfgang Schadewaldt zitiert.

ANMERKUNGEN

Kleidung im frühen Griechenland: Wege in eine verlorene Welt

1 Die sprachliche Form des originalen Texts lässt offen, ob sich «von Sidonien» auf die Stoffe oder die Frauen bezieht, doch wird in der Forschung ganz überwiegend angenommen, dass nicht die Stoffe importiert, sondern diese in Troia von den besonders kunstfertigen Frauen hergestellt wurden; vgl. hierzu M. Stoevesandt, Homers Ilias. Gesamtkommentar, hrsg. v. J. Latacz, Bd. 4,2 (Berlin 2008) 100 f.

2 Athen, Akropolismuseum, Inv. 973. R. Lullies, Griechische Plastik (München ^{4}1979) 101 f. Taf. 187; T. Hölscher, Ritual und Bildsprache. Zur Deutung der Reliefs an der Brüstung um das Heiligtum der Athena Nike in Athen, AM 112, 1997, 143–166.

3 vgl. T. Linders, Studies in the Treasure Records of Artemis Brauronia Found at Athens (Stockholm 1971); L. Cleland, The Brauron Clothing Catalogues. Text, Analysis, Glossary and Translation (Oxford 2005).

4 Für einen Überblick über die erhaltenen Reste s. Reuthner, Gewänder 199–203; Y. Spantidaki – C. Moulherat, Greece, in: M. Gleba – U. Mannering (Hrsg.), Textiles and Textile Production in Europe. From Prehistory to AD 400 (Oxford 2012) 185–200.

5 Hier sind vor allem zwei Arbeiten zu nennen: F. Studniczka, Beiträge zur Geschichte der altgriechischen Tracht (Wien 1886); E. Buschor, Beiträge zur Geschichte der griechischen Textilkunst. Die Anfänge und der orientalische Import (Diss. München 1912).

6 s. L. Heuzey, Histoire du costume antique (Paris 1922); M. Bieber, Griechische Kleidung (Berlin 1928; Nachdruck 1977); ferner A. von Netoliczka, Die Manteltracht der archaischen Frauenfiguren, ÖJh 15, 1912, 253–264.

7 Bieber a. O.; dies, Entwicklungsgeschichte der griechischen Tracht. Von der vorgriechischen Zeit bis zur römischen Kaiserzeit (Berlin 1934; ^{2}1967); s. ferner dies., Charakter und Unterschiede der griechischen und der römischen Kleidung, Archäologischer Anzeiger 1973, 425–447.

8 M. Bieber, Griechische Kleidung (Berlin 1928; Nachdruck 1977) 1 f. Zur Reformkleidung aus neuerer Sicht s. etwa P. Ober, Der Frauen neue Kleider. Das Reformkleid und die Konstruktion des modernen Frauenkörpers (Berlin 2003).

[9] M. Bieber, Griechische Kleidung (Berlin 1928; Nachdruck 1977) 3.

[10] Zu sozialen Aspekten von Frauenkleidung und Textilproduktion s. die beiden folgenden Kapitel.

[11] Zu Alma-Tadema und seiner Auseinandersetzung mit der Antike s. z. B. V. G. Swanson, Sir Lawrence Alma-Tadema. The Painter of the Victorian Vision of Ancient World (London 1977); E. Becker u. a. (Hrsg.), Sir Lawrence Alma-Tadema 1836–1912. Ausst.-Kat. Amsterdam und Liverpool (New York 1997) 59–66 («Alma-Tadema and the English Classical Revival»). 69–76 («A.-T. and the néo-Grecs»).

[12] Williamstown, Sterling and Francine Clark Art Institute. Becker a. O. 232–234 Nr. 68. Zum Sujet und seiner Verarbeitung durch Alma-Tadema s. G. Hedreen, Sir Lawrence Alma-Tademas «Women of Amphissa», Journal of the Walters Art Gallery 52/53, 1994/95, 79–92.

[13] Es hat etwas Bezeichnendes, wenn das vielbenutzte Handbuch von A. Pekridou-Gorecki den entscheidenden Begriff zwar zentral im Titel – «Mode im antiken Griechenland» – anführt, auf diesen Punkt tatsächlich aber nur in einem knappen Abschnitt eingeht («Mode?», S. 114–116) und gemäß dem Untertitel fast ausschließlich «Textile Fertigung und Kleidung» Gegenstand des Buches sind.

[14] Der Originaltitel lautet «Le système de la mode».

[15] Die Kernpunkte der populären Monographie hat König bereits lange zuvor in einem ausführlichen Buchbeitrag vorgelegt: R. König – P. W. Schuppisser (Hrsg.), Die Mode in der menschlichen Gesellschaft (Zürich 1959; [2]1961) 103–221.

[16] Zu den archäologischen Zeugnissen und den sozialen Aspekten der Togatracht s. H. R. Goette, Studien zu römischen Togadarstellungen (Mainz 1989); ders., Die römische «Staatstracht» – *toga, tunica* und *calcei*, in: M. Tellenbach u. a. (Hrsg.), Die Macht der Toga. DressCode im Römischen Weltreich (Mannheim 2013) 39–52; S. Stone, The Toga. From National to Ceremonial Costume, in: J. L. Sebesta – L. Bonfante (Hrsg.), The World of Roman Costume (2001) 13-45; A. Starbatty, Aussehen ist Ansehenssache. Kleidung in der Kommunikation der römischen Antike (München 2010) bes. 114–125. – Die abgebildete Statue: Rom, Museo Torlonia, Inv. 249 (aus Ostia). Goette a. O. (1989) 127 Nr. B a 289.

[17] s. Reuthner, Gewänder 174–176 mit zahlreichen Nachweisen.

[18] Mainz, Universität, Antikensammlung, Inv. 180. K. Junker (Hrsg.), Aus Mythos und Lebenswelt. Griechische Vasen aus der Sammlung der Universität Mainz (Worms 1999) Abb. 58.

Homer und die Anfänge der Geschichte griechischer Kleidung

[1] Überblickswerke zur griechischen Frühzeit und ihrem kulturellen Austausch: J. N. Coldstream, Geometric Greece, 900–700 BC (London 1977; [2]2003); J. Boardman, Kolonien und Handel der Griechen. Vom späten 9. bis zum 6. Jahrhundert (letzte englische Ausgabe unter dem Titel «The Greeks Overseas. Their Early Colonies and Trade» [London [4]1999]); Zeit der Helden. Die «dunklen Jahrhunderte» Griechenlands 1200 bis 700 v. Chr. (Karlsruhe 2008).

[2] Für einen Überblick über den Bestand s. B. Schweitzer, Die geometrische Kunst Griechenlands. Frühe Formenwelt im Zeitalter Homers (Köln 1969); J. Boardman, Early Greek Vase Painting, 11th – 6th Centuries (London 1998); A. Haug, Die Entdeckung des Körpers. Körper- und Rollenbilder im Athen des 8. und 7. Jahrhunderts v. Chr. (Berlin 2012). Zu den Impulsen hinter der Etablierung einer Bildkultur in der griechischen Welt s. K. Junker, Bildlichkeit im vorhomerischen Griechenland, in: Chr. Pare (Hrsg.), Kunst und Kommunikation: Zentralisierungsprozesse in Gesellschaften des europäischen Barbarikums im 1. Jahrtausend v. Chr. (2012) 1–15.

[3] G. Ahlberg, Prothesis and Ekphora in Greek Geometric Art (Göteborg 1971); Haug a. O. 45–118.

[4] Sydney, Nicholson Museum, Inv. 46.41. Haug a. O. 65 f. Abb. 30.

[5] Zum Phänomen und den Begriffen s. A. Schmölder-Veit, Kleider machen Frauen? Griechische Frauendarstellungen des 8. Jahrhunderts v. Chr., in: N. Sojc (Hrsg.), Neue Fragen, neue Antworten. Antike Kunst als Thema der Gender Studies, Geschlecht – Symbol – Religion 3 (Münster 2005) 29–42. Zum Wandel der Darstellungsweise von Frauen in der attisch-geometrischen Vasenmalerei s. auch Haug a. O. 70 f.

[6] New York, Metropolitan Museum of Art, Inv. 14.130.14. M. B. Moore, CVA New York 5 (2004) Taf. 8–13; dies., How to Read Greek Vases (New York 2010) 52–57; Haug a. O. 22–28 Abb. 1. 2.

[7] Bochum, Kunstsammlungen der Ruhr-Universität, Antikenmuseum, Inv. S 1067. N. Kunisch, Erläuterungen zur griechischen Vasenmalerei. 50 Hauptwerke der Sammlung antiker Vasen in der Ruhr-Universität Bochum (Köln 1996) 25–29; ders., CVA Bochum 1 (München 2005) Taf. 10.

[8] Für eine zusammenfassende Darstellung zum Kenntnisstand über Glockenidole s. V. Jeammet, Idoles-cloches de Béotie (Paris 2003). Das hier abgebildete Exemplar (Abb. 9): Paris, Louvre, Inv. CA 623. Richter, Korai Abb. 5–8; Jeammet a. O. Abb. 2. 10. 13. 23.

[9] vgl. H. Philipp, Bronzeschmuck aus Olympia, Olympische Forschungen 13 (Berlin 1981); H. Donder, Katalog der Sammlung antiker Kleinkunst des Archäologischen Instituts der Universität Heidelberg, Band 3,2 Die Fibeln (Mainz 1994).

[10] Die abgebildeten Stücke, im Artemisheiligtum von Lousoi (Arkadien) gefunden, befinden sich in Karlsruhe, Badisches Landesmuseum, s. Zeit der Helden. Die «dunklen Jahrhunderte» Griechenlands 1200–700 v. Chr. (Karlsruhe 2008) 156 Abb. 73.

[11] Hesiod, Werke und Tage 536–556.

[12] Grundlegend hierzu: B. Wagner-Hasel, Der Stoff der Gaben. Kultur und Politik des Schenkens und Tauschens im archaischen Griechenland (Frankfurt/M. 2000).

[13] s. o. S. 8.

[14] Zur Figur der Penelope s. I. Kader (Hrsg,), Penelope rekonstruiert. Geschichte und Deutung einer Frauenfigur (München 2006).

[15] s. hierzu etwa J. N. Snyder, The Web of Song: Weaving Imagery in Homer and the Lyric Poets, The Classical Journal 76, 1981, 193–196; B. Wagner-Hasel, *Textus* und *texere*, *hýphos* und *hyphaínein*: Zur metaphorischen Bedeutung des Webens in der griechisch-römischen Antike, in: L. Kuchenbuch – U. Kleine (Hrsg.), Textus im Mittelalter. Komponenten und Situationen des Wortgebrauchs im schriftsemantischen Feld (Göttingen 2005) 15–43; A. Tuck, Singing the Rug. Patterned Textiles and the Origins of Indo-European Metrical Poetry, AJA 110, 2008, 539–550.

[16] Zu den Quellen und vor allem den bildlichen Darstellungen der Moiren s. M. Giannoullis, Die Moiren. Tradition und Wandel des Motivs der Schicksalsgöttinnen in der antiken und byzantinischen Kunst (Münster 2010).

[17] vgl. C. W. Shelmerdine, Fragrant and Shining Cloth in Homeric Epic, in: J. B. Carter – S. P. Morris (Hrsg.), The Ages of Homer. A Tribute to Emily Townsend Vermeule (Austin 1995) 99–107.

[18] Zum Folgenden siehe außer der o. Anm. 5 genannten Literatur vor allem den zwar etwas zu optimistischen, aber sehr textkundigen und ideenreichen Beitrag von H. van Wees, Clothes, Class and Gender in Homer, in: D. Cairns (Hrsg.), Body

Language in the Greek and Roman Worlds (Swansea 2005) 1–36. Weitere Beiträge desselben Autors zum Thema: Trailing Tunics and Sheepskin Coats. Dress and Status in Early Greece, in: L. Cleland u. a. (Hrsg.), The Clothed Body in the Ancient World (2005) 44–54; Der Dresscode der Dunklen Jahrhunderte, in: Zeit der Helden. Die «dunklen Jahrhunderte» Griechenlands 1200–700 v. Chr. (Karlsruhe 2008) 134 f.; ferner M. Bieber, Entwicklungsgeschichte der griechischen Tracht (Berlin 1934; ^{2}1967) 23–26 («Die homerische Kleidung»); S. Marinatos, Kleidung. Haar- und Barttracht. Archaeologia Homerica, Teil A/B (1967); G. Wickert-Micknat, Die Frau. Archaeologia Homerica, Teil R (1982) 38–50.

19 Ilias 13, 685.

20 vgl. H. van Wees, Clothes, Class and Gender in Homer, in: D. Cairns (Hrsg.), Body Language in the Greek and Roman Worlds (Swansea 2005) 6 f.

21 Odyssee 4, 71.

22 Ilias 18, 483–608 (569 f. die Gesangsszene).

23 München, Staatliche Antikensammlungen, Inv. 8936. K. Vierneisel, Neuerwerbungen Staatliche Antikensammlungen und Glyptothek, Münchner Jahrbuch der Bildenden Künste 18, 1967, 241–245 Abb. 1–3; A. Snodgrass, Homer and the Artists (Cambridge 1998) 78–80 Abb. 27–29.

24 Paris, Louvre, Inv. CA 2985. Simon, Vasen 40 f. Taf. III; M. Denoyelle, Chefs-d'Oeuvre de la céramique grecque dans les collections du Louvre (Paris 1994) 22 f.

25 vgl. M. Denoyelle, Le peintre d'Analatos. Essai de synthèse et perspectives nouvelles, Antike Kunst 39, 1996, 71–87.

26 vgl. E. Buschor, Beiträge zur griechischen Textilkunst (München 1912) 9–11; Reuthner, Gewänder 58–60.

27 Grundlegend hierzu Reuthner, Gewänder. Zur Auswertung von Bildzeugnissen zu dieser Thematik, insbesondere der klassischen Epoche, s. S. Bundrick, The Fabric of the City. Imaging Textile Production in Classical Athens, Hesperia 77, 2008, 289–334; L. Larsson Lovén, Textile Production, Female Work and Social Values in Athenian Vase Painting, in: A.-L. Schallin (Hrsg.), Perspectives on Ancient Greece. Papers in Celebration of the 60th Anniversary of the Swedish School at Athens (Stockholm 2013) 135–151.

28 W. Thompson, Weaving: A Man's Work, Classical World 75, 1982, 217–222; Reuthner, Gewänder 256–260; N. Vogeikoff-Brogan – S. Kirkpatrick-Smith, A Male Spinner? A Late Geometric Early Orientalizing Pithos Burial near Meseleroi, Ierapetra, Aegean Archaeology 10, 2009/10, 87–104.

29 Diese These wurde insbesondere von E. Barber vertreten: Barber, Textiles 283–299. 358–382; s. ferner Reuthner, Gewänder, bes. Teil III; S. Langdon, Art and Identity in Dark Age Greece, 1100–700 B.C.E (Cambridge 2008) 43–45.

Kleiderkultur in früharchaischer Zeit

1 Zur frühen Wohnarchitektur s. F. Lang, Archaische Siedlungen in Griechenland. Struktur und Entwicklung (Berlin 1996); dies., Minoische, mykenische und griechische Zeit, in: W. Hoepfner (Hrsg.), Geschichte des Wohnens I. Vorgeschichte, Frühgeschichte, Antike (Stuttgart 1999) 85–122; J. N. Coldstream, Geometric Greece (London ^{2}2003) 303–316. 406–408.

2 Die antike Textilherstellung ist in jüngerer Zeit mehrfach umfassend dargestellt worden, s. vor allem R. J. Forbes, Studies in Ancient Technology, Band 4 (Leiden 1964); Pekridou-Gorecki, Mode; Barber, Textiles; E. J. W. Barber; The Peplos of Athena, in: J. Neils (Hrsg.), Goddess and Polis. The Panathenaic Festival in Ancient Athens (Princeton 1992) 103–117; S. Pfisterer-Haas, Penelope am Webstuhl. Die Macht der Gewänder, in: I. Kader (Hrsg.), Penelope rekonstruiert. Geschichte und Deutung einer Frauenfigur (München 2006) 97–119.

3 New York, Metropolitan Museum of Art, Inv. 31.11.10. G. M. A. Richter, A Stand by Kleitias and a Athenian Jug, The Metropolitan Museum of Art Bulletin 26, 1931, 289–294 mit einer Umzeichnung der Darstellung als Abrollung; vgl. Gorecki-Pekridou, Mode 16 Abb. 2.

4 Bonn, Akademisches Kunstmuseum – Antikensammlung der Universität Bonn, Inv. 3107. M. Aspris, Ein zyprischer Teller mit der Darstellung eines Webstuhls, Bonner Jahrbücher 196, 1996, 1–10; H. Mielsch (Hrsg.), Das Akademische Kunstmuseum. Antikensammlung der Universität Bonn (Petersberg 2003) 40 f. Taf. 7.

5 vgl. E. Harlizius-Klück, «Nur nicht von einer Frau geboren werden». Genealogisches zu Mathematik und Weberei in der Antike, in: I. Kader (Hrsg.), Penelope rekonstruiert. Geschichte und Deutung einer Frauenfigur (München 2006) 121–133 und s. die Homepage der Autorin http://www.saumweberei.de/. Die Rekonstruktion der Penelope-Statue entstand 2006 im Museum für Abgüsse Klassischer Bildwerke in München. Die Abbildung im Hintergrund zeigt die Umzeichnung eines attischen Vasenbildes mit Penelope und Telemachos.

6 vgl. o. Kap. 2 Anm. 27. 29.

7 Zu Athena als Kulturbringerin s. K. Junker – S. Strohwald, Götter als Erfinder. Die Entstehung der Kultur in der griechischen Kunst (Darmstadt 2012) 59–91.

8 Bryn Mawr, Ella Riegel Memorial Museum, Bryn Mawr College, Inv. T-182. J. Neils (Hrsg.), Goddess and Polis. The Panathenaic Festival in Ancient Athens (Princeton 1992) 107 Abb. 12. Zum Typus s. auch F. Heinrich, Das Epinetron. Aspekte der weiblichen Lebenswelt im Spiegel des Arbeitsgeräts (Rahden 2006) 50 (mit weiterer Literatur in Anm. 348).

9 Zum Folgenden s. Pekridou-Gorecki, Mode 71–84; DNP 6 (1999) 505–510 s. v. Kleidung (R. Hurschmann); als Nachschlagewerk zu technischen und formalen Aspekten s. ferner L. Cleland – G. Davies – L. Llewellyn-Jones, Greek and Roman Dress from A to Z (London 2007).

10 Athen, Nationalmuseum, Inv. 3961. Simon, Vasen 46 f. Taf. 23. Zur neuen Farbrekonstruktion s. N. J. Koch, De picturae initiis. Die Anfänge der griechischen Malerei im 7. Jahrhundert v. Chr. (München 1996) 174–182 Beilage I. II, 2.

11 vgl. R. M. Boehmer, Phrygische Prunkgewänder des 8. Jahrhunderts v. Chr. Herkunft und Export, Archäologischer Anzeiger 1973, 149–172.

12 Athen, Kerameikosmuseum, Inv. 80. K. Kübler, Die Nekropole des späten 8. bis frühen 6. Jahrhunderts, Kerameikos VI (Berlin 1970) 430–432 Taf. 14. 15.

13 M. C. Miller, Athens and Persia in the Fifth Century BC. A Study in Cultural Receptivity (Cambridge 1997) 185.

14 London, British Museum, Inv. 1971.11-1.1. J. Boardman, Schwarzfigurige Vasen aus Athen (Mainz 1977) Abb. 24; D. Williams, Sophilos in the British Museum, in: Greek Vases in the J. Paul Getty Museum 1 (Malibu 1983) 9–34; ders., (Hrsg.), Greek Vases (London 1985) 27 Abb. 3.

15 Florenz, Museo Archeologico, Inv. 4209. Simon, Vasen 69–77 Taf. 51–57. Zu dem Krater liegen zwei umfassende neuere Publikationen vor: M. Torelli, Le strategie di Kleitias. Composizione e programma figurativo del vaso François (Mailand 2007); H. A. Shapiro – A. Lezzi-Hafter (Hrsg.), The François Vase (Kilchberg 2013).

16 vgl. o. Kap. 2 Anm. 16.

17 Zum Nebeneinander von Typus und Variation in der Kleidung archaischer Zeit s. auch die instruktive Studie von I. Benda-Weber, Die Reliefamphora von Mykonos: Ein Beitrag zur

Trachtenkunde des 7. Jahrhunderts v. Chr., ÖJh 77, 2008, 39–46.

[18] s. E. Walter-Karydi, ΧΡΩΣ – Die Entstehung des griechischen Farbwortes, Gymnasium 98, 1991, 517–533; Koch a. O. 48–53; G. Deutscher, Im Spiegel der Sprache. Warum die Welt in anderen Sprachen anders aussieht (München 2010) 34–50 mit ausführlichen Erläuterungen zur Geschichte der Erforschung dieses Themas.

[19] Athen, Nationalmuseum. E. Walter-Karydi, Prinzipien der archaischen Farbgebung, in: K. Braun – A. Furtwängler (Hrsg.), Studien zur Klassischen Archäologie. Festschrift für Friedrich Hiller (Saarbrücken 1986) 25–28. Zur neuen Farbrekonstruktion s. Koch a. O. 7 Abb. 2.

[20] Athen, Nationalmuseum, Inv. 16466. Walter-Karydi a. O. 27 Abb. 2. Etwas rätselhaft ist der auf dem Gewand noch sichtbare Teil eines Tierbeines (?).

[21] H.-G. Buchholz, Das Symbol des gemeinsamen Mantels, JdI 102, 1987, 1–55; G. Koch-Harnack, Erotische Symbole. Lotosblüte und gemeinsamer Mantel auf antiken Vasen (Berlin 1989).

[22] Paris, Louvre, Inv. Ma 3098. Richter, Korai Abb. 76–79; Karakasi, Koren Taf. 53; Bol, Geschichte I Abb. 160; J.-L. Martinez, La dame d'Auxerre (Paris 2000).

[23] Martinez a. O. 16 Abb. 18. Siehe ferner die an einem Abguss durchgeführte Phantasierekonstruktion der Bemalung in Cambridge (a. O. Abb. 19).

[24] Samos, Museum, Inv. 41. D. Ohly, Neue Holzfunde aus dem Heraion von Samos. Befund und Rekonstruktion der Herastatuette, AM 82, 1967, 89–99 Beilagen 43–47; G. Kopcke, Neue Holzfunde aus dem Heraion von Samos, ebenda 102–107; Bol, Geschichte I Abb. 161.

[25] Berlin, Staatliche Museen, Antikensammlung, Inv. Sk 1800. Richter, Korai Abb. 139–146; Karakasi, Koren Taf. 111–113; Bol, Geschichte I Abb. 236. Siehe zu der Statue auch das Kapitel zu den Akropoliskoren.

[26] Kyrene, Museum. J. G. Pedley, Recent Discoveries of Archaic Sculpture at Cyrene, Libya Antiqua 3/4, 1966/67, 184–190 Taf. 67–69; Karakasi, Koren Taf. 95–99; Bol, Geschichte I Abb. 220.

Kreative Impulse: Samos im mittleren 6. Jahrhundert v. Chr.

[1] Zur Geschichte von Samos in archaischer Zeit s. G. Shipley, A History of Samos, 800–188 B.C. (Oxford 1987); DNP 11 (2001) 17–23 s. v. Samos (H. Sonnabend).

[2] Zum Heraion und den auswärtigen Funden s. U. Jantzen, Ägyptische und orientalische Bronzen aus dem Heraion von Samos, Samos 8 (Bonn 1972); H. Kyrieleis, Führer durch das Heraion von Samos (Athen 1981) bes. 25–38.

[3] H. Kienast, Der Niedergang des Tempels des Theodoros, AM 113, 1998, 111–131; ders., Samische Monumentalarchitektur – ägyptischer Einfluß?, in: M. Bietak (Hrsg,), Archaische griechische Tempel und Altägypten (Wien 2001) 35–39; C. Hendrich, Die Säulenordnung des ersten Dipteros von Samos, Samos 25 (Bonn 2007).

[4] Zur Stiftung des Cheramyes s. Richter, Korai Abb. 183–189; B. Freyer-Schauenburg, Bildwerke der archaischen Zeit und des Strengen Stils, Samos 11 (Bonn 1974) 21–31; H. Kyrieleis, Eine neue Kore des Cheramyes, Antike Plastik 24 (München 1995) 7–36 mit hervorragender Würdigung der formalen Qualität der Statuen (S. 10–13); M. Hamiaux, Musée du Louvre. Départment des antiquités grecques, étrusques et romaines. Les sculptures grecques I (Paris [2]2001) 50–52; Karakasi, Koren Taf. 4–9; Bol, Geschichte I Abb. 225–227; H. Bumke, Statuarische Gruppen in der frühen griechischen Kunst, 32. Ergänzungsheft des JdI (Berlin 2004) 90–95.

[5] s. dazu die Angaben von Kyrieleis a. O. 11 Anm. 12.

[6] Samos, Museum, Inv. B 354. Jantzen a. O. 23. 27 Taf. 27.

[7] Zu dieser Thematik s. Kyrieleis a. O. 30; A. Herda – E. Sauter, Karerinnen und Karer in Milet. Zu einem spätklassischen Schüsselchen mit karischem Graffito aus Milet, Archäologischer Anzeiger 2009/2, 72–76.

[8] Zur Drapierung und zur Geschichte des Schrägmantels s. W. Darsow, Zum ionischen Schrägmäntelchen, in: Festschrift Andreas Rumpf (Köln 1952) 43–58; H. Herdejürgen, Untersuchungen zur Thronenden Göttin in Berlin und zur archaischen und archaistischen Schrägmanteltracht (Waldsassen 1968) 37–47. Zu Drapierungsversuchen mit lebenden Modellen s. A. von Netoliczka, Die Manteltracht der archaischen Frauenfiguren, ÖJh 15, 1912, 253–264; M. Bieber, Die Herkunft des tragischen Kostüms, JdI 32, 1917, 99–101.

[9] Die hier an einem einzelnen Beispiel durchgeführte vergleichende Betrachtung antiker und moderner Kleidung ist in grandioser Manier von einer Ausstellung im New Yorker Metropolitan Museum of Art dem Publikum vorgeführt worden: H. Koda, Goddess. The Classical Mode (New York 2003).

[10] G. de Osma, The Life and Work of Mariano Fortuny (London 1980); I. Loschek, Modedesigner. Ein Lexikon von Armani bis Yamamoto (München [3]2007) 79–81.

[11] Loschek a. O. 80 f.

[12] Zur Patentanmeldung Osma a. O. 95.

[13] s. Ilaria Caloi, Modernità minoica. L'arte egea et l'art nouveau. Il caso di Mariano Fortuny y Madrazo (Florenz 2011) 89–104 mit ausführlichen Angaben zu den Quellen der Inspiration für die Delphos-Kleider.

[14] M. Proust, Auf der Suche nach der verlorenen Zeit, Die Gefangene (Frankfurt / M. 1958) 499; das französische Original erschien 1923.

[15] Zu den *coae vestes* und vergleichbaren Stoffen s. DNP 3 (1997) 48 s. v. Coae vestes (R. Hurschmann).

[16] Zur Geneleosgruppe s. Richter, Korai Abb. 217–224; Freyer-Schauenburg a. O. 106–130; Karakasi, Koren Taf. 24–29; Bol, Geschichte I Abb. 263. 273. 276. 279; Bumke a. O. 82–90; P. Baughan, Sculpted Symposiasts of Ionia, AJA 115, 2011, 20–22.

[17] Diese These geht auf Hans von Steuben zurück: Zur Geneleosgruppe in Samos in: N. Başgelen – M. Lugal (Hrsg.), Festschrift für Yale İnan (Istanbul 1989) 137–144.

[18] V. v. Graeve, Neue archaische Skulpturen aus Milet, in: H. Kyrieleis (Hrsg.), Archaische und klassische griechische Plastik (Mainz 1986) 21–24 Taf. 6,1 Abb. 1; Herda – Sauter a. O. 74 Abb. 6 a. b.

[19] Aus der umfangreichen Lit. s. etwa C. Schnurr-Redford, Frauen im klassischen Athen. Sozialer Raum und reale Bewegungsfreiheit (Berlin 1996); C. Sourvinou-Inwood, Männlich – weiblich, öffentlich – privat, antik und modern, in: E. T. Reeder, Pandora (Basel 1996) 111–120.

[20] L. Llewellyn-Jones, The Veiled Woman of Ancient Greece (Swansea 2003) und s. die Rezension von M. Lee, AJA 109, 2005, 117–119.

Gewand und Farbe

[1] Zur Polychromieforschung der Plastik allgemein mit einem Forschungsüberblick bis etwa 1950 s. zusammenfassend P. Reuterswärd, Studien zur Polychromie der Plastik. Griechenland und Rom (Stockholm 1960) bes. 9–32. Zur neueren und aktuellen Polychromieforschung s. Brinkmann, Polychromie; M. A. Tiverios u. a. (Hrsg.), Color in Ancient Greece. The

Role of Color in Ancient Greek Art and Architecture (700–31 B. C.) (Thessaloniki 2002); K. Schwedes, Polychromie als Herausforderung. Ästhetische Debatten zur Farbigkeit von Skulptur, in: G. Heß u. a. (Hrsg.), Graecomania. Der europäische Philhellenismus (Berlin 2009) 61–84. Aus der Reihe der zahlreichen Kataloge zur Ausstellung «Bunte Götter» s. z. B. Bunte Götter 2010.

2 Zur Geschichte der Wiederentdeckung der Polychromie antiker Architektur und Skulptur s. R. Wünsche, Die Farbe kehrt zurück ..., in: Bunte Götter 2003, 10–23; A. Prater, Streit um Farbe. Die Wiederentdeckung der Polychromie in der griechischen Architektur und Plastik im 18. und 19. Jahrhundert, ebenda 256–267.

3 J. J. Winckelmann, Geschichte der Kunst des Alterthums (Dresden 1764) 147 f. = Neuausgabe, hrsg. von A. H. Borbein u. a. (Mainz 2002) 248/249.

4 O. Primavesi, Die Entdeckung der Farbigkeit griechischer Skulptur im 18. Jahrhundert. Winckelmanns Forschungen zu Statuen und Texten, in: Bunte Götter 2012, 39–45.

5 O. Primavesi, Farbige Plastik in der antiken Literatur? Vorschläge für eine differenzierte Lesung, in: Bunte Götter 2003, 219–237.

6 Zur Bauplastik des Aphaiatempels auf Ägina s. H. Knell, Mythos und Polis. Bildprogramme griechischer Bauskulptur (Darmstadt 1990) 68–78; Bol, Geschichte I Abb. 357–359.

7 Zur Polychromie der Giebelskulpturen des Aphaiatempels auf Ägina s. V. Brinkmann, Der Prinz und die Göttin. Die wiederentdeckte Farbigkeit der Giebelskulpturen des Aphaia-Tempels, in: Bunte Götter 2010, 116–144; H. Piening – H. Stege, Pigmentanalyse an den Skulpturen des Aphaia-Heiligtums auf Ägina, in: Bunte Götter 2010, 145–147. Zur Farbigkeit der Architektur des Aphaiatempels auf Ägina s. H. Bankel, Farbmodelle des spätarchaischen Aphaia-Tempels von Ägina, in: Bunte Götter 2003, 70–83.

8 Zur polychromen Rekonstruktion des Augustus von Prima Porta s. P. Liverani, Der Augustus von Prima Porta, in: Bunte Götter 2003, 186–191.

9 Zum Giebelschmuck des Zeustempels von Olympia s. Knell a. O. 79–94; H. Kyrieleis, Pelops, Herakles, Theseus. Zur Interpretation der Skulpturen des Zeustempels von Olympia, JdI 127/128, 2012/2013, 51–123; Bol, Geschichte II Abb. 43.

10 Zur Diskussion über den Perserschutt als Datierungsfixpunkt s. mit weiterführender Literatur A. Lindenlauf, Der Perserschutt der Athener Akropolis, in: W. Hoepfner (Hrsg.), Kult und Kultbauten auf der Akropolis. Internationales Symposion vom 7. bis 9. Juli in Berlin (Berlin 1997) 46–115.

11 Zu den Akropoliskoren mit einem umfangreichen Überblick über die Forschungsliteratur s. jüngst J. Franssen, Votiv und Repräsentation. Statuarische Weihungen archaischer Zeit aus Samos und Attika, Archäologie und Geschichte 13 (Heidelberg 2011). Zur Bedeutung der Koren als Weihgeschenk s. L. Schneider – C. Höcker, Die Akropolis von Athen. Eine Kunst- und Kulturgeschichte (Darmstadt 2001) 71–88; M. Meyer, Athena und die Mädchen. Zu den Koren auf der Athener Akropolis, in: dies. – N. Brüggemann, Kore und Kouros. Weihegaben für die Götter, Wiener Forschungen zur Archäologie 10 (Wien 2007) 13–89.

12 Zur Dokumentation der Farbspuren an den Akropoliskoren durch Louis Emile Gilliéron und seinen Sohn s. I. Kader, Täuschende Spielereien. Kolorierte Abgüsse im 19. und frühen 20. Jahrhundert, in: Bunte Götter 2003, 248–255.

13 Entsprechend der gängigen Praxis werden die einzelnen Koren mit der Inventarnummer des Akropolismuseums bezeichnet.

14 Lermann, Plastik, bes. 76–98 Taf. 1–20.

15 E. Langlotz, Die Koren, in: H. Schrader (Hrsg.), Die archaischen Marmorbildwerke der Akropolis (Frankfurt 1939) 3–184.

16 s. o. Anm. 1.

17 Bunte Götter 2012.

18 s. o. S. 25.

19 Sappho, Fragmente 17 (D), 55 a (D), 95 (D), 98 a,b (D).

20 Athenaios, Das Gelehrtenmahl XII, 525 c, d.

21 Athenaios, Das Gelehrtenmahl XII, 512 c.

22 Zu den verschiedenen Techniken der Gewandveredelung und -verzierung s. zusammenfassend mit weiterführender Literatur Pekridou-Gorecki, Mode 41–51.

23 Zum Färben der Textilien und im Besonderen zur Purpurfärberei s. zusammenfassend mit weiterführender Literatur Pekridou-Gorecki, Mode 34–37.

24 Zu den Purpurschnecken und der Purpurfärberei s. Plinius d. Ä., Naturgeschichte 9, 125–135.

25 University of Durham, Department of Classics, Greek Museum, Inv. 3. Pekridou-Gorecki, Mode Abb. 24.

26 Thessaloniki, Archäologisches Museum, Inv. 8017. Sindos. Katalogos tes ektheses (Athen 1985) Abb. 217.

27 Zu den antiken Textilfragmenten aus Südrussland s. zusammenfassend mit weiterführender Literatur Pekridou-Gorecki, Mode 47–49.

28 St. Petersburg, Ermitage. L. Stephani, Erklärung einiger Kunstwerke der Kaiserlichen Ermitage und anderer Sammlungen, in: Compte rendu de la Commission Impériale Archéologique, Atlas pour les anneés 1878 et 1879 (1881) Taf. 3, 1.

29 Zur Geschichte der dreidimensionalen Farbrekonstruktionen der Akropoliskoren s. mit ausgewählter Literatur I. Kader, Täuschende Spielereien. Kolorierte Abgüsse im 19. und frühen 20. Jahrhundert, in: Bunte Götter 2003, 244–255.

30 Zur Farbrekonstruktion des Ostgiebels vom Zeustempel in Olympia von Georg Treu s. Kader a. O. 246 f. Abb. 406. 407.

31 Zur Farbrekonstruktion des Westgiebels des Aphaiatempels auf Ägina s. Kader a. O. 246 Abb. 137. 138. 188.

32 Zu den materiellen Spuren der Bemalung und den naturwissenschaftlichen Methoden zu ihrer Untersuchung und Wiederherstellung s. zusammenfassend Brinkmann, Polychromie 27–31; ders., Einführung in die Forschung und Ausstellung, in: Bunte Götter 2012, 10–17.

33 Zu den antiken Farbpigmenten mit ausgewählter Literatur s. zusammenfassend U. Koch-Brinkmann – H. Piening, Farben und Maltechnik, in: Bunte Götter 2012, 46–51.

34 Athen, Akropolismuseum, Inv. 593. Richter, Korai Abb. 147–150; Karakasi, Koren Taf. 129. 238; Bol, Geschichte I Abb. 237.

35 Zu den Farbrekonstruktionen der Kore 593 s. Brinkmann, Polychromie Nr. 46 Abb. 46, 8. 9.

36 Lermann, Plastik Taf. 1.

37 Athen, Nationalmuseum, Inv. 4889. N. Kaltsas, Die Kore und der Kuros aus Myrrhinous, Antike Plastik 28 (München 2002) 7–40; Karakasi, Koren Taf. 114. 115. 235; Bol, Geschichte I Abb. 271.

38 Zu zwei älteren Farbrekonstruktionen der Phrasikleia s. Karakasi, Koren Taf. 236. 237; Kaltsas a. O. Taf. 1. Zu der neuesten Farbrekonstruktion von V. Brinkmann und seinem Team s. V. Brinkmann u. a., Das Grabmal der Phrasikleia, in: Bunte Götter 2010, 76–83; V. Brinkmann – U. Koch-Brinkmann, Die Gewänder der Frauen, in: Bunte Götter 2012, 29–33 Kat. Nr. 1.

Die Akropoliskoren: Kleidung und Mode im spätarchaischen Athen

1 Zur Polis Athen im Allgemeinen s. z. B. C. Meier, Athen. Ein Neubeginn der Weltgeschichte (Berlin 1994); U. Sinn, Athen. Geschichte und Archäologie (München 2004).

[2] Zur Tyrannenherrschaft der Peisistratiden in Athen s. L. de Libero, Die archaische Tyrannis (Stuttgart 1996) 41–134; L. Schneider – C. Höcker, Die Akropolis von Athen. Eine Kunst- und Kulturgeschichte (Darmstadt 2001) 94–98.

[3] s. o. Kap. 5 Anm. 11.

[4] Zur Akropolis von Athen s. z. B. W. Hoepfner (Hrsg.), Kult und Kultbauten auf der Akropolis (Berlin 1997); L. Schneider – C. Höcker, Die Akropolis von Athen. Eine Kunst- und Kulturgeschichte (Darmstadt 2001).

[5] s. o. Kap. 5 Anm. 11.

[6] Berlin, Staatliche Museen, Antikensammlung, Inv. Sk 1800. Richter, Korai Abb. 139–146; Karakasi, Koren Taf. 111–113. 234; Bol, Geschichte I Abb. 236.

[7] Zu den Untersuchungen der polychromen Fassung der Berliner Göttin s. W. Maßmann, Die Berliner Göttin. Überlegungen zu Form und Farbe einer archaischen Marmorskulptur, in: Brinkmann, Polychromie Nr. 195 Abb. 195, 1–11; Bunte Götter 2010, 68–75.

[8] s. o. Kap. 5 Anm. 34.

[9] s. o. Kap. 5 Anm. 35.

[10] s. o. Kap. 5 Anm. 37. 38.

[11] Athen, Akropolismuseum, Inv. 679. Richter, Korai Abb. 349–354; Karakasi, Koren Taf. 138. 139. 244–247; Bol, Geschichte I Abb. 270.

[12] Zur polychromen Rekonstruktion der Peploskore s. Brinkmann, Polychromie Nr. 100 Abb. 100, 1–38; V. Brinkmann, Mädchen oder Göttin? Das Rätsel der Peploskore von der Athener Akropolis, in: Bunte Götter 2010, 84–93.

[13] H. Thiersch, Ependytes und Ephod. Gottesbild und Perserkleid im alten Vorderasien (Stuttgart 1936); M. C. Miller, Athens and Persia in the Fifth Century BC. A Study in Cultural Receptivity (Cambridge 1997) 170–183; V. Brinkmann, Mädchen oder Göttin? Das Rätsel der Peploskore von der Athener Akropolis, in: Bunte Götter 2010, 88.

[14] Der Name «Lyon-Kore» leitet sich von ihrem Aufbewahrungsort ab. Die Kore ist in zwei Teilen erhalten, die obere Hälfte befindet sich im Musée des Beaux-Arts in Lyon (Inv. 269), die untere im Akropolismuseum in Athen (Inv. 164). Richter, Korai Abb. 275–281; Karakasi, Koren Taf. 130–132. 239; Bol, Geschichte I Abb. 269.

[15] Zu den Besonderheiten und der Neuartigkeit der Kleidung der Lyon-Kore s. W. Darsow, Zur archaisch-ionischen Tracht in Athen, Mitteilungen des Deutschen Archäologischen Instituts 4, 1951, 85–102; B. Schmaltz, Peplos und Chiton – Frühe griechische Tracht und ihre Darstellungskonventionen, JdI 113, 1998, 1–30.

[16] s. u. S. 121. 123.

[17] Brinkmann, Polychromie Nr. 29 Abb. 29, 1. 2.

[18] Athen, Akropolismuseum, Inv. 677. Richter, Korai Abb. 198–200; Karakasi, Koren Taf. 127; Bol, Geschichte I Abb. 267; Athen, Akropolismuseum, Inv. 619. Richter, Korai Abb. 194–197; Karakasi, Koren Taf. 128; Bol, Geschichte I Abb. 168.

[19] Zur Neuartigkeit des Schrägmantels der Lyon-Kore im Besonderen s. W. Darsow, Zur archaisch-ionischen Tracht in Athen, Mitteilungen des Deutschen Archäologischen Instituts 4, 1951, 95 f. ; B. Schmaltz, Peplos und Chiton – Frühe griechische Tracht und ihre Darstellungskonventionen, JdI 113, 1998, 17 f.

[20] Athen, Akropolismuseum, Inv. 680. Richter, Korai Abb. 389–393; Karakasi, Koren Taf. 144. 145. 248–251; Bol, Geschichte I Abb. 312.

[21] Athen, Akropolismuseum, Inv. 682. Richter, Korai Abb. 362–367; Karakasi, Koren Taf. 146. 147. 252. 253.

[22] Zum Phänomen des Manierismus in der Kleidung spätarchaischer Korenstatuen s. W. Martini, Die archaische Plastik der Griechen (Darmstadt 1990) 259–264.

[23] Athen, Akropolismuseum, Inv. 681. Richter, Korai Abb. 336–340; Karakasi, Koren Taf. 148. 149. 254. 255; Bol, Geschichte I Abb. 315.

[24] s. z. B. G. M. A. Richter, Kouroi. Archaic Greek Youths (London und New York [3]1970) Abb. 30. 37. 183. 216; Richter, Korai Abb. 142. 330.

[25] Brinkmann, Polychromie Nr. 101 Abb. 101, 1–9; ebenda Nr. 103 Abb. 103, 1–14.

[26] Lermann, Plastik Taf. 14. 15. 17.

[27] B. Schmaltz, Die Kore Akropolismuseum Inv. 682. Versuch einer Rekonstruktion, JdI 124, 2009, 75–134. Auf dem Chitonsaum unter dem Hals ist noch ein – von Paul Wolters 1889 eigens erwähntes – weiteres farbiges Element zu ergänzen, ein roter Punkt in der Mitte der blauen Punktrosetten (schriftliche Mitteilung von B. Schmaltz).

[28] Zum «Wadenband» der Koren s. Schmaltz a. O. 112.

[29] Zu der Problematik der Farbgebung des Chitonoberteils s. Schmaltz a. O. 95 mit Anm. 64; 108 f. Abb. 20.

[30] V. Brinkmann – U. Koch-Brinkmann, Die Gewänder der Frauen, in: Bunte Götter 2012, 33.

[31] Zu dem von F. Studniczka sog. Ionisierenden Peplos s. F. Studniczka, Zusammensetzungen im Akropolismuseum, AM 11, 1886, 354 Anm. 2; J. H. Holwerda, Die Tracht der archaischen Gewandfiguren, JdI 19, 1904, 10–14.

[32] J. Franssen, Votiv und Repräsentation. Statuarische Weihungen archaischer Zeit aus Samos und Attika, Archäologie und Geschichte 13 (Heidelberg 2011) 151.

[33] s. o. Anm. 2.

[34] Athen, Akropolismuseum, Inv. 685. Richter, Korai Abb. 573–577; Karakasi, Koren Taf. 189–191. 274. 275. Zur polychromen Fassung der Kore s. Lermann, Plastik Taf. 6; Brinkmann, Polychromie Nr. 106 Abb. 106, 1–5.

[35] Athen, Akropolismuseum, Inv. 594. Richter, Korai Abb. 398–400; Karakasi, Koren Taf. 181–183; Bol, Geschichte I Abb. 318.

[36] Zur Polychromie der Kore 594 s. Lermann, Plastik Taf. 13; Brinkmann, Polychromie Nr. 47 Abb. 47, 1–8.

[37] Athen, Akropolismuseum, Inv. 615. Richter, Korai Abb. 401–404; Karakasi, Koren Taf. 200. 201. 277.

[38] Bei Lermann gibt es keine Farbtafel zu dieser Kore. Allerdings beschreibt Langlotz die zu seiner Zeit noch sichtbaren Spuren der Bemalung: E. Langlotz, Die Koren, in: H. Schrader (Hrsg.), Die archaischen Marmorbildwerke der Akropolis (Frankfurt 1939) Nr. 56 Taf. 82. 83.

[39] Zur Untersuchung der Polychromie der Kore 615 durch V. Brinkmann und sein Team s. Brinkmann, Polychromie Nr. 58 Abb. 58, 1–4.

[40] Athen, Akropolismuseum, Inv. 686; 609. Richter, Korai Abb. 565–572; Karakasi, Koren Taf. 203–206. 278; Bol, Geschichte I Abb. 360.

[41] Zur Polychromie der Euthydikoskore s. Brinkmann, Polychromie Nr. 107 Abb. 107, 1–9.

[42] Athen, Akropolismuseum, Inv. 670. Richter, Korai Abb. 377–380; Karakasi, Koren Taf. 152–154. 257. 258b. c.

[43] Athen, Akropolismuseum, Inv. 671. Richter, Korai Abb. 341–344; Karakasi, Koren Taf. 159–161. 259; Bol, Geschichte I Abb. 314.

[44] Zur Struktur der Aristokratie im archaischen Athen s. M. Stahl, Aristokraten und Tyrannen im archaischen Athen: Untersuchungen zur Überlieferung, zur Sozialstruktur und zur Entstehung des Staates (Stuttgart 1987); E. Stein-Hölkeskamp, Adelskultur und Polisgesellschaft. Studien zum griechischen Adel in archaischer und klassischer Zeit (Stuttgart 1989).

[45] s. hierzu, mit Blick auch auf die materielle Kultur, A. Duplouy, Le prestige des élites. Recherches sur les modes de reconnais-

sance sociale en Grèce entre les Xe et Ve siècles avant J.-C. (Paris 2006).

[46] Zur inhaltlichen Bedeutung der Korenstatuen s. v. a. L. Schneider, Zur sozialen Bedeutung der archaischen Korenstatuen (Hamburg 1975). Zusammenfassend zur aktuellen Forschungsdiskussion s. J. Franssen, Votiv und Repräsentation. Statuarische Weihungen archaischer Zeit aus Samos und Attika (Heidelberg 2011) 259–274.

[47] vgl. Schneider a. O. 7–9; A. Bagordo in: B. Zimmermann (Hrsg.), Handbuch der griechischen Literatur der Antike I. Die Literatur der archaischen und klassischen Zeit (München 2011) 200f.

[48] Zu den Grabhügeln, Grabbauten und anderem Grabschmuck archaischer Zeit s. D. C. Kurtz – J. Boardman, Thanatos. Tod und Jenseits bei den Griechen (Mainz 1985) 78–111.

[49] Zur Entwicklung der athenischen Demokratie s. grundlegend J. Bleicken, Die athenische Demokratie (Paderborn [4]1995).

[50] Zu Luxuskritik und Aufwandsbeschränkungen in archaischer Zeit s. J. Engels, Funerum sepulcrorumque magnificentia. Begräbnis- und Grabluxusgesetze in der griechisch-römischen Welt, Hermes Einzelschriften 78 (Stuttgart 1998) 19–108; R. Bernhardt, Luxuskritik und Aufwandsbeschränkungen in der griechischen Welt, Historia Einzelschriften 168 (Stuttgart 2003) 21–106.

Klassische Eleganz: Frauenkleidung im 5. Jahrhundert v. Chr.

[1] Zum Heiligtum s. K. Junker, Der ältere Tempel im Heraion am Sele. Verzierte Metopen im architektonischen Kontext (Köln 1993) 1–7; G. Greco, Il santuario di Hera alla foce del Sele (Salerno 2001). Zu den Metopenreliefs: E. Langlotz, Die Kunst der Westgriechen in Sizilien und Unteritalien (München 1963) 64f. Taf. 30. 31; Junker a. O. 134f. Taf. 14.

[2] Im Zusammenhang mit der Homogenität der Kunstformen, zu denen auch die Kleidung gehört, prägte B. S. Ridgway, The Archaic Style in Greek Sculpture (1977) 64 den etwas problematischen Begriff «International Style»; richtiger wäre, wenn von einem panhellenischen Phänomen zu sprechen.

[3] Athen, Akropolismuseum, Inv. 695. Zur Diskussion um die Interpretation der Stele s. H. Jung, Die Sinnende Athena. Zur Deutung des Reliefs Athen, Akropolismuseum Nr. 695, JdI 110, 1995, 95–147; Bol, Geschichte II Abb. 59.

[4] D. Graepler (Hrsg.), Bunte Götter. Die Farbigkeit antiker Skulptur. Eine Einführung (Göttingen 2011) 60f. (mit Abb.). In Göttingen wurden zwei Fassungen geschaffen, eine mit einem roten, eine mit einem gelben Peplos.

[5] Zu Standspiegeln und ihren Figuren s. L. K. Congdon, Caryatid Mirrors of Ancient Greece. Technical, Stylistic and Historical Considerations of an Archaic and Early Classical Bronze Series (Mainz 1981); G. Zimmer, Spiegel im Antikenmuseum (Berlin 1987) 10–13; R. Thomas, Griechische Bronzestatuetten Darmstadt 1992) 73–77. 99–104. Nach Zimmer (a. O. 5) kann man die Reflexion der antiken Spiegel in perfekt poliertem Zustand wohl mit der von modernem Chromstahl vergleichen.

[6] Paris, Louvre, Inv. Br. 1688. Richter, Korai Abb. 614–617; R. Tölle-Kastenbein, Frühklassische Peplosfiguren. Originale (Mainz 1980) 142 Taf. 85 b.c; Congdon a. O. Nr. 22 Taf. 20.

[7] Paris, Louvre, Inv. Br. 1690. Tölle-Kastenbein a. O. Nr. 19e Taf. 91. 92a; Congdon a. O. Nr. 39 Taf. 36.

[8] Berlin, Staatliche Museen, Antikensammlung, Inv. 30082. Tölle-Kastenbein a. O. Nr. 5e Abb. 1b Taf. 26. Die Funktion der Statuette als Spiegelstütze ist am Objekt selbst nicht unzweifelhaft abzulesen, doch sprechen Größe, Motivik und technische Eigenheiten für diese Zuordnung. Für unsere Untersuchung ist dieser Punkt nicht von Belang, da sich bei einer anderen Funktion der Zeugniswert für die Geschichte der Kleidung nicht verändert.

[9] Was sie getragen oder welche Aktion sie ausgeführt hat, lässt sich nicht sicher bestimmen.

[10] Kopenhagen, Nationalmuseum, Inv. A Ba 218. Tölle-Kastenbein Nr. 31e Taf. 131.

[11] Denkbar wäre im Grunde zwar auch eine eher funktionale Erklärung für diese auffallende Eigenheit, etwa die Praxis, dass solche Spiegel vor allem Mädchen und jungen Frauen geschenkt wurden. Da die schmale Proportionierung jedoch auch bei Statuetten von Götterfiguren und außerhalb der Spiegelstützen anzutreffen ist, ist wohl tatsächlich mit einer grundlegenden Veränderung des Körperideals zu rechnen.

[12] Paris, Louvre, Inv. Ma 701. R. Hampe, Die Stele aus Pharsalos im Louvre, 107. Berliner Winckelmannsprogramm (Berlin 1951); Tölle-Kastenbein Nr. 11a Abb. 4 (Rekonstruktionszeichnung) Taf. 52a; M. Hamiaux, Musée du Louvre. Départment des antiquités grecques, étrusques et romaines. Les sculptures grecques I (Paris [2]2001) 109; Bol, Geschichte II Abb. 62.

[13] Grundlegend zur Münzprägung von Syrakus E. Boehringer, Die Münzen von Syrakus (Berlin und Leipzig 1929). Für eine Auswahl exzellenter Prägungen klassischer Zeit mit Arethusakopf s. P. R. Franke – M. Hirmer, Die griechische Münze (München 1964) Taf. 25–46.

[14] Syrakus, Tetradrachme. Boehringer a. O. Nr. 686 (450–439 v. Chr.). Für das abgebildete Exemplar s. Gerhard Hirsch Nachfolger, Auktion 300, 24. 9. 2014, Los 69.

[15] Syrakus, Tetradrachme. Boehringer a. O. Nr. 720 (439–435 v. Chr.). Für das abgebildete Exemplar s. Gerhard Hirsch Nachfolger, Auktion 300, 24. 9. 2014, Los 70.

[16] Zum Nebeneinander der beiden Gewandtypen s. in knapper Form M. Bieber, Entwicklungsgeschichte der griechischen Tracht (Berlin 1934; [2]1967) 33f.

[17] Würzburg, Martin von Wagner Museum, Inv. HA 168. F. Hölscher, CVA Würzburg 2 (München 1981) 28f. Taf. 19,5–11; 20; U. Sinn – I. Wehgartner (Hrsg.), Begegnungen mit der Antike. Zeugnisse aus vier Jahrtausenden mittelmeerischer Kultur im Südflügel der Würzburger Residenz (Würzburg 2001) 98f.

[18] G. Lehnert, Mode. Theorie, Geschichte und Ästhetik einer kulturellen Praxis (Bielefeld 2013) 8. 149.

[19] Für eine Zusammenfassung der verschiedenen Positionen s. W. Martini, Der Wandel der Frauenmode in der Zeit der Perserkriege, in: K. Zimmermann (Hrsg.), Der Stilbegriff in den Altertumswissenschaften (Rostock 1993) 75–80.

[20] Die notorische Passage in Herodots Historien (5, 87f.), in der in einer sehr anekdotischen Manier über einen radikalen Wechsel von der dorischen zur ionischen Tracht in Athen berichtet wird, ist letztlich ohne historischen Aussagewert, vgl. etwa M. Lee, Constru(ct)ing Gender in the Feminine Greek *Peplos*, in: L. Cleland u. a. (Hrsg.), The Clothed Body in the Ancient World (London 2005) 55–57.

[21] Zum Gleichheitsgedanken und dessen praktischer Umsetzung s. J. Bleicken, Die athenische Demokratie (Paderborn [4]1995) 64–68. 338–368.

[22] s. o. Kap. 6 Anm. 50.

[23] Einen guten Überblick bietet A. Dierichs, Erotik in der Kunst Griechenlands (Mainz 2008).

[24] vgl. A. Schäfer, Unterhaltung beim griechischen Symposion. Darbietungen, Spiele und Wettkämpfe von homerischer bis in spätklassische Zeit (Mainz 1997).

[25] In der 472 v. Chr. aufgeführten Tragödie *Die Perser des Aischylos*, in der die Invasion aus persischer Sicht geschildert wird und das Scheitern wegen der Maßlosigkeit der Angreifer als unvermeidlich erscheint, berichtet die Königin Atossa von einem Traum, in dem sich Perser und Griechen durch ihre Kleidung klar unterscheiden (181–187). Bis auf die grundlegende Tatsache, dass einem Athener des frühen 5. Jhs. v. Chr. die Andersartigkeit der persischen Kleidung geläufig war, ist aus der Passage jedoch nichts zu gewinnen.

[26] M. C. Miller, Athens and Persia in the Fifth century BC. A Study in Cultural Receptivity (Cambridge 1997); s. ferner dies., The *ependytes* in Classical Athens, Hesperia 58, 1988, 313–329; The Parasol. An Oriental Status-symbol in Late Archaic and Classical Athens, Journal of Hellenic Studies 112, 1992, 91–105.

[27] Cambridge (Mass.), Harvard Art Museums/Arthur M. Sackler Museum, Bequest of David M. Robinson, Inv. 1960.3420. E. D. Reeder, Pandora. Frauen im klassischen Griechenland (Basel 1996) 218 f.; Miller a. O. (1997) 158 Abb. 66. H. Schulze, Ammen und Pädagogen. Sklavinnen und Sklaven als Erzieher in der antiken Kunst und Gesellschaft (Mainz 1998) 22 f. Taf. 3,2 sieht in der stehenden Figur die «Amme» des Kindes, eine «Barbarin östlicher Herkunft» (a. O. 23).

[28] München, Glyptothek und Staatliche Antikensammlungen, Inv. GL 491. B. Vierneisel-Schlörb, Glyptothek München. Katalog der Skulpturen III. Klassische Grabdenkmäler und Votivreliefs (München 1988) 19–25 Taf. 6–10; R. Wünsche, Glyptothek München. Meisterwerke griechischer und römischer Skulptur (München 2005) 90 f.

[29] Miller a. O. (1997) 161 mit Anm. 62; E. Berger – M. Gisler-Huwiler, Der Parthenon in Basel. Dokumentation zum Fries (Mainz 1996) 90 mit Bilddokumentation zu den Reitern mit Ärmelchiton sowie der weiteren «trachtlichen Besonderheiten».

[30] vgl. P. Zanker, Die römische Kunst (München 2007) 102 f.

BILDNACHWEIS

Abb. 1 Athen, Akropolismuseum 973, Foto S. Mavrommatis | **Abb. 2** nach M. Bieber, Griechische Kleidung (Berlin und Leipzig 1928) Taf. 45,3 | **Abb. 3** Williamstown, Sterling and Francine Clark Art Institute | **Abb. 4** Neg. D-DAI-ROM-34.2066 | **Abb. 5** Mainz, Universität, Antikensammlung 180, Foto A. Schurzig | **Abb. 6** Sydney, Nicholson Museum 46.41 | **Abb. 7** bpk / New York, Metropolitan Museum of Art 14.130.14, Foto Sch. Lee | **Abb. 8** Kunstsammlungen der Ruhr-Universität Bochum, Antikenmuseum S 1067, Foto M. Benecke | **Abb. 9** bpk / Paris, Louvre CA 623, Foto H. Lewandowski | **Abb. 10** Karlsruhe, Badisches Landesmuseum, Foto Th. Goldschmidt | **Abb. 11** München, Staatliche Antikensammlungen und Glyptothek, Antikensammlungen NI 8936, Foto Ch. Koppermann | **Abb. 12** Paris, Louvre CA 2985 © Marie-Lan Nguyen / Wikimedia Commons / CC-BY 2.5 | **Abb. 13** New York, Metropolitan Museum of Art 31.11.10, nach The Metropolitan Museum of Art Bulletin 26, 1931, 293 Abb. 5 | **Abb. 14** Bonn, Akademisches Kunstmuseum 3107, Foto J. Schubert | **Abb. 15** Foto E. Harlizius-Klück | **Abb. 16** Bryn Mawr, Ella Riegel Memorial Museum, Bryn Mawr College T-182, nach J. Neils (Hrsg.), Goddess and Polis. The Panathenaic Festival in Ancient Athens (Princeton 1993) 107 Abb. 12 | **Abb. 17** nach Pekridou-Gorecki, Mode Abb. 51 d.e | **Abb. 18** nach Pekridou-Gorecki, Mode Abb. 46 a.b | **Abb. 19** Athen, Nationalmuseum 3961, Foto V. Stamatopoulos | **Abb. 20** nach N. J. Koch, De picturae initiis. Die Anfänge der griechischen Malerei im 7. Jahrhundert v. Chr. (München 1996) Beilage I | **Abb. 21** Athen, Kerameikosmuseum 80, nach K. Kübler, Die Nekropole des späten 8. bis frühen 6. Jahrhunderts, Kerameikos VI (Berlin 1970) Taf. 15 | **Abb. 22** bpk / London, British Museum 1971.11-1.1 | **Abb. 23** Florenz, Museo Archeologico 4209, Soprintendenza per i Beni Archeologici della Toscana – Firenze | **Abb. 24** nach N. J. Koch, De picturae initiis. Die Anfänge der griechischen Malerei im 7. Jahrhundert v. Chr. (München 1996) Abb. 2 | **Abb. 25** Athen, Nationalmuseum 16466, Foto G. Patrikianos | **Abb. 26** bpk / Paris, Louvre Ma 3098, Foto H. Lewandowski | **Abb. 27** nach J.-L. Martinez, La dame d'Auxerre (Paris 2000) 16 Abb. 18 | **Abb. 28** Samos, Museum, Neg. D-DAI-ATH-Samos 5476, Foto E.-M. Czakò | **Abb. 29** nach AM 82, 1967, Beilage 43 | **Abb. 30** nach N. Bonacasa – S. Ensoli (Hrsg.), Cirene (Mailand 2000) 187 | **Abb. 31** bpk / Paris, Louvre MA 686, Foto Les frères Chuzeville | **Abb. 32** DAI Athen, D-DAI-1985/479, Foto R. Rehm | **Abb. 33** Courtesy of Skinner, Inc., www.skinnerinc.com. Vgl. www.skinnerinc.com/news/blog/mariano-fortuny-delphos-gown-clothing-as-art-form/ | **Abb. 35** nach Osma, The Life and Work of Mariano Fortuny (London 1980) 94 | **Abb. 35** Vintage Textile http://www.vintagetextile.com/new_page_249.htm (23. 9. 2014) | **Abb. 36** Foto H. Kienast (DAI Athen) | **Abb. 37** bpk / Berlin, Staatliche Museen, Antikensammlung SK 1739, Foto J. Laurentius | **Abb. 38** Foto V. von Graeve | **Abb. 39** nach Antike Denkmäler I (Berlin 1891) Taf. 39 | **Abb. 40** nach Lermann, Plastik Taf. 14 | **Abb. 41** nach Pekridou-Gorecki, Mode Abb. 15 a–e (nach R. J. Forbes) | **Abb. 42** nach Pekridou-Gorecki, Mode Abb. 16 a.b (nach E. Arndt und R. J. Forbes) | **Abb. 43** Thessaloniki, Archäologisches Museum 8017, nach Sindos. Katalogos tes ektheses (Athen 1985) Nr. 217 | **Abb. 44** St. Petersburg, Ermitage, nach L. Stephani, Erklärung einiger Kunstwerke der Kaiserlichen Ermitage und anderer Sammlungen, in: Compte rendu de la Commission Impériale Archéologique, Atlas pour les anneés 1878 et 1879 (1881) Taf. III 1 [Universitätsbibliothek Heidelberg] | **Abb. 45** Foto: Renate Kühling, Staatliche Antikensammlungen und Glyptothek, München | **Abb. 46–48** © Stiftung Archäologie, Foto V. Brinkmann | **Abb. 49** nach Karakasi, Koren Taf. 238 | **Abb. 50 a.b** © Stiftung Archäologie, Zeichnungen und Rekonstruktionen V. Brinkmann und U. Koch-Brinkmann | **Abb. 51** Athen, Nationalmuseum 4889, Foto G. Patrikianos | **Abb. 52 a.b** © Stiftung Archäologie, Zeichnungen und Rekonstruktionen V. Brinkmann und U. Koch-Brinkmann | **Abb. 53 a.b** bpk / Berlin, Staatliche Museen, Antikensammlung SK 1800, Foto J. Laurentius | **Abb. 54** Athen, Nationalmuseum 4889, Foto K.-V. von Eickstedt | **Abb. 55** Athen, Akropolismuseum 679, nach Karakasi, Koren Taf. 244 a | **Abb. 56** München, Staatliche Antikensammlungen und Glyptothek, Foto: R. Kühlung, 2003, Zeichnung und Rekonstruktion V. Brinkmann und U. Koch-Brinkmann | **Abb. 57 a** nach I. Trianti, To Museio Akropoleos (Athen 1998) Abb. 64 | **Abb. 57 b** American School at Athens, Neg. AT 431, Foto A. Frantz | **Abb. 58** DAI Athen Neg. Akr. 1398, Foto H. Wagner | **Abb. 59** © Stiftung Archäologie, Zeichnung und Rekonstruktion V. Brinkmann und U. Koch-Brinkmann | **Abb. 60** Athen, Akropolismuseum 680, nach Karakasi,

Koren Taf. 248 a | **Abb. 61** Athen, Akropolismuseum 682, nach Karakasi, Koren Taf. 252 a | **Abb. 62** American School at Athens, Neg. AT 458, Foto A. Frantz | **Abb. 63** Athen, Akropolismuseum 681, nach Karakasi, Koren Taf. 255 c | **Abb. 64** nach Lermann, Plastik Taf. 17 | **Abb. 65** Foto B. Schmaltz | **Abb. 66 a** Athen, Akropolismuseum 685, nach Karakasi, Koren Taf. 274 a | **Abb. 66 b** DAI Athen Neg. Hege 842, Foto W. Hege | **Abb. 67 a** Athen, Akropolismuseum 594, nach Karakasi, Koren Taf. 273 a | **Abb. 67 b** DAI Athen Neg. Schrader 75, Foto H. Schrader | **Abb. 68** DAI Athen Neg. Schrader 76, Foto H. Schrader | **Abb. 69** nach Lermann, Plastik Taf. 13 | **Abb. 70 a** Athen, Akropolismuseum 615, nach Karakasi, Koren Taf. 277 | **Abb. 70 b** American School at Athens, Neg. AT 492, Foto A. Frantz | **Abb. 71** © Stiftung Archäologie, Zeichnung und Rekonstruktion V. Brinkmann und U. Koch-Brinkmann | **Abb. 72 a.b** Athen, Akropolismuseum 686; 609, nach I. Trianti, To mouseio Akropoleos (Athen 1998) Abb. 155. 158 | **Abb. 73 a** nach F. Winter, JdI 2, 1887, 217 | **Abb. 73 b** © Stiftung Archäologie, Zeichnung und Rekonstruktion V. Brinkmann und U. Koch-Brinkmann | **Abb. 74** Athen, Akropolismuseum 671, nach Karakasi, Koren Taf. 259 a | **Abb. 75** Foto pixagraphic | **Abb. 76** Paestum, Museum, Neg. D-DAI-ROM-54.260 | **Abb. 77** Athen, Akropolismuseum 695, Foto S. Mavrommatis | **Abb. 78** Göttingen, Archäologisches Institut der Universität, Foto S. Eckardt | **Abb. 79** Universität Mainz, Arbeitsbereich Klassische Archäologie, Fotothek, Foto Giraudon | **Abb. 80 a.b** Universität Mainz, Arbeitsbereich Klassische Archäologie, Fotothek, Foto Stiftung Hahland | **Abb. 81 a.b** Universität Mainz, Arbeitsbereich Klassische Archäologie, Fotothek | **Abb. 82** bpk / Paris, Louvre Ma 701 | **Abb. 83** CoinArchives/Gerhard Hirsch Nachfolger, München (Auktion 300, 24. 9. 2014, Lot 69) | **Abb. 84** CoinArchives/Gerhard Hirsch Nachfolger, München (Auktion 300, 24. 9. 2014, Lot 70) | **Abb. 85** Würzburg, Martin von Wagner Museum der Universität, Foto K. Öhrlein | **Abb. 86** Cambridge (Mass.), Harvard Art Museums/Arthur M. Sackler Museum, Bequest of David M. Robinson 1960.3420, Imaging Department © President and Fellows of Harvard College | **Abb. 87** München, Staatliche Antikensammlungen und Glyptothek GL 491, Foto Ch. Koppermann | **Abb. 88** Courtesy of Skinner, Inc., www.skinnerinc.com.

ADRESSEN DER AUTOREN

Prof. Dr. Klaus Junker
Johannes Gutenberg-Universität
Institut für Altertumswissenschaften
D-55099 Mainz

Sina Tauchert, M.A.
An den Platzäckern 29
D-55127 Mainz